曾智明『曾子学术基金』科研成果
山东大学儒学高等研究院科研成果
山东大学曾子研究所科研成果
曾子研究院科研成果
泰山学者工程科研成果

观念史研究丛书

曾振宇——主编

儒家“天理”观念研究

李涛——著

齊鲁書社
·济南·

图书在版编目（CIP）数据

儒家“天理”观念研究 / 李涛著. -- 济南 : 齐鲁书社, 2024. 8. -- (观念史研究丛书 / 曾振宇主编).

ISBN 978-7-5333-4987-5

Ⅰ. B222.05

中国国家版本馆CIP数据核字第2024ZM9182号

策划编辑　傅光中　刘　强
责任编辑　刘　强　马素雅
封面设计　刘羽珂

儒家“天理”观念研究

李涛　著

主管单位	山东出版传媒股份有限公司
出版发行	齊魯書社
社　　址	济南市市中区舜耕路517号
邮　　编	250003
网　　址	www.qlss.com.cn
电子邮箱	qilupress@126.com
营销中心	（0531）82098521　82098519　82098517
印　　刷	山东华立印务有限公司
开　　本	880mm×1230mm　1/32
印　　张	10.5
插　　页	1
字　　数	242千
版　　次	2024年8月第1版
印　　次	2024年8月第1次印刷
标准书号	ISBN 978-7-5333-4987-5
定　　价	58.00元

《观念史研究丛书》

序　言

曾振宇

观念不同于概念。概念注重从逻辑学角度进行语词分析，观念侧重从思想史视域考察每一个观念的生成与流变。概念如山，贵在稳定；观念如水，贵在变化。西方观念史学派昆廷尝言：观念具有“迁徙性”。证诸史实，其言不虚！以中国哲学史“仁”观念为例，“仁”在《论语》中出现一百多次，面对弟子门人多次“问仁”，孔子的回答都不一样。甚至面对同一位弟子多次“问仁”，孔子的回答竟然也不一致。其实在大多数语境中，孔子立足伦理学与工夫论层面讨论“为仁之方”，而非哲学形上学意义上的“仁是什么”。因为在孔子的思想架构中，“仁”是上位概念，在属种概念关系中，已经找不到位级更高的概念来对“仁”加以界说。一切描述性语言已不是“仁”本身，而是被语言遮蔽了的“仁”。在《大希庇亚篇》中，苏格拉底与希庇亚讨论“美是什么”。希庇亚罗列了美丽的陶壶、美丽的竖琴和美丽的少女。苏格拉底打断他的陈述，指出：“那么它们之所以美的原因在于有一种共同具有的基本性质。”当我们夸耀一位女孩美丽，“那么我们就要回答她为什么有权被称作美”，在美丽的陶壶、美丽的竖琴、美丽的少女等具体的美之上，“你必须告诉我美本身是什么”，因为正是“美本身”的存在，才可能将“美的性质赋予一切事物”。苏格拉底与希庇亚反复辩论与探究“美是什么”，最后得出的结论却是“美的事物是难懂的”。朱光潜先生将此句译为“美是难的”。在这一场辩论中，虽然无法知道“美是什么”，但已从理性上明确知道“美不是什么”，思维的高度已有所提升。从古希腊苏格拉底、柏拉图以来，一直在探寻“美是什么”，也出现了一些定义，但这是一个永远也不可能有最终普遍性答案的问题。相映成趣的是，“仁”作为孔子思想体系中最核心的观念，是“多”中之“一”，我们姑且只能以“一”来界说，或者从工夫论层面来体悟，因为仁具有不可定义性。有人曾问程子：“何谓至善？”程子回答说：“理义精微，不可得而名言也，姑以至善目之，默识可也。”在人类用语言建构的意义世界中，“目之”与“默识”蕴含着直觉体悟和信仰的成分。知性认识无法达到对本体的观念性把握，直觉体悟和信仰或许是接近本体的有效路径。孔子之“仁”，在本体论上是一种可能的知识，而不是现实的知识。缘此，面对孔子之“仁”，“目之”与“默识”何尝不是接近的一种可能路径？但是，汉代董仲舒开始从宇宙论视域讨论“仁”存在的正当性，“阳气仁”，仁已经降格为伦理学层次的一个德目。朱熹哲学架构中的“第一概念”是天理，天理在人为仁，人通过“感应”，将外在客观性的天理内化为我心真实拥有。在朱熹的思想结构中，天理才是位格最高的本体概念。虽然朱熹指出“仁”可以统摄义礼智，但也必须在“性即理”的意义上才能厘清“仁”的哲学地位。近世西方哲学与文化传入中国之后，学界纷纷以儒家“仁爱”比附西方“博爱”观念，两个观念之间存在着历史与宗教的差异，儒家“仁爱”不存在宗教色彩。但是，两大观念之间又存在着价值观的趋同，都在表达对人的尊重与关爱。这种价值观的趋同性，恰恰又可以成为儒家“天下”社会理想可能实现的道德基础。

我们现在研究观念史，在更多的意义上是将观念史作为一种研究的思路与方法，梳理每一个观念如何生成与变化，如何影响每一个时代的价值观、制度建设和生活方式。这种对观念史或观念儒学的认识固然有其合理性，但如何上升到哲学形上学的高度进行分析与建构，有待于学人继续努力。

是为序！

2024 年 8 月 7 日于山东大学

目　录

绪　论

在儒家的思想体系中，尤其是在儒学发展的新儒学思想体系中，天理是一个非常重要的概念。天与理作为各自独立的概念，起源于先秦时期。天与理合在一起形成“天理”一词也很早就出现在战国时期道家著作《庄子·养生主》“庖丁解牛”的故事中，曰：“依乎天理，批大郤，导大窾，因其固然。”① 这里“天理”主要指牛的骨骼构造，突出的是自然之分理的意义，还不具备道德伦理的意义。汉代儒家的经典著作《礼记·乐记》载：“人生而静，天之性也。……知诱于外，不能反躬，天理灭矣。”② 此时天理便具有道德价值的含义，强调性、欲之分理。而到了宋代才逐渐确立以天理为核心的理学思想体系，程颢首次将天理提升到宇宙本体的地位，他明确指出：“吾学虽有所受，天理二字却是自家体贴出来。”③ 两宋时期，程颐进一

① 孙通海译注：《庄子》，中华书局 2007 年版，第 56 页。

② 郑玄注，孔颖达疏：《礼记正义》，龚抗云整理，李学勤主编：《十三经注疏》，北京大学出版社 1999 年版，下册，第 1083 页。

③ 程颢、程颐：《河南程氏外书》卷十二，《二程集》，王孝鱼点校，中华书局 2004 年版，上册，第 424 页。

步阐释了天理的“所以然”意义，揭示了其背后的逻辑和本质。随后，朱子在此基础上深化了对天理的理解，突出了其“所当然”之义，并将“所以然”与“所当然”相结合，从本体论的角度强调了“理在事先”的观点。然而，到了明清时期，儒者们对天理的理解有所变化。罗钦顺、王廷相、王夫之、戴震等学者，开始强调天理就是事物之理，即理与事是相互依存、不可分割的，他们认为“理在事中”，突出了天理的实践意义。

宋明以后，天理既是宇宙生成万物的本源，亦是人之道德价值产生的本源，具有宇宙本体和道德本体的双重涵义。宋明儒学中的天理蕴含着一个深层次的秩序观，天理并非与人们现实世界的日常生活相隔离的抽象形而上世界，而是切实影响着社会生活、融入日常之中的实践哲学。社会运行所展现的家庭秩序和国家秩序都是天理下贯于社会生活的落实与展现，现实社会的各种规则、制度要遵循天理，这样可以使社会秩序形成良性循环以实现和谐。就天人关系来讲，在儒家看来，天道生生不息，自然首先是人类生存的基础，其与人也始终是一种共在、互动的关系。天即理，理即天，在天人一理的本体生态视域中，人、物皆因天命而有性，天赋与人心之灵以有别于物，这种特殊的恩赐不是让人去宰制物来满足人的欲望，实现人的私利，而是让人行仁道来赞助天地生生之道，继天道立人极。朱熹释《中庸》“赞天地之化育”曰：“人在天地中间，虽只是一理，然天人所为，各自有分，人做得底，却有天做不得底。如天能生物，而耕种必用人；水能润物，而灌溉必用人；火能熯物，而薪爨必用人。”① 天功人代，以实现“万物并育而不相害，道并行而不相悖”（《中庸》）之人与自然和谐共生的愿景。儒家特别是宋明新儒学的“天理”观念强调天人合一、民胞物与的生命整体理念，在现实中形成了顺物自然、尽物之性、取物以时、用之有节的生态伦理观，这些宝贵的思想资源对于我们今天审思人与自然的关系及化解人类的生存危机将发挥重要作用。

天理是我们诉诸道德价值的最高存在，亦是我们道德行为的最高评判标准。我们常说“天理不容”。儒学发展至宋代为应对释老的挑战而形成新儒学，宋儒以“天理”代替“天命”。他们不只是从生物的自然意义上来理解人，而是在此意义上看到人之本有的道德理性意识，并将之提升为一种系统的性理理论，突出人的道德价值。虽然程颐、朱熹将人性归为天理，陆九渊、王阳明将心归为天理，但都为人确立了伦理道德和人生理想，为人实现超越形气生命提供了形上基础。朱子以“天理为善，人欲为恶”确立了天理的道德意义。儒家的“天理”观在当下对于我们构建人的道德理想，让天理成为人们心中敬畏的道德律令，并赋予天理以新的时代内涵，发掘天理的道德价值，具有十分重要的意义。

天理除了具有所当然之理的价值含义，亦具有事物之理的含义。明清时期包括王廷相和王夫之在内的儒者，突出强调天理就是事物之理、理在事中的含义，这实际上就是牟宗三分析

① 黎靖德编：《朱子语类》卷六十四，王星贤点校，中华书局1986年版，第4册，第1570页。

朱子哲学所说的“形构之理”，是一种通过认知方式形成客观事物的事理或物理，这为西方科学思想的输入提供了结合点。儒家的“天理”本身蕴含着科学认知的意义，但在儒学发展的历史进程中，并没有形成以“求真”为指向的思想传统，一个根本原因就在于儒学突出强调人的主体性，以主体消解客体，忽视了主客对待思维的方式。朱子的理虽包括伦理和科学两个方面，但科学之理最终没有冲破社会伦理的框架，可这并不意味着儒学缺乏科学求真的思想基因。在新的时代条件下，以“天理”为切入点，结合儒学的“综合整体”思想发掘儒学的科学认知内涵，纠正传统儒学主体性思维之偏弊，阐发蕴含在其中的科学精神，对儒学在新时期的发展是十分有必要的。

传统儒家天理观最重要的价值和意义还是主要体现在人的道德修养方面。朱子是儒家天理思想的集大成者，尽管他在“形构之理”方面亦有诸多论述，但“形构之理”最终还是服务于“心性之理”，要落实于人的道德修养之中。朱子强调“理”的生生之义和心的理气二层性，提出了人如何不断超越气化生命的种种限制，以实现本善之性复归的修养（工夫）体系，主要包括以理制欲的克己工夫、由静入敬的持敬工夫、知行相须的知行工夫、心知心格的格致工夫。人心如镜，本自光明，但为气禀、物欲之灰尘沾染，心之镜蔽而不彰、昏而难明，唯有施以打磨、擦除的修养工夫，方能复归心镜之本明。朱子曰：“心犹镜，仁犹镜之明。镜本来明，被尘垢一蔽，遂不明。若尘垢一去，则镜明矣。”① 关于朱子“复尽天理”的道德修养思

① 黎靖德编：《朱子语类》卷三十一，第3册，第781页。

想，有三个方面值得我们注意。

首先，朱子强调道德修养是一个人不断超越有限气化生命向着无限价值生命的提升过程。人首先是一个有限的气化生命，然而于其中又熔铸了无限的价值之理，它标示着人的存在意义。儒家的道德修养，传统上一般称为修身之学，虽名为“修身”，但其真正的蕴意既不像道教那样是为了尽可能地延长人的寿命，修成神仙，亦不像佛教那样寻找另一个世界来安顿人的心灵，而是为了延长人的精神生命，在现实世界的日用之间实现对有限生命的超越。何谓“修”？朱子引用胡安国的解释很贴切，即“治而去之”。对于一般人来讲，一个普遍问题就是：身之有病人会知而治之，对于心之病却视而不见，或明知心有病，却放任其侵夺生命之性体，病到一定程度以至心身分裂，麻木不仁。朱子所谓“治而去之”，治之要当在治其心病，治其心病当在除去使心患病的各种不良气质、欲望，克己复礼，复归本心之仁。修身实为修心。治人在治己，治己则在治心。朱子曰：“专于治己而不责人，则己之恶无所匿也。”① 心在酬酢应事的过程中，总会受到这样或那样的欲望牵引，它们往往是心之病灶，开始时，往往会匿而不显，慝正所谓心有恶而匿于心者，人如能以张载所言之“责人之心责己”② 的态度来坦诚面对自己，则心之病何以藏？治身之病较易，治心之病却甚难，难就难在人之心是一个非常复杂的物事，需要有超强的意志与毅力，不能懈怠，要持之以恒。

---

① 朱熹：《四书章句集注》，中华书局 2011 年版，第 131 页。

② 张载：《张载集》，章锡琛点校，中华书局 1978 年版，第 32 页。

朱子认为修养是人由庶人通向圣人的根本途径，诚心而为，人能改变自我的不良气质，浑化气质中的渣滓，复归人性之善。《中庸》曰：“曲能有诚，诚则形，形则著，著则明，明则动，动则变，变则化。”所谓“曲”，就是人之气质偏于一边，清浊明暗精粗不一，此对人之仁性的显现皆有遮蔽。朱子曰：“盖人之性无不同，而气则有异，故惟圣人能举其性之全体而尽之。其次则必自其善端发见之偏，而悉推致之，以各造其极也。曲无不致，则德无不实，而形、著、动、变之功自不能已。积而至于能化，则其至诚之妙，亦不异于圣人矣。”①《中庸》提出“致曲”的工夫，也就是修养心性的工夫，让普通人看到成为圣贤的希望，让普通人的人生有了美好期许，为人们通向圣贤之域提供了一个根本的可能的途径，此亦是人之为学、格物、持敬等修养工夫的内在依据。

修养，尤其是人的道德修养对人之所以重要，在于人之生命既有自然的生物性的一面，即人有知觉运动，此为人形气之生命，同时人亦有道德的精神性的一面，心具有“不虑而知、不学而能”的道德本能，即道德之生命。《诗》曰：“天生蒸民，有物有则。”在宋明儒者看来，人性的复杂在于，人的本性虽然是善的，但人往往对自己的善性没有充分的觉知，容易陷入物性的一面，也即生物性或动物性的一面，这样人与动物的区别将消弭，人就等同于一具只知道寒而衣、饥而食、渴而饮的血肉之躯。气化生命具有向下垂落的惰性，需要进行反方向的向上提升，以纠正气化生命向下的垂落。从本体论的角度来

① 朱熹：《四书章句集注》，第 34 页。

说，涂人和圣贤没有区别，不同在于，正如孟子所言："非独贤者有是心也，人皆有之，贤者能勿丧耳。"（《孟子·告子上》）即并不是独有贤者具有仁义礼智之心，只是贤者能够不断修养自己的德性，浑化生命的渣滓，醇化自我的气质，能够彰显扩充自我生命中的仁义之性，保守本心不丧失。所有学问之道没有什么特别的，最根本的途径，就是要学会守住自己的本性，即孟子所说的"学问之道无他，求其放心而已矣"（《孟子·告子上》）。

其次，朱子指出心具有理气二层性，强调心不只是一个认知心，更具有道德意义。理学作为儒学在宋代的重要发展形态，以朱子为代表的理学家，对人的理解超越了单纯的生物自然意义。它强调人之本有的道德理性意识，认为每个人均天生拥有一种先天的道德意识，即使是资质较为平庸的人，亦"不能无道心"。[①] 朱子指出，人能够超越生物本性的局限，进而步入道德的境界。而实现这一跨越的基本途径，在于个体持续进行道德修养与自我提升。人其实就是一个矛盾的组合体，既有人心，又有道心，"二者杂于方寸之间"[②]。如果没有修养之治，则人就容易滑落变成一个生物性的人，所以朱子曰："二者杂于方寸之间，而不知所以治之，则危者愈危，微者愈微，而天理之公卒无以胜夫人欲之私矣。"[③] 朱子所说的人心、道心之二分正是从"不杂"的意义上来讲的，就是说要"守其本心之正而不

① 朱熹：《四书章句集注》，第 16 页。

② 朱熹：《四书章句集注》，第 16 页。

③ 朱熹：《四书章句集注》，第 16 页。

离”，让人之本有的道德意识发挥主宰作用，并非割裂心之整体，而是“使道心常为一身之主”①，不让人之所本有的道德意识（道心）淹没在人之所具有的食色欲望的海洋之中。同时，亦不能离开人心只谈道心。因为人生活在日用伦常的现实世界中，在超越性的追求中不能遗落人的现实性，否则会陷入佛、老之虚无。故朱子曰：“若专用人心而不知道心，则固流入于放僻邪侈之域；若只守道心，而欲屏去人心，则是判性命为二物，而所谓道心者，空虚无有，将流于释、老之学。”② 人之所以修治，正是要使觉于理的道心来克治觉于欲的人心，让人心听命于道心，不让人自然之生命欲望偏离人的道德本性，握好、握稳生命之柁，“形气犹船也，道心犹柁也。船无柁，纵之行，有时入于波涛，有时入于安流，不可一定。惟有一柁以运之，则虽入波涛无害”③。

总之，心是一个不可分割的整体，不能强意地将之二分为人心、道心。虽为一，但心之所觉有不同，觉于欲即为人心，出于形气之私，觉于理即为道心，发于性命之正，是一体之两层。人心、道心之异只是心之知觉不同，并不是两个心，心只是一，这始终是朱子坚持的一个基本立场。然而，人之心必感物而动，不可不有饥饱冷暖之欲，此为人心，圣人亦不可无，是普遍的客观实存，不可去。欲必有所欲之理，当食则食，不当食则不食，此为道心，下愚亦不可无。朱子一方面认为心不

① 朱熹：《四书章句集注》，第 16 页。

② 黎靖德编：《朱子语类》卷六十二，第 4 册，第 1488 页。

③ 黎靖德编：《朱子语类》卷六十二，第 4 册，第 1486~1487 页。

能二分，另一方面又强调人心、道心不能混杂。表面上看似乎自有抵牾，实则道出了“心”意的真谛。人人皆有道心，但往往杂于人心之欲而不知，正如人常吃饭一样，却“食而不知其味”，流连忘返，堕于形气之私，又怎能唤醒人自我本有的道德意识，让道德意识主宰引导人的自然生命，使生命有层层推进的动力呢？同时，又不能空谈道心，因每个人皆是形气而生的自然生命，必然会有各种不同的生命欲望，欲望可克制但不能消灭，道心不能脱离人心而成为一个独立的道德理想王国，否则，人就会脱离现实生活的本真与依托而陷入释、老的虚无之境。朱子认为释老之学一味地强调人的道心而试图消灭人欲，正是要削掉人之现实生活的根源，最终使人的修养进入不归之途，正如朱子所反复追问的那样：“饥能不欲食乎？寒能不假衣乎？能令无生人之所欲者乎？虽欲灭之，终不可得而灭也。”①

最后，朱子针对道德价值的物化处境，提出了深刻的批判与反思。道德价值的物化是一种身心的异化，朱子所生活的南宋时期，身心异化一方面表现为儒、道所建立的脱离现实生活的信仰世界而形成的宗教异化形态，另一方面也表现为感觉欲望的现实生活世界所牵引而形成的工具异化形态。在朱子的视野里，道德本性的彰显不仅要靠对信仰神化的“去魅”来实现，还需要通过对道德物化的解蔽来达到，这就是对物欲的批判。释、道以一种抽象化、外在化的方式来抵制人的欲望的膨胀，表达了人的超越性，最终使人的道德生活走向虚无主义。朱子所生活的南宋时代，是一个物欲理性极度膨胀的时代，人们逐

① 黎靖德编：《朱子语类》卷六十二，第4册，第1489页。

渐用形形色色的有限之物作为价值的寄托，对物质财富的占有和享受成为人的自我价值实现的标志，形成了身心的异化，儒学所坚守的道德价值逐渐失去了其神圣性的光辉和激动人心的力量。对物的依赖本是人之存在的必要条件，真正的吊诡却在于，人欲的膨胀往往使天理失去存在空间，对物的依赖、占有和享受使人们沉湎于物化状态而不能自拔。

朱子通过批判和消解导致人的存在整体性地陷入异化状况的根源，一方面分析气质之性本身具有的缺陷，但不忽略气质之中杂有的天理，为气质之性的变化提供形上的理论基础；另一方面，也分析了世风、学风、政风、家风等社会因素对人性的种种遮蔽，力图通过道德修养的种种手段，内外兼修、标本兼治，揭开遮蔽人性的层层面纱，以恢复人皆本有的善性。在朱子看来，道德修养不仅仅只是一种精神修养，更是一种社会实践活动。

第一章　儒家天理观念的演变

“天理”是儒学发展至宋明理学时期的一个核心概念。“天”和“理”各自作为一个独立的词汇在中国的典籍中很早就有记载。而“天理”作为一个范畴最早出现于儒家典籍《礼记·乐记》中，道家的代表作《庄子·养生主》亦明确使用了“天理”一词。先秦时期“理”字开始多见于《诗经》《易经》《管子》《韩非子》《吕氏春秋》等著作中。但先秦时期人们所用之“理”或“天理”作为一个名词的主要含义，正如清代考据学家戴震所指出的那样，主要指条理、分理、肌理、物理、地理，其主要含义是“察之而几微必区以别之名也”①，强调理之分的意义，即“类”之理。孔子、孟子的著作中言及“天”比较多，而言及“理”或“天理”则比较少。魏晋时期玄学思潮涌动，名士亦多论理，如王弼的所以然之理，嵇康的生理、必然之理，郭象的独化之理，等等，此一时期，人们在认识到万物各有其“理”（分理）的基础上，开始探究事物所以如此的根据，“理”的主要内涵是

① 戴震：《孟子字义疏证》，何文光整理，中华书局 1982 年版，第 1 页。

“故”之理。①

儒学发展到宋代，为了应对佛老之学在形而上本体论上的严峻挑战，儒者在“知人而不知天”② 的理论反思中，总结汉唐儒学经学化和过于注重训诂、辞章之学的得失，在挖掘儒家经典思想义理的基础上，融汇佛老之学，将“天理”作为形而上的本体概念，取代旧儒学的“天命”“天道”概念，以大程为代表的宋明儒者不断“体贴”③ 天理的内涵，建立了一个贯通宇宙、社会和人生的道德形上学的理学体系，使儒学再一次绽放了新的生命力。此时，“理”或“天理”作为最高的价值准则和道德力量，不仅是理学思想体系的重要范式，同时，亦渗入到人们日常生活的各个方面，甚至在司法审判中亦发挥着重要的作用。④ 时至今日，“天理”仍保持着强大的历史穿透力，渗透至现代人的文化生活中，我们常以“天理难容”“天理不容”“伤天害理”等相关词语来谴责做尽坏事的人。如何在赓续儒家思想学脉的基础上，梳理“天理”观念的发展，发掘天理的思想价值，赋予天理以新的时代内涵，是今日儒学研究的一个重要课题。

---

① 关于“理”“天理”的内涵在中国古代思想发展中是如何发展变化的，可参见贡华南：《理、天理与理会：论“理”在中国古代思想世界的演进》，载《复旦学报（社会科学版）》2014 年第 6 期；程永凯：《前理学时代之天理观研究》，载《海南大学学报（人文社科版）》2019 年第 3 期。

② 张载：《张载集》，第 386 页。

③ 明道尝曰：“吾学虽有所受，天理二字却是自家体贴出来。”参见程颢、程颐：《河南程氏外书》卷十二，《二程集》，上册，第 424 页。

④ 柳立言：《“天理”在南宋审判中的作用》，载《“中研院”历史语言研究所集刊》2013 年第 2 分。

第一节　“天理”思想探源

天与理作为各自独立的概念，起源于先秦时期。天与理合在一起形成“天理”一词也很早就出现在战国时期道家著作《庄子·养生主》“庖丁解牛”的故事中，曰：“依乎天理，批大郤，导大窾，因其固然。”① 这里的“天理”主要指牛的骨骼构造，突出的是自然之分理的意义，还不具备道德伦理的意义。儒家的经典著作《礼记·乐记》载：“人生而静，天之性也。……知诱于外，不能反躬，天理灭矣。”② 此时天理便具有道德价值的含义，强调性、欲之分理。宋代是儒家学说中天理观念得到最显著体现的时期。

一、早期的“天”观念

为了更好地探索“天理”的思想来源，我们这里有必要先理解“天”的含义及其演变。“天”在中国思想史上是一个十分重要的概念，如美国著名历史学者、汉学家杜赞奇所说：“天的超越性——在中国社会里从未缺席过；它在中国的历史上扮演了一个极为重要的角色。”③ 依照思想发生的大致路径，天在

---

① 孙通海译注：《庄子》，第 56 页。

② 郑玄注，孔颖达疏：《礼记正义》，李学勤主编：《十三经注疏》，下册，第 1083 页。

③ 杜赞奇：《中国世俗主义的历史起源及特点》，杜可柯译，载《开放时代》2011 年第 6 期。

中国思想文化中的含义是多元的，从西周到春秋战国时期，天的含义是指历史宗教人格神意义上的主宰之天，同时，天有时指一种客观实存性的天空。张岱年指出，天的含义在上古时代主要有两种：一是指人格的上帝，一指与地相对的天空。① 到了春秋后期，随着诸子学的兴起，天的内涵慢慢发生了转化，由主宰之天开始趋向道德化、本体化，成为宇宙发生的道德本体，换句话来讲，这种道德义理的天可以看作是宇宙万物的本性。②

在人类历史的早期，由于生产力的低下，人们对自然的认识还处在很初级的阶段，当遇到难以理解的自然现象时，如农业的收成受制于自然气候的变化，当发生旱灾、水灾或其它的自然灾害时，人们往往求助于一种具有主宰性的人格神来求得理解，并在一种虔诚的宗教性的祭祀仪式中求得天的保佑，这就是早期天的主要含义，这在先秦时期的重要典籍《尚书》《诗经》中有很明显的体现。《尚书·汤誓》中记载，当商纣王得知周人伐黎时说“我生不有命在天”③，“有夏多罪，天命殛之。……予畏上帝，不敢不正。……致天之罚。”④ 这些记载表明在殷代人们就开始使用“天”的概念。他们认为，天是人类命运的主

① 张岱年：《中国古典哲学概念范畴要论》，中华书局 2017 年版，第 23 页。

② 夏一璞：《以道德义理的角度论“天”的意义》，载《湖北社会科学》2018 年第 4 期。

③ 孔安国传，孔颖达疏：《尚书正义》，廖名春、陈明整理，李学勤主编：《十三经注疏》，北京大学出版社 1999 年版，第 260 页。

④ 孔安国传，孔颖达疏：《尚书正义》，李学勤主编：《十三经注疏》，第 190～191 页。

宰，人如果行恶，将会受到天的惩罚，人要以敬畏的态度对待天，王位的更替要遵从天的意志。同时我们需要注意的是：这一时期，“天”通常和“帝”“上帝”混用在一起，天的含义就是帝或上帝——一种无所不能的主宰人间事物的造物主。这在《诗经》中的“周颂”“大雅”中比较常见。《商颂·烈祖》曰：“自天降康，丰年穰穰。”不难看出，这里的“天”是一种主人间吉凶，可以决定农业丰歉的宇宙最高主宰。《商颂·玄鸟》载：“天命玄鸟，降而生商。”这里的“天”是创造了殷商部族的造物主。陈荣富认为：“中国在从原始社会进入阶级社会的过程中，没有打破原始氏族社会的血缘关系，这种血缘关系在阶级社会甚至得到进一步的巩固和发展，这种特殊性使中国的祖宗崇拜特别发达。中国宗教的特点一开始就是把对天地的崇拜同对祖先的崇拜紧密结合在一起。这使中国宗教人—神之间的距离缩小，祖考配享于神，神意与人意不相违背。卜辞中的‘帝’是研究中国古史的学者公认的至上神，他既是宇宙的主宰，又是殷族的远祖。”①《商颂·殷武》载：“天命多辟，设都于禹之绩。……天命降监，下民有严。”《周颂·天作》载：“天作高山，大王荒之。”这里的“天”是一个创造万物的造物主，是能主宰人间一切的人格神。当出于一种人格神的意义时，殷商时期人们有时用“帝”或“上帝”来指代“天”的这种意义，如《商颂·长发》“有娀方将，帝立子生商”和《大雅·文王》“商之孙子，其丽不亿。上帝既命，侯于周服”中的“帝”“上帝”既能主宰人类社会的繁衍，亦能掌管王朝

---

① 陈荣富：《比较宗教学》，世界知识出版社 1993 年版，第 228~229 页。

的兴衰更替。

“天”在儒家创始人孔子那里亦被广泛使用，根据初步统计，《论语》里涉及天的篇章有十篇十三章，“天”作为单字出现十八次，与“天命”“天道”结合出现四次，共计二十二次。① 关于《论语》中“天”的含义较为多元，既有主宰之天的余蕴，亦有道德之天的彰显，还有自然之天的意义。冯友兰认为其主要就是主宰之天，杨伯峻在《论语译注》中则多解释为“上天”“天”“天空”“天老爷”“青天”。②《论语·子罕》中说：“天之将丧斯文也，后死者不得与于斯文也；天之未丧斯文也，匡人其如予何?”文明礼乐的兴衰存亡，是由“天”决定的，这样的表达，在《论语》中还有许多，如“获罪于天”“天厌之”“知我者其天乎”，等等，这些表明，孔子在当时还完全未摆脱天的宗教主宰意义，将“天”看作具有绝对神圣地位、评判世间事务的最高标则。但较之前“主宰之天”意义已经淡化了许多。有学者指出，孔子所说的“天”很多时候也是一种人不可摆脱的、既定存在的、超越于人间的力量，近似于“命”。这从孔子多次将天与命并称中可以得到佐证，如“(君子）畏天命”，“(吾）五十而知天命”；也可以从子夏“死生有命，富贵在天”中得到印证。③《论语》中的“天”有时也指自

① 吴默闻：《〈论语〉中的“天”思想及其对后世的影响》，载《三峡大学学报（人文社会科学版)》2013年第4期。

② 参见杨伯峻：《论语译注》，中华书局2006年版，第30、35、82、96、176、100、103、140、232页。

③ 吴默闻：《〈论语〉中的“天”思想及其对后世的影响》，载《三峡大学学报（人文社会科学版)》2013年第4期。

然之天，如《论语·泰伯》载“大哉尧之为君也！巍巍乎，唯天为大，唯尧则之”，这里的“天”显然就是一种自然意义上的苍苍之天。再如《论语·阳货》载：“天何言哉？四时行焉，百物生焉，天何言哉？”中的“天”亦是一种自然意义上的天，亦可称为包括人类社会在内的广义的自然界。

孔子关于“天”的观念对后世儒学影响深远，以孟子为代表，在继承孔子天道思想的基础上，发展了天的含义。张岱年认为孟子继承孔子的思想，亦认为天是世界的主宰。① 孟子论述中的“天”还保留着主宰之天的含义。例如《孟子·梁惠王下》中记载：鲁平公原本要见孟子，但因一个叫臧仓的近臣寻故说孟子为他母亲办丧事比他以前为父亲办丧事还隆重，以阻止鲁平公见孟子。孟子知道此事后，对于臧仓的行为表达了自己的看法。《孟子·梁惠王下》载：“行，或使之；止，或尼之。行止，非人所能也。吾之不遇鲁侯，天也。臧氏之子焉能使予不遇哉？”这是说：自己与鲁平公是否能相见，不是由臧仓个人所能决定的，以主宰此事发生与否的是一种天命的力量使然。从上面的论述中我们可看出，孔子思想中“天”的含义是多元的，不单是“主宰之天”，还包含“自然之天”。孟子思想中的“天”同孔子最大的不同就是其将天、天命、天道与人性联系起来，将天、天命或天道作为人性生成的根据，认为人性得自天，同时，天亦是人存在的最高价值实体。《孟子·万章》载：“万章问曰：人有言：‘至于禹而德衰，不传于贤，而传于子。’有诸？孟子曰：‘否，不然也。天与贤，则与贤；天与子，则与

① 张岱年：《中国古典哲学概念范畴要论》，第24页。

子。’”在这里，“天”还具有“主宰”的含义。《孟子·离娄上》载：“诚者，天之道也；思诚者，人之道也。至诚而不动者，未之有也；不诚，未有能动者也。”其中的“天”则具有“道德”的含义。孟子认为“天”还是人之道德能力的来源，如《孟子·告子上》载：“心之官则思，思则得之，不思则不得也。此天之所与我者。”另外，与孟子同时代的墨子也谈到“天”，认为其主要是指一种有意志的主宰之天，《墨子·天志上》曰：“顺天意者，兼相爱，交相利，必得赏；反天意者，别相恶，交相贼，必得罚。”张岱年认为墨子所谓“天志”的内容即“兼爱”，“天志”亦即爱的意志。① 这一思想在汉代被董仲舒继承下来，以天为最高的神灵，《春秋繁露·郊语》曰：“天者，百神之大君也。”

“天”具有人格神的主宰意义，在孔子《论语》中还较常见。但是，成书于战国时期的《易传》在论述“天”时，剔除了“天”的神性主宰义，而是指自然界。②《易传》作为一本解释《易经》的著作，由十篇不同的文字组成，后世人们亦称为“十翼”，其中谈到的一个共同的问题，就是“究天地之际”③。蒙培元认为《易传》中的天是指自然界，主要有两个方面的含义：一是指当时人们所能观察到的宇宙空间，似与天

① 张岱年：《中国古典哲学概念范畴要论》，第24页。

② 蒙培元：《人与自然——中国哲学生态观》，人民出版社2004年版，第110页。

③ 司马迁：《报任少卿书》，吴楚材、吴调侯选注，安平秋点校：《古文观止》，中华书局1987年版，上册，第211页。“地”，《汉书·司马迁传》作“人”。

文学、宇宙学有关；一是指地球以上的大气层，似与气象学有关。① 明代牛衷编撰的《增修埤雅广要》运用中国传统的气观念和阴阳理论对这种自然之天从空间的意义上进行了解释，曰："易有太极，是生两仪，其气混沌，清浊既分，伏者为天，偃者为地。天，颠也，至高而无上，字从一大之义。天，坦也，坦然而高远，体象垂示之形。"②

在中国古代的思想观念中，人们还通常将天与地对举而称为天地。前文中我们已经谈到天作为一个人格神之主宰之天的意义发源很早，但天与地对举出现则是比较晚的事情。郭沫若认为："以乾坤相对立便是以天地相对立，然而以天地相对立的这种观念在春秋以前是没有的。单就金文来说，春秋以前的长篇大作的铭文很多，表现到超现实的观念上来的也很不少，但都是只有至上神的天……但决不曾见过有天地对立的表现，甚至连地字也没有。便是在典籍中，凡是确实可靠的春秋以前的文献也没有天地对立的观念，并且也没有地字。"③ 翟奎凤认为以《诗经·小雅·正月》为传世文献可追溯的"天地"对举的最早出处来推测，"天地"对举当是在春秋初年。当然，这种空间意义的"天地"观念，随着历史的发展被人们赋予了道德的意义，如由"天上地下"派生衍化出"天高地下""天高地厚"

---

① 蒙培元：《人与自然——中国哲学生态观》，第110页。

② 牛衷：《增修埤雅广要》，《四库全书存目丛书·子部》，齐鲁书社1995年版，第250册，第586页。

③ 郭沫若：《〈周易〉之制作时代》，《郭沫若全集·历史编》第一卷，人民出版社1982年版，第381页。

之说，进而以高明/博厚、自强/厚载论天地之德。[①]《礼记·中庸》将天地对举来进行论述，尤为值得我们注意：“天地之道，可一言而尽也：‘其为物不贰，则其生物不测。’天地之道，博也，厚也，高也，明也，悠也，久也。今夫天，斯昭昭之多，及其无穷也，日月星辰系焉，万物覆焉。今夫地，一撮土之多，及其广厚，载华岳而不重，振河海而不泄，万物载焉。”[②] 不难看出，这里的天地就是指空间意义上的天地。《管子·形势》篇记载：“天不变其常，地不易其则，春秋冬夏不更其节，古今一也。”这里不仅指出“天地”的空间意义，而且指出天地运行是有规律的。而《黄帝内经·灵枢·经水》记载，“天至高不可度，地至广不可量，此之谓也。且夫人生于天地之间，六合之内，此天之高，地之广也，非人力之所能度量而至也”，则论述了天地在空间意义上的无限性。《易传》提出了“天尊地卑”的观念。《荀子·不苟》篇则曰：“天不言而人推高焉，地不言而人推厚焉，四时不言而百姓期焉。”荀子所说的“天”“地”就具有道德的意味，以天之高、地之厚来形容至诚之德。

先秦时期的庄子也谈天。庄子通常将“天”“人”对举，其所理解的“天”通常是指事物自我的本性，即事物自然而然的状态。《庄子·秋水》篇曰：“何谓‘天’，何谓‘人’？……

---

① 翟奎凤：《上下与方圆：早期天地观念的空间意象及其德性意义》，载《华东师范大学学报（人文社会科学版）》2021年第3期。

② 劳思光：《〈大学〉〈中庸〉译注新编》，香港中文大学出版社2000年版，第87页。

牛马四足，是谓‘天’；落马首，穿牛鼻，是谓‘人’。”显然，“天”是指事物自我如此的本性，“人”是人为改变事物自我的本性。牛、马都有四足，是牛马的本性自然如此，此即是天，但人类会为了利用牛马来耕作，将人想要的东西强加给牛马，给马套上笼套，给牛穿上牛鼻，人为地改变了它们的自然本性。庄子主张“不以心捐道，不以人助天”，就是说要任因自然，尊重事物的自然本性。他认为尊重自然的人就是畸人，“畸人者，畸于人而侔于天”。《庄子·大宗师》曰：“知天之所为，知人之所为，至矣！”这表达了比较明确的天人相分思想，强调人不可代天即人不能违背事物的自然本性。先秦时期的另一位思想家荀子亦谈论天，荀子思想中的“天”很多时候也是一种自然之天。同庄子强调人应尊重自然不同，荀子则强调人应积极主动地改造自然，改造自然的前提是知道“天”“人”的分别，《荀子·天论》提出“故明于天人之分，则可谓至人矣”的观点，人在大自然面前不能无所作为，要善于改造和利用自然为人类的利益服务，“大天而思之，孰与物畜而制之；从天而颂之，孰与制天命而用之”。

就中国古代思想史中“天”的人格神含义，劳思光称之为“人格天”。人格天在中国究竟起于何时已很难考证。但中国古代思想中的人格天与西方思想中的神或上帝还是有本质区别的。在西方的基督教思想中，所谓的神或帝，不仅具有主宰的含义，更是一个创世者；中国古代思想中的天并无创世的观念，所谓的天或帝，只是一个主宰者，而并非创世者。人格天虽是最高主宰，但其主要作用表现在政治成败一面。①

二、早期的“理”观念

我们再看“理”字的含义，关于中国“理”字的早期记载，日本学者沟口雄三认为“理”很早就出现在《诗经》《春秋左传》中，其意义仅是指某种官职，最晚至六朝，取代“道”，成为根据性或法则性的观念。②

“理”字在早期的文献中，是作为使动词来使用的，汉代许慎《说文解字》谓其本义为“治玉”，此为何义？清代段玉裁《说文解字注》曰：“治玉也。《战国策》：‘郑人谓玉之未理者为璞’，是理为剖析也。玉虽至坚，而治之得其鰓理以成器不难，谓之理。凡天下一事一物，必推其情至于无憾而后即安，是之谓天理，是之谓善治，此引申之义也。”③ 清代戴震在《孟子字义疏证》中亦对“理”的本义做了详细的考证，曰：

> 理者，察之而几微必区以别之名也，是故谓之分理；在物之质，曰肌理，曰腠理，曰文理；得其分则有条而不紊，谓之条理。……《乐记》曰：“理者，通伦理者也。”郑康成注曰：“理，分也。”许叔重《说文解字·序》曰：

---

① 劳思光：《新编中国哲学史》，生活·读书·新知三联书店2015年版，第1册，第70~71页。

② 沟口雄三：《中国的思想》，赵士林译，中国财富出版社2012年版，第28~29页。

③ 许慎撰，段玉裁注：《说文解字注》，上海古籍出版社1988年版，上册，第15页。

“知分理之可相别异也。”古人所谓理，未有如后儒之所谓理者矣。问：“古人之言天理，何谓也?”曰：“理也者，情之不爽失也；未有情不得而理得者也。……天理云者，言乎自然之分理也；自然之分理，以我之情絜人之情，而无不得其平是也。”①

段玉裁的该注释对“理”的内涵及使用的演变做一个梳理。“郑人谓玉之未理者为璞”是说郑国人将没有雕琢的玉石称为“璞”，“玉之未理者”就是指没有经过雕琢的玉石，此处的“理”作动词，按照玉石天然的纹理加工成玉器，即“雕琢”或“剖析”的意思，亦可谓“治理”。玉石很坚硬，但有许多脉理，徐锴注：“物之脉理，惟玉最密，故从玉。”这是说，在所有的事物中，玉石含有的脉理最为密集。正因为如此，工匠要将玉石加工或雕琢成精美的玉器不是很难，一个很好的办法就是顺着玉石的脉理来进行雕琢，即把玉从璞石里剖分出来，顺着内在的纹路剖析雕琢，引申有纹理之意。对这种事物的纹理或脉理，段玉裁称为“鰓理”。关于“鰓”字，《说文·角部》曰：“鰓，角中骨也。”王筠《说文释例》卷十六曰：“鰓者，牛羊之角，外骨冒内骨，虽相附丽而不能合一，其内骨名曰鰓。”不难看出，牛羊之角含有许多椭圆状的纹理，因此段玉裁所说的“鰓理”是指事物的脉理或纹理。“理”作为动词使用，除了最根本的“治玉”“治理”之义，还可引申出其他含义，如对人体疾病的治理，谓“医治”。《后汉书·崔寔传》

① 戴震：《孟子字义疏证》，第1~2页。

曰：“夫以德教除残，是以粱肉理疾也。”①

后来，“理”的这种动词用法就逐渐减少，变成一个名词，引申为自然事物的条理、纹理。条理、纹理是由自然事物显现出来的，像牛角、玉石等，《易经·系辞上》曰：“仰以观于天文，俯以察于地理。”作为人同样如此，亦有理，人之理是通过情来显现的，犹如事物的纹理一样，人在道德修养中，就像“治玉”一样，也要顺着人的情来修养。清代戴震借此肯定情欲的合理性，不像宋儒那样批评情欲，而是以“情”论“理”，即“情理”，“情理”就是“天理”。他认为虽人皆有理，但人之理各有不同，须要达到“推其情至于无憾而后即安”的状态，才能称得上是“天理”，也就是“善治”。对于玉石来讲，要顺着其显出的纹理来琢磨，才能得出精美的玉器。同样，对于人来讲，亦要顺着人之理显现出的情来修养，才能达到“天理”之安的境界。戴震将“理”或“天理”解释为“自然之分理”，是针对宋明儒的“天理”观而发。万事万物所体现的“理”各有不同，这种不同的形殊性是客观存在的，亦是自然的。对于人来讲，人人皆有“情”，“情不爽失”就是“理”，“理”就在“情”之中，不能通过否定人的“情”而得到“理”，即只要人的“情”不违背一个公共的原则，就是“天理”。

先秦时期，儒者还以“理”释“礼”，如孔子提出“礼也者，理也”的命题。子曰：“礼也者，理也。乐也者，节也。君

---

① 严可均：《全上古三代秦汉三国六朝文》，河北教育出版社1997年版，第2册，第440页。

子无理不动，无节不作。不能《诗》，于礼缪。不能乐，于礼素。薄于德，于礼虚。”[①]《礼记·乐记》记载：“礼也者，理之不可易者也。乐统同，礼辨异。礼乐之说，管乎人情矣。穷本知变，乐之情也。著诚去伪，礼之经也。礼乐偩天地之情，达神明之德，降兴上下之神，而凝是精粗之体，领父子君臣之节。是故大人举礼乐，则天地将为昭焉。”[②]《礼记》中通常将礼、理并举，但我们需要注意的是，有的学者指出其所谓的“理”还不是哲学本体论意义的范畴，它与宋明理学中具有本体意义高度的“理”还有着本质的区别。[③]

三、“天理”的早期记载

“天理”作为一个范畴出现于先秦，如《礼记·乐记》中明确使用了“天理”一词，曰：“人生而静，天之性也。感于物而动，性之欲也。物至知知，然后好恶形焉。好恶无节于内，知诱于外，不能反躬，天理灭矣。夫物之感人无穷，而人之好恶无节，则是物至而人化物也。人化物也者，灭天理而穷人欲者也。”[④] 此句中的两处“天理”是何意？“不能反躬，天理灭矣”一句，郑玄注“理”字为“性”，曰：“理犹性也。”唐代

① 王文锦：《礼记译解》，中华书局2016年版，第666页。

② 郑玄注，孔颖达疏：《礼记正义》，李学勤主编：《十三经注疏》，第1116～1117页。

③ 丁鼎：《从宋学看“礼”在儒家思想体系中的核心地位》，涂可国编：《国际儒学论丛》第10辑，社会科学文献出版社2021年版。

④ 郑玄注，孔颖达疏：《礼记正义》，李学勤主编：《十三经注疏》，第1083～1084页。

孔颖达亦采用郑玄的注，其疏曰：“恣己情欲，不能自反禁止。理，性也，是天之所生本性灭绝矣。”① 郑玄、孔颖达均是汉唐著名的经学大家，他们以性释理，“理”前面加上“天”字，意指人的本性是由天赋予的，天理就是天性，就是人的自然之性，是先天就有的而非后天获得的人的本性，亦同首句“人生而静，天之性也”之意，“言人初生，未有情欲，是其静禀于自然，是天性也”②。这在某种程度上代表了当时人们的普遍看法。

宋代理学的集大成者朱子不同意以“性”释“理”的解释，其曰：“人生而静以上不容说。人生而静以上，即是人物未生时，只可谓之理，说性不得，此程子所谓‘在天曰命’也。才说性时，便已不是性，才谓之性，便是人生以后，此理已堕在形气中，不全是性之本体矣，此程子所谓‘在人曰性’也。然性之本体，原未尝离，亦未尝杂，要人就上面见得其本体耳。性不可形容，善言性者，不过即其发见之端言之，而性之理固可默识矣，如孟子言‘性善’与‘四端’是也。”③ 朱子的意思可析分为以下两点：

一是“理”的概念在内涵上是包括“性”的，含义更广泛一些，这就意味着不能将“理”和“性”视为同一概念，“人物未生时”的先天状态只能称之为“理”，不能说是“性”，

---

① 郑玄注，孔颖达疏：《礼记正义》，李学勤主编：《十三经注疏》，第 1084 页。

② 郑玄注，孔颖达疏：《礼记正义》，李学勤主编：《十三经注疏》，第 1084 页。

③ 孙希旦：《礼记集解》，沈啸寰、王星贤点校，中华书局 1989 年版，下册，第 985 页。

“性”只是指人、物生出之后，是指有形世界的事物属性而言。朱熹反复引用程子的“在人谓性”就是此意。朱熹认为我们在人生出之后所说的“性”，虽然是“性”，但并不是“性”的本体，而是气质之性，是理堕于形气中产生的，“性”本源自“天”，本源性的“天理”是纯粹无杂的。朱熹说“性不可形容”实际是指性的本体不可形容，因为它是形而上的，不能用具体的思维来把握。朱熹理学的基本命题“性即理”，实际上是指性的本体即理。

二是性的本体虽然不可言说，但并不代表我们无法认识和把握它，而是可以通过“其发见之端”来认识和把握的，孟子曰：“恻隐之心，仁之端也；羞恶之心，义之端也；辞让之心，礼之端也；是非之心，智之端也。”（《孟子·公孙丑上》）这里的“恻隐”“羞恶”“辞让”“是非”都是性的发见之端——情，也就是我们可以通过“性”发显于外的“情”来认识和理解“性”。

清代焦循对此句的“理”解释有所不同，认同欲的合理性，以“有己之欲而不通乎人之欲，是为‘穷人欲’”。在此基础上，焦循释“理”曰：“理者，分也。人各有性，即人各有欲，是天所分界诸人，而不私于一人者也。故通其欲而欲不穷，合其理而理不灭，圣人惟尽其性以尽人之性，斯不肯绝欲。夫不能推己之欲以及人之欲，固人欲穷；绝己之欲而不计人之欲，亦人欲穷。人之欲即天所分之理，故欲穷则理灭也。穷之言绝也。弱为强胁，寡为众暴，愚为知诈，怯为勇苦，疾病不养，老幼孤独不得其所，而人之欲绝矣。”① 在焦循看来，

① 焦循：《雕菰楼经学九种》，凤凰出版社 2015 年版，上册，第 336 页。

《礼记·乐记》中的“天理”就是人生而自有的欲望，是“天所分界诸人”的，是普遍的，是天然合理的。

先秦文献中，“天理”一词还出现在道家的代表作《庄子·内篇·养生主》中：“方今之时，臣以神遇而不以目视，官知止而神欲行。依乎天理，批大郤，导大窾，因其固然。”《庄子·外篇·天运》亦曰：“顺之以天理，行之以五德，应之以自然。”《辞海》释此“天理”为“自然的法则”。

第二节　宋代儒家的天理观

宋代，儒学在回应佛老之学挑战的过程中出现了新的发展形态——理学，宋儒借助“天理”的概念开始实现儒学的哲学化。程颢提出“天者，理也”的理学命题，以天的自然性、必然性、普遍性来论证道德的合理性与当然性。程颐、朱熹以“性即理”立论，从天理的本体论层面回答人性和道德修养何以可能的基础问题。与朱熹同时代的陆九渊不赞同朱熹寻求外在的“理”来确立人伦道德合理性的方式，而是从“天理”的角度来论证“心”的本体地位，将借助外在力量来实现人性自我回归的方式转向诉诸自我的本心，开启了理学的心学方向。

一、程颢：“天者，理也”

“天理”，亦可称之为“理”，是二程哲学思想的最高范畴。任继愈指出，周敦颐、张载虽然也都谈到“理”，但他们讲的理只是泛泛而论，在二程哲学体系则不同，“理”是最高范畴，是宇宙万物和社会存在的本体。① 二程之前，儒家思想的主要范畴是天道或道、天命。二程的“天理”思想，实现了儒学思想发展过程中的一次重大转换。程颢在谈到自己对于“天理”思想的经历过程时曾曰：“吾学虽有所受，天理二字却是自家体贴出来。”② 程颢这里不是要宣示对“天理”范畴的发明权，因为我们知道“天理”早在《礼记·乐记》和《庄子·天运》中就被明确记载，而是要强调天理的“体贴”二字，是要表明“天理”不是通过概念的某种抽象方式得来的，而是通过切身体验得出的。

汉代，儒家思想正式成为官方的政治指导思想。在这一背景下，董仲舒发展了儒家的天人关系理论，提出了“天人感应”学说。这一学说并非旨在直接加强对皇权的约束和限制，而是通过阐述人与天之间的相互作用和感应关系，强调天命的神圣性和不可违背性。具体而言，董仲舒认为天具有道德属性和意志，能够感应到人类的善恶行为，并通过自然现象（如灾异或祥瑞）来昭示天意，从而对人类社会的治乱兴衰产生影响。这一理论加强了天的神性主宰地位，使皇权在获得天道支持的同时，也受到来自天命的监督和制约。因此，这一学说对于维护皇权的合法性、稳定性以及推动社会道德建设具有重要意义。

在区分告子“生之谓性”与《中庸》“天命之谓性”中的“性”有何不同时程子谓：“‘生之谓性’，止训所禀受也。‘天

---

① 任继愈：《中国哲学史》，人民出版社 2003 年版，第 3 册，第 223～227 页。

② 程颢、程颐：《河南程氏外书》卷十二，《二程集》，上册，第 424 页。

命之谓性’，此言性之理也。今人言天性柔缓，天性刚急，俗言天成，皆生来如此，此训所禀受也。若性之理也则无不善，曰天者，自然之理也。”① “生之谓性”是从人所禀受的气而言，是从气的层面来说的，人与物都禀受了气而有了形体，没有什么区别，“生之谓性”在二程而言则是“气禀之性”，“气禀之性”所表现出的“天性柔缓，天性刚急”也是先天而成的，没有善恶的区分，是可善可恶的。“天命之谓性”之“性”则不同，它具有道德的内涵，它是纯粹无杂的，没有不善的，是至善的，就是程子所说的“性之理”，它是性的本体。“性之理”虽是本善的，源自天，是自然而然就有的，不是人为的。明道曰：“天者理也，神者妙万物而为言者也。帝者以主宰事而名。”② 明道把“天”与“理”直接等同起来。但“天”在传统上还有其他的名称，“天”也可称为“神”，“天“称为“神”，是从天“妙万物”的功用来讲的，天生出万物，而称为“帝”，则是从“天”生物所具有的主宰性来说的。需强调的是，天所具有的主宰性并不是从像人格神那样的上帝主宰万物的创生意义角度来理解的。天理具有道德属性，但这种道德属性是自然如此，不是由人格神的上帝而为的，也就是并不存在超越的本体世界或上帝的世界。

明道谓：“天下善恶皆天理，谓之恶者非本恶，但或过或不及便如此，如杨、墨之类。”③ 又曰：“事有善有恶，皆天理也。

---

① 程颢、程颐：《河南程氏遗书》卷二十四，《二程集》，上册，第313页。

② 程颢、程颐：《河南程氏遗书》卷十一，《二程集》，上册，第132页。

③ 程颢、程颐：《河南程氏遗书》卷二，《二程集》，上册，第14页。

天理中物，须有美恶，盖物之不齐，物之情也。但当察之，不可自入于恶，流于一物。”① 从客观实存的世界来讲，万事万物自有个善与恶、美与丑等，都是相对立而存在的，这是事物实际存在的客观情形，是必然的、普遍的，也就是天生成万物自有个善恶存在，不会生成无差别的同一事物，所以会有这种差别是天理自然如此。明道曰：“人生气禀，理有善恶。”② 在宋明理学家看来，“理”或“天理”是普遍的、永恒的、绝对的、超越形下世界的形上本体，而这里明道又讲“理有善恶”似乎与传统的看法相矛盾，然而如果深入探究，我们会发现两者实际上并不冲突，反而互为补充。首先，我们需要明确“理”在宋明理学中的核心地位。在宋明理学家看来，“理”是宇宙间最高的原则，它统摄着万物，是善的源泉。然而，这里的“理”并非只指抽象、单一的善，而是涵盖了万物的生长规律、人性的发展以及社会运行的法则等多个层面。在这个意义上，“理”既是绝对的，又是相对的，因为它在不同的情境和层面上表现出不同的特性。接下来，我们来看“人生气禀，理有善恶”这一表述。这里的“气禀”指的是人出生时从自然界秉受的气，它决定了人的基本特质和潜能。由于气禀的差异，人在先天上就具有了不同的性格和能力，这也是“理有善恶”的直接体现。但这里的“善恶”并非指理本身的性质，而是指气禀所赋予人的特质在行为上可能导致的后果。在进一步阐述中，我们可以认为，虽然理本身是绝对的善，但人在气禀的影响下，可能会

---

① 程颢、程颐：《河南程氏遗书》卷二，《二程集》，上册，第 17 页。

② 程颢、程颐：《河南程氏遗书》卷一，《二程集》，上册，第 10 页。

偏离这个绝对的善，表现出不同的善恶倾向。这并不意味着理本身存在善恶之分，而是因为人的气禀差异和后天环境影响导致了行为的善恶差异。同时，这也为人的道德修养提供了可能性和必要性。通过教育和自我修养，人可以逐渐克服气禀的负面影响，回归理的绝对善。

在明道的思想中，天理体现为事物自然如此、非有人为的必然性。人禀气之所生，气是形而下之物，自然是有善有恶，而所以有善有恶，是理之自然如此，即“理有善恶”，不是说理之本体有善恶。“然不是性中元有此两物相对而生也”①，则是说气禀之性的善恶非是人为，是自然如此，即自然之理如此。对于人来讲，天以阴阳之气生成人，自有圣贤和凡俗之别，天生成万物自有善恶之不同，但须要明白的是，现实的事物虽有善恶之别，这是由天生成万物的客观必然性所决定的——天理，即天理具有不随人的意志为转移的客观必然性，“天理云者，这一个道理，更有甚穷已？不为尧存，不为桀亡。人得之者，故大行不加，穷居不损。这上头来，更怎生说得存亡加减？”② 二程的天理观力图剔除天的神性主宰意，将天所具有的人格神意义还原为事物的自然性、规律性和必然性，同时赋予天道德意义。先秦时期《尚书》中的天具有很强的人格神意义，天是有意志的，能主宰人间的一切事务。《尚书·虞书·皋陶谟》曰：“天命有德，五服五章哉！天讨有罪，五刑五用哉！”将“五刑五用”说成是天有意的惩罚，将“五服五章”之礼仪说成是天

① 程颢、程颐：《河南程氏遗书》卷一，《二程集》，上册，第10页。

② 程颢、程颐：《河南程氏遗书》卷二，《二程集》，上册，第31页。

有意的命令。针对此，二程指出：“万物皆只是一个天理，己何与焉？至如言‘天讨有罪，五刑五用哉！天命有德，五服五章哉！’此都只是天理自然当如此。人几时与？与则便是私意。有善有恶。善则理当喜，如五服自有一个次第以章显之。恶则理当恶，彼自绝于理，故五刑五用，曷尝容心喜怒于其间哉？”① “五刑五用”“五服五章”都不是天有意而为，而是理当自然如此，如果将人类社会的刑罚礼制说成是超越的人所给与的，那就违背了天理的公共性与普遍性，那等于说天理是有私意的，显然是不对的。人类社会的礼制规范，是天理自然如此，恶而当恶，喜而当喜，自然就是应然。

然就天生成物的依据——生生之理本身来说，则是至善无杂的。同样，现实的世界中，人有善有恶是自然如此，所以有善有恶的理是善的，这个善的理是本体，它是普遍的、超越的、绝对的、永恒的。现实中的每个人，都是善恶相杂的，因此，在进行道德修养时，人要自察这个至善天理的存在，这个“自察”的功夫，就是一种返本的工夫。人能自察，就不会入于恶而流于一物。

因此，“人生气禀，理有善恶”这一表述实际上揭示了人与理的复杂关系。它强调了人在先天上的局限性，但同时指出了通过后天努力可以达到的理想境界。这种哲学思考不仅丰富了我们对于“理”和“人”的理解，也为我们提供了关于道德修养和人性发展的重要启示。

明道“以理言天”的方式遭到明清之际的思想家王夫之的

① 程颢、程颐：《河南程氏遗书》卷二，《二程集》，上册，第30页。

大力批判，谓：“程子言‘天，理也’，既以理言天，则是亦以天为理矣。以天为理，而天固非离乎气而得名者也，则理即气之理，而后天为理之义始成。浸其不然，而舍气言理，则不得以天为理矣。何也？天者，固积气者也。乃以理言天，亦推理之本而言之，故曰‘天者理之所自出’。凡理皆天，固信然矣。而曰‘天一理也’，则语犹有病。”① 王夫之站在气本论的立场上，认为“天者，理也”直接将天与理等同起来是有问题的，最大的问题就是舍弃了天之生成的客观性——气，天是阴阳之气的运动而形成的，“天者，理也”是针对天生成万物的本体——理来讲的，天是气积而成，理不过是气生成、运动所体现的规律性而已，即“理”是“气之理”。

二、程颐、朱熹：“性即理”

“性即理”，是程朱思想体系的基本点。“性即理”的命题由程颐最先提出，为朱熹所继承并做了进一步的发挥。人的本性问题是中国思想史长期以来争论不休的一个重要问题，在儒家看来，尽管有荀子性恶论抑或“性朴论”② 的提出，但是儒

---

① 王夫之：《读四书大全说》卷十，船山全书编辑委员会编校：《船山全书》，岳麓书社 2011 年版，第 6 册，第 1111 ~ 1112 页。王夫之在另一处也批评程子曰：“程子之竟言‘天者一理也’，且令学者不审而成陵节之病，自不如张子之义精矣。”同上，第 1113 页。

② 学者周炽成认为仅以《荀子》中的“性恶”篇来界定荀子是“性恶”论，是有问题的。经过考证，《性恶》并不是荀子本人的作品，而是荀子后学对人性的观点或与人性相关的观点的汇集。他在细致考证的基础上认为荀子持性朴论而不持性恶论。参见周炽成：《荀子人性论：性恶论，还是性朴论?》，载《江淮论坛》2016 年第 5 期。

家人性论思想的主流仍是性善论。这里有一个问题，就是如在一般意义上讲性善论，则缺乏本体论的理论支撑，尽管孟子和告子的论辩中列举水流的自然向下来论证人性是善的，但仍然缺乏系统的理论论证。在宋代理学的发展中，摆在思想家面前的一个重要课题就是如何从本体的角度来确立人性本善的基础性地位，并提供丰富的理论论证。程颐提出了“性即理”的命题，为理学家从“理”或“天理”的角度来论证人性本善奠定了重要的思想基础。对此理学的基础性命题，朱熹赞曰：“程先生论性，只云‘性即理也’，岂不是见得明？是真有功于圣门！”①

当程颐的弟子提出“性如何”的问题时，程颐回答说：“性即理也，所谓理，性是也。天下之理，原其所自，未有不善。喜怒哀乐未发，何尝不善？发而中节，则无往而不善。”② 性善是由理善来体现的，程颐意在表明世界的生成变化都体现出必然的规律性、秩序性，它是宇宙生成的本体，而天理下贯落实到人性中，又由规律的必然性、普遍性转化为人心的性体，也就具有道德的当然性。亦就是说，天地的生生之理，以气为质，生成宇宙万物，而万事万物也都体现理的必然性、普遍性。四时轮回、花开花落、飞禽动植，无不体现出理的必然性，但天地生生所体现的秩序性又都表征着一种和谐和美好。人亦禀得天理而有人性，当人性的生生之仁还未发动时，也就是还未发出喜怒哀乐的情感时，性之体寂然不动，没有情欲的牵累，当

① 黎靖德编：《朱子语类》卷九十五，第6册，第2427页。

② 程颢、程颐：《河南程氏遗书》卷二十二，《二程集》，上册，第292页。

然是纯粹至善的；当性之体发动时，人所本有的善性可使情感不偏离性体之中正，从而使性体发动而展现的情也是善的。

朱熹继承了程颐的“性即理”思想，并借助《中庸》“天命之谓性”进行了具体的阐发，曰：“命，犹令也。性，即理也。天以阴阳五行化生万物，气以成形，而理亦赋焉，犹命令也。于是人物之生，因各得其所赋之理，以为健顺五常之德，所谓性也。”① 性是天所赋予的，如同君王的命令一样，是不能自然选择的，人与物一样。此天命之命是从理流行而付与万物来讲的，人物所禀受的命就是性。在此意义上，性即理，万物都有性，如火性热、水性寒、日性明、附子热、大黄寒等，天下无无性之物。枯槁、竹椅、阶砖等无生命之物，虽无生意，但亦有生之理。也就是万物皆有所以如此而不如彼的自我本性，如阶砖有阶砖之理，竹椅有竹椅之理，阶砖不可为竹椅，竹椅亦不可为阶砖。凡有物，则必有理，正是有了理，事物也就具有了发挥某种性能的依据，如舟只可行之于水，车只可行之于陆，兔毫能做成笔，等等。朱熹曰：“盖有此物，则有此性；无此物，则无此性。”② 人与物都有出自一个共同的根源——天命或天理。性即体现出事物形成某一事物的必然性和客观性，不以人的意志为转移。

如果从本体层面上讲，人、物之生皆有禀天地之理而生，此理就是生理，也就是性，是天地生物的依据，同时也禀天地阴阳五行之气而有形。这样，人物之生实际上既有禀自天理以为性的天命之性，亦有禀气以成形的气质之性。天命之性就是

① 朱熹：《四书章句集注》，第19页。

② 黎靖德编：《朱子语类》卷四，第1册，第56页。

理，是纯粹至善的，气质之性则兼有善恶之分。人性是善的，“一阴一阳之谓道，继之者善也，成之者性也”①。阴阳五行之气氤氲交合，按照一定的必然性（理）生出万物，理则是超越的形上存在，灿然光明，未夹杂任何私意，使人、物具有了性——仁、义、礼、智。天地生生之理就是太极之理，天地创生万物的过程就是一种无目的的目的性过程，对这一无目的的目的性，朱熹借用《周易》里的“天地之心”概念阐释曰：“天下之物，至微至细者，亦皆有心，只是有无知觉处尔。且如一草一木，向阳处便生，向阴处便憔悴，他有个好恶在里。至大而天地，生出许多万物，运转流通，不停一息，四时昼夜，恰似有个物事积踏恁地去。天地自有个无心之心。复卦一阳生于下，这便是生物之心。”② 天命之性与气质之性是何种关系？朱子是依理、气关系来阐释的，曰：

所谓天命之与气质，亦相衮同。才有天命，便有气质，不能相离。若阙一，便生物不得。既有天命，须是有此气，方能承当得此理。若无此气，则此理如何顿放！天命之性，本未尝偏。但气质所禀，却有偏处，气有昏明厚薄之不同。然仁义礼智，亦无阙一之理。但若恻隐多，便流为姑息柔懦；若羞恶多，便有羞恶其所不当羞恶者。且如言光：必有镜，然后有光；必有水，然后有光。光便是性，镜水便是气质。若无镜与水，则光亦散矣。谓如五色，若顿在黑

① 郭彧译注：《周易》，中华书局2006年版，第362页。

② 黎靖德编：《朱子语类》卷四，第1册，第60页。

多处，便都黑了；入在红多处，便都红了，却看你禀得气如何，然此理却只是善。既是此理，如何得恶！所谓恶者，却是气也。孟子之论，尽是说性善。至有不善，说是陷溺，是说其初无不善，后来方有不善耳。①

关于朱熹“性即理”的内涵，学者向世陵认为有两个层面：一是从本体上来讲，或从质上来说，性就是理；二是从人和宇宙生成的系列上来讲，性源于理，或者可以说“天理变形为人性”。②

性如何是善的？在传统儒学来讲，还没有跳出人性论的范围来论证。当以万物存在之理的普遍性、必然性来论证性时，性善论就获得形上的本体表达，儒家所倡导的仁义礼智信的基本伦理规范都可纳入此一体系中进行讨论：

性只是一个至善道理，万善总名。③

性是理之总名，仁义礼智皆性中一理之名。④

但是，我们需要注意，程颐讲“性即理”时是从普遍意义上来讲的，这里的“性”不是个别之性，因为一旦说到个别之性，就是从形而下的性——气质之性来说的，朱熹则强调曰：

---

① 黎靖德编：《朱子语类》卷四，第1册，第64~65页。

② 向世陵：《宋代理学的“性即理”与“心即理”》，载《哲学研究》2004年第1期。

③ 黎靖德编：《朱子语类》卷一百一，第7册，第2592页。

④ 黎靖德编：《朱子语类》卷五，第1册，第92页。

“大抵人有此形气，则是此理始具于形气之中，而谓之性。才是说性，便已涉乎有生而兼乎气质，不得为性之本体也。”① 一般意义上讲的性，实际是天命之性，天命之性可以直接与理或天理等同，也就是性之本体。朱熹关于天命之性和气质之性的划分，承自张载、二程，他大力赞扬此说曰：“此（气质之说）起于张、程。某以为极有功于圣门，有补于后学，读之使人深有感于张、程，前此未曾有人说到此。……故张、程之说立，则诸子之说泯矣。”② 天理是公共的、普遍的，每个人都禀赋天理而有个别之性，个别之性夹杂着气质，实为朱熹所说的气质之性，但又包含着天命之性：“性只是理，万理之总名。此理亦只是天地间公共之理，禀得来便为我所有。”③ “性只是理，万理之总名”似乎是说性在范围上比理大，其实不然，“万理”是天理的分殊，是各人从天理禀得的个别之性，个别之性的总和就是理或性。从大小关系来说，朱熹实是认为理大性小，如其曰：“宇宙之间，一理而已，天得之而为天，地得之而为地，而凡生于天地之间者，又各得之以为性。其张之为三纲，其纪之为五常，盖皆此理之流行，无所适而不在。”④ 理是宇宙的生成本体，天、地、天地之间所有事物，都是禀得理而有。同时，理作为道德的根本原则，其展开就是三纲五常。这也就是说整个宇宙

---

① 黎靖德编：《朱子语类》卷九十五，第6册，第2430页。

② 黎靖德编：《朱子语类》卷四，第1册，第70页。

③ 黎靖德编：《朱子语类》卷一百一十七，第7册，第2816页。

④ 朱熹：《晦庵先生朱文公文集》卷七十，朱杰人、严佐之、刘永翔主编：《朱子全书》，上海古籍出版社、安徽教育出版社2002年版，第23册，第3376页。

都是天理流行的宇宙。

后来，朱子的弟子陈淳绍熙三年（1192）春在写给朱子的一封信《上晦庵先生问目》中对“理”的涵义作了更为系统的概括，信曰：

> 理有能然、有必然、有当然、有自然处，皆须兼之，方于理字训义为备否？且举其一二，如恻隐者气也，其所以能如是之恻隐者理也。盖其中有是理，然后能形诸外为是事，外不能是事，则是其中无是理矣。此能然处也。又如赤子入井，见之者必恻隐，盖人心是个活物，其感应之理必如此，虽欲忍之，而其中惕然自有所不能以已也。不然，则是槁木死灰，理为有时而息矣。此必然处也。又如赤子入井，则合当为之恻隐，盖人与人类其待之之理当如此，而不容以不如此也。不然，则是为悖天理而非人类矣。此当然处也。……又如所以入井而恻隐者，皆天理之真流行发见，自然而然，非有一毫人伪预乎其间。此自然处也。……凡事皆然。能然、必然者，理在事之先；当然者，正就事而直言其理；自然则贯事理言之也。四者皆不可不兼该，而正就事言者，尤见理直截亲切，在人道为有力。所以《大学章句》《或问》论理处，惟专以当然不容已者为言，亦此意。熟则其余自可类举欤？①

① 陈淳：《上晦庵先生问目》，顾宏义：《朱熹师友门人往还书札汇编》，上海古籍出版社2017年版，第1册，第191～192页。按：“一毫人伪预乎其间”之“伪”，“理处”之“理”，“举欤”之“欤”，《朱子全书》分别作“为”“难”“矣”。参见《晦庵先生朱文公文集》卷五十七，《朱子全书》，第23册，第2736~2737页。

对于陈淳的梳理与阐发，朱子评论说“此意甚备”，并提醒注意：“《大学》本亦更有‘所以然’一句，后来看得且要见得所当然是要切处，若果得不容已处，则自可以默会矣。”① 在陈淳看来，理兼有能然、必然、当然、自然四种含义。② 以人见孺子将入于井而生恻隐之心为例，恻隐者是主体的人，由气质料生成，而气能生成人，必然有天命的根据——性或理。以性为体，人心能发用恻隐之情，能外为事，此是理之能然处。人人见孺子入井，必然会生出恻隐之情，体现了“人心之仁，理不容已”的必然性，是心之感应之“理”必如此，既心之感应之理必如此，那见孺子入井则当然应该如此，此为人与物的区别所在，不如此则为理所不容，“悖天理而非人类矣”。为父当慈，为子当孝，为君当仁，为臣当忠，等等，皆是此理之当然处。另外，在道德实践中对事物之是非的判断，亦是理之当然处，如非礼勿视，我们知道应如此，当视而不视或不当视而视都是不应该的；知道倒地的老人该去救，但出于种种思考，而没有去施救，就不是出自理之正，亦不是理之合当然处。体现为在此情境下有恻隐之心的理所当然，自然则体现为此恻隐之心的产生非人为造作而成。人见孺子入井而生恻隐之情，是天理流行、心体发之于外的一个自然过程，没有任何外在的东西干预其发生，此是理之自然处。总之，就孺子入井这一事例来看，人能生恻

① 朱熹：《晦庵先生朱文公文集》卷五十七，《朱子全书》，第 23 册，第 2737 页。

② 有关陈淳对“理”的解释，可参见曾振宇：《陈淳评传》，人民出版社 2018 年版，第 49~79 页。

隐之心是理之能然处；人皆生恻隐之心是理之必然处；人当生恻隐之心是理之当然处；人自会生恻隐之心是理之自然处。理之能然、必然、当然、自然虽有分别，但都统一于一个事物之中。

人间事物如此，自然事物亦如此。以动静为例，皆可如此推理。动静是气之所为，而气之所以能动静，因“理有动静”，是理之所为，此为理之能然处；事物之动静必有所以动、所以静之理，即动极必静，静极复动，此理之必然处；事物未至，涵养心之本体，事物到来，感而遂动，当动则动，当静则静，此为理之当然处；事物之一动一静，循环无端，相迭无终，是一个不待人为的自然而然的过程，此为理之自然处。进而推之，亲亲、仁民、爱物者，亦如此。“亲亲、仁民、爱物者，事也；其所以能亲亲、仁民、爱物者，理也。见其亲则必亲，见其民则必仁，见其物则必爱，其必亲、必仁、必爱者，亦理也。在亲则当亲，在民则当仁，在物则当爱，其当亲、当仁、当爱者，亦理也。而其所以亲之、仁之、爱之，又无非天理之自然矣。凡事皆然。”①

陈淳对朱子“理”的理解很全面，理的能然、当然、必然、自然只是理的不同殊相，并非理的分割，它们是统一于理发用、流行的整体过程中。按照朱子理是生物之本的形而上的划分，这个生物之本首要的就是生理，体现为人间秩序的当然之则。但“朱子所说的‘所当然之则’不能仅仅理解为只适用于社会

---

① 陈淳：《上晦庵先生问目》，顾宏义：《朱熹师友门人往还书札汇编》，第1册，第191~192页。

道德领域的应然规范、当然秩序，而是万事万物作为生理本体的显现、呈现，它所具有的不得不如此发生的当然法则、规范和秩序，此即是道体、理体、仁体於穆不已发生其功用的过程”①。

三、陆九渊：“本心即天理”

朱子建立理学体系的根本点是“性即理”，性本于天理，理即天，它赋予万物即有万物之性，天下未有无性之物，亦未有无物之性，水性寒，火性热，诸如此类，不一而足。同样，天赋予人即有人之性，人之性就是善，在内容上它包括仁义礼智信。人之性何以是善？善就是好，这种“好”朱子予以天道观的论证，天理一方面表现为宇宙万物运行的规律性、秩序性，表现为一种似有目的（不是真的有目的）的好，天将这种“好”赋予万物即有万物的“好”，此是天理自然如此，并非人为。理或天理在朱子的思想体系中主要包括所以然和所当然两个方面的内容，将所以如此（体现为一种必然的规律性）和应当如此（体现为一种应然的主体性）融为一体，兼合内外。但朱熹试图通过对经验世界发生的规律性、秩序性的描述来论证人之主体性的“以外证内”的思路遭到同时代陆九渊的批判，陆九渊认为这是支离圣贤的事业，是务外遗内，不认同朱熹建立的理学体系，遂提出了“本心即天理”“发明本心”“先立乎其大”的观点，意图开辟出理学发展的心学方向，实现宋代哲学发展的内在性转向，并在明代王阳明的手中发展出一个成熟

① 赖尚清：《朱子“生理”思想研究》，载《哲学研究》2016年第4期。

的心学体系，以更好地应对释老之学的挑战。

陆九渊的“心即理”学说，一方面将主体的价值自觉意识或道德自觉能力提升至超验的层次，另一方面又将万物之存有纳入主体范围内，以获得价值和意义。象山提出“心即理”的命题首见于《寄李宰书》，在答书中象山明确提出了该命题。其书曰：

> “吾何容心”之说，即无心之说也，故“无心”二字亦不经见。人非木石，安得无心？心于五官最尊大。《洪范》曰：“思曰睿，睿作圣。”孟子曰：“心之官则思，思则得之，不思则不得也。”又曰：“存乎人者，岂无仁义之心哉？”又曰：“至于心，独无所同然乎？”又曰：“君子之所以异于人者，以其存心也。”又曰：“非独贤者有是心也，人皆有之，贤者能勿丧耳。”又曰：“人之所以异于禽兽者几希，庶民去之，君子存之。”去之者，去此心也，故曰“此之谓失其本心”。存之者，存此心也，故曰“大人者，不失其赤子之心”。四端者，即此心也；天之所以与我者，即此心也。人皆有是心，心皆具是理，心即理也。①

象山借孟子“心之官则思，思则得之，不思则不得也”之言，显然是从主体的价值自觉层面立论，这里的心并非气层面的经验之心或物质之心。“心”在象山而言是一个普遍的、超越经验的存在。从内容上讲，“心”所表征的是一种仁义之类的价

---

① 陆九渊：《陆九渊集》，钟哲点校，中华书局1980年版，第149页。

值自觉意识，人人皆有此“心”。圣贤与庶民的区别不在于是否具有这样的心，而在于是否能保守住这样的“心”。象山之“心”究竟作何解？劳思光所解甚为恰当，认为是指自觉能力，即能立价值标准，能为一切价值词语意义之根源者。[①] “天之所以与我者，即此心也”。正是由于“心”具有一种超验的自觉能力，宇宙万物及其具有的理皆为“心”所摄归，“心即理”，“心外无物，心外无理”，将心提升至一种超验的普遍的层次。象山还曰：“心只是一个心，某之心，吾友之心，上而千百载圣贤之心，下而千百载复有一圣贤，其心亦只如此。”[②] “心”所以不同，是从“气”之“经验心”来立论的，是殊别之“心”。不同人在对事物的意识方面皆有不同之差异，如一棵树的高，在某一人看来是很高的，另一个人看来可能觉得不高，其所以有不同皆是因为“经验心”使事物成为人所认识的对象。而如果我们超越“经验心”的层次，将“心”（人的价值自觉意识）看作是一种超越的、普遍的存在，则“心”可以大到包括宇宙万有，“心之体甚大，若能尽我之心，便与天同”[③]。

这里，要特别注意“四端者，即此心也”一句。“四端”是孟子的说法，孟子曰：“恻隐之心，仁之端也；羞恶之心，义之端也；辞让之心，礼之端也；是非之心，智之端也。”（《孟子·公孙丑上》）恻隐、羞恶、辞让、是非皆是指道德情感而言，即所谓“四端”，亦即人之价值自觉所显现者。本心是一个

---

① 劳思光：《新编中国哲学史》，第 3 册，第 282 页。

② 陆九渊：《陆九渊集》，第 444 页。

③ 陆九渊：《陆九渊集》，第 444 页。

超越的存在，要通过此四者显现出来。以四端之心解释本心，还见于《象山年谱》中的记载：

> 四明杨敬仲时主富阳簿，摄事临安府中，始承教于先生。及反富阳，三月二十一日，先生过之，问：“如何是本心？”先生曰：“恻隐，仁之端也；羞恶，义之端也；辞让，礼之端也；是非，智之端也。此即是本心。”对曰：“简儿时已晓得，毕竟如何是本心？”凡数问，先生终不易其说，敬仲亦未省。偶有鬻扇者讼至于庭，敬仲断其曲直讫，又问如初。先生曰：“闻适来断扇讼，是者知其为是，非者知其为非，此即敬仲本心。”敬仲忽大觉，始北面纳弟子礼。故敬仲每云：“简发本心之问，先生举是日扇讼是非答，简忽省此心之无始末，忽省此心之无所不通。”先生尝语人曰：“敬仲可谓一日千里。”①

“本心”一方面是一个颇为抽象的概念，不易见，不易理会，另一方面本心又是一个具有丰富价值实践内容的概念。“本心”就是本体，“四端”是“本心”的发用。体以发用，用以显体。象山“四端者，即此心也”不是“四端”直接等同于“本心”，而是“四端”之情的发用指示“本心”的存在。人人皆有此“本心”，但可以通过“四端”显现出来。敬仲经过数问之后仍不明白“本心”之意，象山遂将这一抽象的概念由敬仲断扇讼知其是非的体验作为指示，使其恍然大悟。是非作为

① 陆九渊：《陆九渊集》，第487~488页。

“本心”的发用处，可以当下直接体验得到，象山以此指点敬仲，可谓善教之法。但是，我们不能将“四端”直接等同于“本心”。“四端”是“本心”发用处，而“本心”是价值自觉能力之自身。象山为了消除时人误解，又特立言曰：“近来论学者言：‘扩而充之，须于四端上逐一充。’焉有此理？孟子当来，只是发出人有是四端，以明人性之善，不可自暴自弃。苟此心之存，则此理自明，当恻隐处自恻隐，当羞恶，当辞逊，是非在前，自能辨之。又云：当宽裕温柔，自宽裕温柔；当发强刚毅，自发强刚毅。所谓‘溥博渊泉，而时出之’。”① 显然，“四端”乃本心所发，但“本心”所发又岂止“四端”？宽裕温柔、发强刚毅皆是“本心”所发，人的处境不同，心之发自有不同。

象山论心，皆是指一种主体性的价值自觉而言，它是超越的普遍存在。正是如此，才有所谓“尽其心者，知其性也。知其性，则知天矣”。虽人人皆有本心，但现实生活中人的本心常被遮蔽，即主体的价值自觉被经验心所具有的欲望等所遮蔽而不能显现其本有的存在，这在象山看来是“失其本心”或“蔽其本心”，象山曰：“愚不肖者不及焉，则蔽于物欲而失其本心；贤者智者过之，则蔽于意见而失其本心。”② 象山又强调：“愚不肖者之蔽在于物欲，贤者智者之蔽在于意见。”③ “失其本心”就使人所本具有的价值意识和自觉能力不能显现。

---

① 陆九渊：《陆九渊集》，第 396 页。

② 陆九渊：《陆九渊集》，第 9 页。

③ 陆九渊：《陆九渊集》，第 11 页。

“天理”或“理”，在象山而言基本上含有两义：一是指必然如此的规律性，如言“天地亦是器，其生覆形载必有理”①；二是指应当如此的规范义，如言“此理在宇宙间，何尝有所碍？是你自沉埋，自蒙蔽，阴阴地在个陷阱中”②。象山对“理”字的用法不如“心”之明确，但从其“心即理”的思想基旨和脉络来看，“理”主要是指规范义之“理”。③ 象山“心即理”之命题，即将人之所本有的价值自觉意识、自觉能力诉诸“天理”的层面，因规范之“理”存在万事万物之中，在宇宙中是一个普遍的存在，以这种普遍性反谓之“心”，即表明“心”的普遍性。同样地，又由于“理”是一个超越的存在，即表明“心”的超越性。如此一来，象山所谓的“心”便与“经验心”有明显的区分了。“心”“理”在象山而言，都是一种根源性的价值自觉意识，也正是在此一层面上才可谓“心即理”。象山云：

> 古圣贤之言，大抵若合符节。盖心，一心也，理，一理也，至当归一，精义无二，此心此理，实不容有二。故夫子曰：“吾道一以贯之。”孟子曰：“夫道一而已矣。”……仁即此心也，此理也。求则得之，得此理也；先知者，知此理也；先觉者，觉此理也；爱其亲者，此理也；敬其兄者，此理也；见孺子将入井而有怵惕恻隐之心

① 陆九渊：《陆九渊集》，第476页。

② 陆九渊：《陆九渊集》，第452页。

③ 劳思光：《新编中国哲学史》，第3册，第285页。

者，此理也；可羞之事则羞之，可恶之事则恶之者，此理也；是知其为是，非知其为非，此理也；宜辞而辞，宜逊而逊者，此理也；敬此理也，义亦此理也；内此理也，外亦此理也。①

此段中，所谓“求”“先知”“先觉”“怵惕恻隐”“羞恶”“知是非”“辞逊”和“敬”等皆是就人的价值自觉意识、能力而言。前面所言之“四端”，象山有谓“四端者，即此心也”，即表“四端”是“本心”发用之显现，此段又谈及“四端”，皆谓之“此理也”，由此可见，作为根源性价值规范之“理”就是“本心”自身，由此可谓“心即是理”，“理即是心”。

第三节　明清儒家的天理观

程朱理学在元代已开始成为官方化的哲学，取得了尊崇性地位，宋代理学发展至明中叶时期，王阳明发掘出理学的心学方向。王阳明在继承陆九渊心学思想的基础上，以“良知即是天理”为基本点，建立起系统的心学体系。李贽受阳明思想的影响，继承了“良知说”的个体性意识，高度肯定个体自然性情的本能与性情的合理意义，提出“吃饭穿衣即是人伦物理”的命题，“天理”就是“人伦物理”，将人的自然本性提高至本

① 陆九渊：《陆九渊集》，第4~5页。

体论的高度，开启了明代思想的一股自由新风，体现了人的自我觉醒和自由精神。王夫之则进一步提出“天理必寓于人欲”的观点，批判以程、朱为代表的宋儒将理、欲对立起来的观点，将人欲的合理性、正当性向前推进了一步，成为启蒙思潮的重要资源之一。戴震则在批判程、朱“天理”概念的基础上，强调理的“分理”和“情不爽失”之义，认为“理存于欲”“欲之中便是理”，揭露了掩藏在作为正统意识形态中的程朱理学所导致的压制人性欲望的“以理杀人”的真实样态①，并在“天理者节其欲而不穷欲”的理论框架内调和理、欲之间的矛盾。

一、王阳明：“良知即是天理”

象山是心学思想体系的开启者，阳明是心学思想体系的完成者。就其相同者而言，两人均在心学的视域下看待“天理”的观念，但就其相异者来讲，象山重在“本心”的观念，阳明则重在“良知”的观念。据阳明《年谱》可知，阳明明确提出“良知即天理”的观点是在五十四岁，距阳明去世仅三年时间。在此之前，观其重要人生节点，阳明于十八岁至二十七岁时致力于程朱理学，尤为关注格物穷理工夫，但终不得以成功，遂在之后的数年间发趣于道教神仙术，后觉得致力于长生并无大意义，又在三十一岁之后转至儒学，三十七岁于龙场有一大开悟，“居夷”处困，终悟“圣人之道上，吾性自足”，开始创立“良知”学说，并于三十八岁倡“知行合一”之说，此时正式

---

① 关于戴震“以理杀人”所蕴含的思想价值，参见王世光：《“以理杀人”新解》，载《福建论坛》2001 年第 6 期。

进入儒学之心性论的思路。对此人生思想之大转折，阳明自述曰："吾良知二字，自龙场以后，便已不出此意。只是点此二字不出。于学者言，费却多少辞说。今幸见出此意。一语之下，洞见全体，真是痛快，不觉手舞足蹈。"① 五十岁之后阳明基本确立"致良知"之教，并提出成熟的"良知即是天理"的基本命题。为了更好理解阳明之"良知即是天理"思想，以"天理"释"良知"，我们先就"良知"和"天理"的概念做一简要梳理。

在阳明的心学思想中，天理、心、良知是同一层次的概念，吴震认为"阳明心学的一个最大特点就在于将外在的天理转化为内在的良知"②。阳明"良知"概念承自孟子而来。阳明"四句教"中有言曰"知善知恶是良知"，就是将善恶的道德判断能力当作"良知"。为了更明确"良知"的概念，《大学问》又云：

> 良知者，孟子所谓"是非之心，人皆有之"者也。是非之心，不待虑而知，不待学而能，是故谓之良知。是乃天命之性，吾心之本体，自然灵昭明觉者也。凡意念之发，吾心之良知无有不自知者。其善欤，惟吾心之良知自知之；其不善欤，亦惟吾心之良知自知之；是皆无所与于他人

---

① 王守仁：《传习录拾遗》，吴光、钱明、董平、姚延福编校：《王阳明全集》，上海古籍出版社 2012 年版，下册，第 963 页。

② 吴震：《传习录精读》，复旦大学出版社 2011 年版，第 219 页。

者也。①

“是非之心”是孟子所言“四端”之一端，重在表明人人皆有道德判断的自觉能力，强调“是非之心”的普遍性，也就是突出良知的普遍意义。阳明以“是非之心”界定“良知”，表明人对心之发所产生的意念及行为具有先验的道德判断能力，而良知“乃天命之性，吾心之本体”则显然是从价值根源的本体角度来说良知的。阳明的“良知”同象山的“本心”一样，均是从本体论角度来说的。这里我们要特别注意的是，“是非之心”只是孟子“四端”之一端，如何只以是非之心统括恻隐之心、辞逊之心、羞恶之心呢？这与朱熹之首重恻隐之心，有很大不同。朱熹采用《易传》“天地之大德曰生”“生生之谓易”之天道观，以生生之道释仁，仁、礼、义、智分别对应元、亨、利、贞，“元者，生物之始，天地之德，莫先于此，故于时为春，于人则为仁，而众善之长也。亨者，生物之通，物至于此，莫不嘉美，故于时为夏，于人则为礼，而众美之会也。利者，生物之遂，物各得宜，不相妨害，故于时为秋，于人则为义，而得其分之和。贞者，生物之成，实理具备，随在各足，故于时为冬，于人则为智，而为众事之干”②。“仁，浑沦言，则浑沦都是一个生意，义礼智都是仁；对言，则仁与义礼智一般。”③显然，“生意”即生生不息之倾向，朱子就分别来说，仁义礼智

---

① 王守仁：《大学问》，《王阳明全集》，中册，第802页。

② 朱熹：《周易本义》，廖名春点校，中华书局2009年版，第35页。

③ 黎靖德编：《朱子语类》卷六，第1册，第107页。

代表不同的“生意”。而就整体来讲，仁义礼智都统括于仁，都是仁的表现，都是生生之意的不同阶段、不同方面的表现。①

阳明与朱子不同，以是非之心统括其他三心。首先，在阳明看来，“四端”之心是普遍的，人人都有“四端”之“心”，就“四端”之“心”本身来讲，就是一个“心”，恻隐之心、羞恶之心、辞逊之心、是非之心都只是一个“心”，非有四个心。“四端”是由情说心，以情见心。实际上，“四端”之心只是同一个“心”在不同的情景下不同的显现而已。其次，阳明以“是非之心”来释“良知”，曰：“夫人者，天地之心，天地万物，本吾一体者也。生民之困苦荼毒，孰非疾痛之切于吾身者乎？不知吾身之疾痛，无是非之心者也。是非之心，不虑而知，不学而能，所谓良知也。良知之在人心，无间于圣愚，天下古今之所同也。”②“良知”之“知”不是“认知”之“知”，而是人所本就有的一种道德判断能力，能知是非、善恶。“知吾身之疾痛”就是以知是非之心统括恻隐之心，“良知”自能知恻隐，当恻隐则恻隐。推而论之，“良知”自能知羞恶、辞逊，当羞恶则羞恶，当辞逊则辞逊，如心之本有的“好善恶恶”一样，知善而为，知恶而去。在论及阳明之“良知”时，牟宗三曰：

> 本心能自发地知仁知义，此就是人之良知。推而广之，不但是知仁知义是良知，知礼知是非（道德上的是非）亦

---

① 相关的更进一步的论述，参见陈来：《朱子思想中的四德论》，载《哲学研究》2011年第1期。

② 王守仁：《答聂文蔚》，《王阳明全集》，上册，第69页。

是人之良知。阳明即依此义而把良知提升上来以之代表本心，以之综括孟子所言的四端之心。①

又曰：

孟子即心言性，心理亦一，而且亦充分彰著出此心性即是指道吾人行为之道德的心性。然而孟子尚是仁、义、礼、智并列地言之，而阳明则就其所言之是非之心之智而言良知，将智冒上来而通彻于仁、义、礼中，通彻于心德之全部，以彰著并保住心之超越性，涵盖性，主宰性，纯粹至善无对性。……故良知之知与决定即一方引生出仁、义、礼（甚至智）之实，一方即越乎仁、义、礼（甚至智）之上而通彻于仁、义、礼、智，以彰明心之为仁、义、礼、智四德甚至无量德俱备之心，以保住心之纯粹至善无对性。②

人心当然不止“四端”，只是“四端”是心体发用的最典型表现。阳明以“是非之心”来释“良知”，表明心之良知自能知心发之意念和行为的是非、善恶。

实质上，所有的道德价值都由心之良知立准、分判。有学者用“纵贯完成”来形容阳明对“四端”结构的理解，认为“四端”不是平行并列的结构，而是有层次的纵深结构，其中恻

---

① 牟宗三：《从陆象山到刘蕺山》，吉林出版集团有限责任公司 2010 年版，第 138 页。

② 牟宗三：《从陆象山到刘蕺山》，第 165~166 页。

隐心和恭敬心是基础（所谓“良知只是一真诚恻怛”），中间经由羞恶心（所谓“是非只是一个好恶”），最后发展完成为是非心（所谓“良知只是一个是非之心”）。① 这其实是对牟宗三解阳明“良知”的误解。阳明的思路与朱子的思路并无不同，只是朱子以“仁”统括“四端”，阳明则以“知”（智）统括“四端”，“四端”是一心之端，无论是表现为恻隐、羞恶、辞逊、是非，还是体现为仁、义、礼、智四端都是并列的。所谓“纵贯”是指“四端”皆由本心生出，正如树根生出枝叶一样。阳明从“四端”中抽出“是非之心”作为“良知”，因为“是非之心”所表征的是一种人所本具的道德判断能力，自能知是非，善恶也是一种是非（善是对好的肯定，恶是对好的否定）。心之所发的意念和行为皆可由“良知”来自行判准，不需要再借助于外在的“天理”来决定。当是非之心之智被阳明抽出来之后，是非之心自然也就从具体道德情感、德目上升为一般，这个一般的是非之心就是良知，亦是本心，亦是天理，它们是同一的。良知纵贯四端，就是良知自发地知仁知义知礼智，知是知什么，就是知是非、善恶，“四端”是“良知”贯通的“四端”，是心之“良知”本体发用的显现，而不是说“四端”是一个有等级的结构。

“良知”虽谓是一种道德自觉之能力，为人心所固有，但它毕竟是一个主体性很强的概念，很难保证它的客观性。如何确立良知的本体地位，阳明也同宋明时期的理学家一样，亦需要

---

① 陈乔见：《从恻隐心到是非心：王阳明良知说对儒家性善论的凝练与发展》，载《浙江社会科学》2018 年第 6 期。

借助于“天理”的概念。杨国荣说：“王阳明当然并没有摆脱理学家的立场，在要求人们服从普遍天理这一点上，他与程朱并无分歧。”① “天理”一词自明道言“吾学虽有所受，天理二字却是自家体贴出来”之后，便成为宋明理学家论证各自思想体系的重要概念和人们讲学谈论常用的话头。阳明用“天理”释“良知”曰：“良知是天理之昭明灵觉处，故良知即是天理。”“天理”是本体，“昭明灵觉处”是“天理”的发用，是主体的道德自觉之能力。阳明又曰：“天理在人心，亘古亘今，无有终始；天理即是良知，千思万虑，只是要致良知。”② 此处之“人心”非血气的物质之心，而是超越的具有普遍意义的人的道德自觉意识，“天理”是价值规范的整体，为“人心”所摄含，“亘古亘今，无有终始”正是对“人心”或“天理”的超经验的描述，具有超时空的永恒特征。

这里需要注意的是，人们在提到阳明的“良知”概念时，往往比较注重“良知”的个体性，忽略“良知”的普遍性或公共性。实际上，虽然“良知”每个人都有，但它毕竟是主体性非常强的概念，人们很容易将它只理解成个体的主观的概念。虽然人人都有“良知”，但是人人的“良知”又都是不同的。如果每个人的“良知”没有普遍性或公共性，就很难进入社会的公共生活领域，所谓的“致良知”只是变成升华与净化个人生命的手段而已，如此，则背离了儒学建立社会公共

① 杨国荣：《王学通论：从王阳明到熊十力》，华东师范大学出版社 2003 年版，第 58 页。

② 王晓昕：《传习录译注》，中华书局 2018 年版，第 302、454 页。

伦理秩序的宗旨。实际上，阳明以“良知”为基，强调“良知”的普遍性或公共性，通过“致良知”的工夫让每个人的“良知”都回归到社会的公共生活之中，让每个人的“良知”得以充分呈现，更好展现个人的真实存在。这样，就需要为“良知”的普遍性提供保证，而“天理”所具有的普遍性正好可以论证“良知”的公共性，“天理”能使具有浓厚个体色彩的“良知”走进社会公共生活领域，你的“良知”，他的“良知”，圣贤的“良知”，愚夫愚妇的“良知”都是同一的，只要每人去致你的“良知”，不仅个体的生命境界能达成，社会公共生活的道德境界亦能实现。个体生命的境界也在社会公共生活中得以升华。但吴震指出：“良知学内部的主观性原则与客观性原则的理论紧张始终存在。”① 为了提升“良知”的客观性与普遍性，把良知这种由本体主观体验的道德感知解释为客观的为人所普遍具有的东西，阳明通过将良知提升至“天理”的高度，进而“从理论上证明良知作为评判善恶的客观标准不仅是属于个人的，而且还是属于整个天下国家的。”② 阳明所谓“天理即是良知”③ “良知是天理之昭明灵觉处，故良知即是天理”④，也正是在这一层面上来讲的。故而“良知”不仅仅是个体的、个别的，更是公共的、普遍的。对于良知的这一特性，牟宗三的解释更有洞见：“良知是天理之自然而明觉处，则天理

① 吴震：《传习录精读》，第232页。

② 吴震：《传习录精读》，第232页。

③ 王晓昕：《传习录译注》，第454页。

④ 王守仁：《答欧阳崇一》，《王阳明全集》，上册，第63页。

虽客观而亦主观；天理是良知之必然而不可移处，则良知虽主观而亦客观。”①

王阳明所谓的“良知”不过是存在于人心中的“天理”而已，这与朱子的“天理”观有很大不同。② 王阳明一方面运用“天理”所具有的至上性、永恒性来确立“良知”的本体地位，另一方面又将超越经验世界的“天理”赋予人心。“天理”不在物上，它本就内涵于人心之中，“良知”即是“天理”。如此则“天理”高不可攀的神圣性得以减杀，但人之道德实践的动力却得以大大增强，因为“良知”人人皆有，以此立论，则成圣成贤就是普通人可以期许的目标，“以吾心之是非为是非”。圣人之道变得不再那么高深莫测，而是简单易行，愚夫愚妇只要在日常行为的“事上磨练”，同样可以成为圣人。这就像佛教“人人皆有佛性”一样，佛并非高高在上的神性存在，而是佛在心中，放下心中执念皆可成佛。阳明曰：“良知之在人心，无间于圣愚，天下古今之所同也”③，“人皆可为尧舜”，“满街都是圣人”。王阳明的“良知即是天理”在某种程度上打破了儒家纲常伦理的威严性。“天理”不在宇宙万物中，而就在人心，求做圣贤的工夫不须在物上求理，只须返求诸自我的“良知”即可。人之内在依据的良知本质就是“天理”，“天理”就是人心所本有的样态，“心之本体即是天理，天理只是一个”④。于是阳明

---

① 牟宗三：《从陆象山到刘蕺山》，第 140 页。

② 按：朱子的天理是一个存有论的概念，理是事物存在的形上根据或本体。

③ 王守仁：《答聂文蔚》，《王阳明全集》，上册，第 69 页。

④ 王晓昕：《传习录译注》，第 253 页。

对朱子的“即物穷理”工夫进行了批判，并对《大学》“格物致知”进行改造，提出“致良知于物”，云：

> 朱子所谓“格物”云者，在即物而穷其理也。即物穷理，是就事事物物上求其所谓定理者也。是以吾心而求理于事事物物之中，析“心”与“理”而为二矣。……若鄙人所谓致知格物者，致吾心之良知于事事物物也。吾心之良知，即所谓天理也。致吾心良知之天理于事事物物，则事事物物皆得其理矣。致吾心之良知者，致知也。事事物物皆得其理者，格物也。是合心与理而为一者也。①

王阳明认为，朱子的“格物穷理”是一种主客对立式思维，“天理”存在于事事物物之中，人是主体，“理”是人所体认的对象，“天理”虽是普遍的，但“定理”是存在于事事物物中的殊理，亦体现“天理”。正所谓“理一分殊”，事事物物中的殊理也就是“天理”，如父子之间的孝理、君臣之间的忠理等。于是，通过事父事君求得所谓的孝之理、忠之理，心与理的关系是一种主客的对立关系，也就是阳明所谓的“‘心’与‘理’而为二”。“心”与“理”之所以为二，在阳明看来，最关键的是将心中涵有的“天理”理解为事事物物的道理（物理），万物皆有理。如此则自然向物求理，就像在父母身上求得孝的理、在君身上求得忠的理一样。阳明对朱子的“格物致知”来了一个翻转，即天理不在物上，而是内涵于吾心之“良知”，“心之

---

① 王晓昕：《传习录译注》，第205~206页。

本体即是天理”①，吾心之“良知”所本具的自觉能力是一切价值的根源，无须在物上去求理，“良知”就是“天理”，致“良知”于事事物物即可。由此可见，“格物”和“致知”实为一个工夫，“格物是致知工夫，知得致知，便已知得格物。若是未知格物，则是致知工夫亦未尝知也。”② 当有学者将“圣人气象”当作“识认”的对象来用功时，阳明批评曰：“圣人气象自是圣人的，我从何处识认？若不就自己良知上真切体认，如以无星之称而权轻重，未开之镜而照妍媸，真所谓以小人之腹而度君子之心矣。圣人气象何由认得？自己良知原与圣人一般，若体认得自己良知明白，即圣人气象不在圣人而在我矣。”③ 人心之“良知”是人人皆同的，其所具有的价值自觉能力自能权事物之轻重、照事物妍媸，发之事父便是孝，发之事君便是忠。所谓“格物致知”，在阳明看来，就是将“良知”之“天理”（亦可称天理之良知）推致于事事物物之中，使“天理”能在事事物物上得到落实。王阳明借由“天理”的内涵来阐释“良知”概念，就是将“良知天理化”——“将外在的天理转化内在的良知”④。

王阳明将“天理”与“良知”直接等同起来，在提升了理论的论证力和道德行动的力量感的同时，也使“良知”呈现出二重性的矛盾，既主观又客观，既个性又普遍，既超验又经验。

① 王守仁：《答周道通书》，《王阳明全集》，上册，第 51 页。

② 王守仁：《答周道通书》，《王阳明全集》，上册，第 52 页。

③ 王守仁：《答周道通书》，《王阳明全集》，上册，第 51 页。

④ 吴震：《传习录精读》，第 219 页。

阳明将“良知”解释为一种超验的形上本体，将“天理”的客观性融入到主体性之中，使主体性的良知摆脱了有限的时空，具有“亘古亘今，无始无终”的绝对性、至上性、永恒性，使良知获得了同“天理”或“天道”相同的本体地位。但我们不可否认的是，在现实生活中，“良知”又是人们道德价值和道德行为选择的内在根据，它又是个体的、有限的、经验的，当言“良知之天理”时，“良知”是超验的、普遍的。当在现实生活做道德实践时，“良知”又变成个体的、经验的。这种二重化的矛盾在阳明学内部是难以消解的，蕴藏着难以调和的学理分裂的种子。李泽厚强调指出：“宋明理学努力论证伦理道德之所以不能和不应抗拒，是因为它超乎人（个体和集体）和超乎经验的依据和理由。这就是‘天理’或‘良知’”，但“他们所极力追求的超验、绝对、普遍必然的‘理’‘心’‘性’，仍然离不开经验的、相对的、具体的‘情’‘气’‘欲’。”① 李泽厚的见解颇具洞见，确实揭示了“良知”这一核心概念在理论层面与现实应用中的二重性。在宋明理学的语境中，“良知”既作为道德价值和道德行为选择的内在根据，呈现出个体的、有限的、经验的特征；同时，当谈及“良知之天理”时，它又转化为超验的、普遍的、绝对的道德标准。这种二重化的矛盾，确实在阳明学内部形成了难以消解的张力，甚至蕴藏着学理分裂的风险。正如李泽厚所指出的，宋明理学试图通过“天理”和“良知”来论证伦理道德的普遍性和客观性，但其所追求的这些超

---

① 李泽厚：《实用理性与乐感文化》，生活·读书·新知三联书店 2008 年版，第 60~62 页。

验、绝对、普遍必然的“理”“心”“性”，却难以完全脱离经验的、相对的、具体的“情”“气”“欲”。

这种矛盾的产生，部分原因在于宋明理学试图在超越性和具体性之间找到一个平衡点，以建立既符合道德普遍标准又能够贴近人们实际生活的道德观念。宋明理学所强调的“天理”和“良知”是超越个人和集体经验的存在，它们是道德和伦理的绝对标准和普遍必然的依据。这些概念体现了宋明理学家对于道德普遍性和客观性的追求，认为道德和伦理不是相对的和主观的，而是有着超越性和普遍性的基础。然而，这种尝试在理论上往往难以完美实现，因为超验的普遍性和具体的经验性之间存在着天然的鸿沟。

在现实生活中，人们往往需要根据具体的情境和自身的经验来做出道德判断和选择。这种选择和判断往往受到多种因素的影响，包括个人的情感、欲望、价值观等。因此，即使人们内心拥有“良知”这一道德标准，但在实际应用时却难以完全遵循它，这就导致了“良知”的二重化矛盾。

对于这种矛盾，宋明理学内部并没有给出完美的解决方案。不过，这种矛盾也促使了人们对道德和伦理问题的深入思考和探索。在现代社会，我们仍然可以从宋明理学的思想中汲取智慧，以更好地理解和应对道德和伦理问题。同时，我们也应认识到任何理论或观念都存在局限性，需要在实际应用中不断地修正和完善。

二、李贽：“穿衣吃饭即是人伦物理”

“理欲之辩”是中国思想史的一个重要论题。宋明儒家关于理、欲关系的总体态度是将两者对立起来，无论是程朱理学，还是陆王心学。在宋明儒家看来，天理的含义主要是所当然的社会道德规范，包括仁、义、礼、智、信等，是至善的。人欲是超过人正常生存需求的违背天理的欲望，是恶的。就此来讲，人欲、天理对立则十分自然且符合必然逻辑。朱子曰："人之一心，天理存，则人欲亡；人欲胜，则天理灭，未有天理人欲夹杂者。""人只有个天理人欲，此胜则彼退，彼胜则此退，无中立不进退之理。凡人不进便退也。譬如刘项相拒于荥阳、成皋间，彼进得一步，则此退一步；此进一步，则彼退一步。"① "人只有天理、人欲两途，不是天理，便是人欲。即无不属天理，又不属人欲底一节。"② "天理人欲之间，每相反而已矣。"③ "天理人欲，不容并立。"④ 阳明虽对朱子理学多有反驳，但其理欲观仍承袭朱子。阳明曰："心即理也。此心无私欲之蔽，即是天理，不须外面添一分。"⑤ "去得人欲，便识天理。"⑥ "减得一分人欲，便是复得一分天理。"⑦ 这里需要指出的是，由于朱熹明确提出了"存天理，灭人欲"的命题，许多人则往往不加以认真辨析其关于"欲"的概念，以为朱子将人之所有的欲望都加以反对，以至于给朱子扣上"禁欲主义"的帽子，此实

① 黎靖德编：《朱子语类》卷十三，第 1 册，第 224~225 页。

② 黎靖德编：《朱子语类》卷四十一，第 3 册，第 1047 页。

③ 朱熹：《四书章句集注》，第 139 页。

④ 朱熹：《四书章句集注》，第 237 页。

⑤ 王守仁：《传习录上》，《王阳明全集》，上册，第 2 页。

⑥ 王晓昕：《传习录译注》，第 114 页。

⑦ 王守仁：《传习录上》，《王阳明全集》，上册，第 25 页。

是一大误读。其实，朱子所反对的不是一般的欲望，而是不合理的过度欲望，是不合理的私欲。对于一般的欲望，朱子不仅不反对，还将其上升到“天理”的高度来加以肯定。朱子曰：“饮食者，天理也；要求美味，人欲也。”“虽是人欲，人欲中自有天理。”① “若是饥而欲食，渴而欲饮，则此欲亦岂能无？但亦是合当如此者。”② 虽然朱子对正常的人欲加以肯定，但在其“存天理，灭人欲”和王阳明“去得人欲，便识天理”的理欲矛盾关系中，欲望的地位难以彰显出来。故有学者将朱子的理欲学说理解为道德严格主义或去欲主义。③

针对朱子“存天理，灭人欲”中将私欲视为恶，视为与天理相对立的观点，李贽（1527—1602）则运用“天理”的概念来论证“私”的合理性，主张人欲等同天理，私欲即为公利，认为人的欲望是真、善之物，从而认欲为理④，提出“穿衣吃饭即是人伦物理”的命题。李贽曰：

穿衣吃饭，即是人伦物理；除却穿衣吃饭，无伦物矣。

---

① 黎靖德编：《朱子语类》卷十三，第1册，第224页。

② 黎靖德编：《朱子语类》卷九十四，第6册，第2414页。

③ 相关内容可参看李明辉：《朱子对“道心”“人心”的诠释》，载《湖南大学学报（社会科学版）》2008年第1期；杨泽波：《从义利之辨到理欲之争——论宋明理学“去欲主义”的产生》，载《复旦学报》1993年第5期。

④ 王夫之对李贽的这种理欲观亦进行了批判，认为人欲不能等同天理，理欲“同行异情”，主张以公私区分理欲，存公欲去私欲，以理统欲，以理节欲。相关的研究可参看谭兵：《两种理欲观的对峙——王夫之批判李贽的根源剖析》，载《中山大学学报（社会科学版）》2001年第1期。

> 世间种种皆衣与饭类耳，故举衣与饭而世间种种自然在其中，非衣食之外更有所谓种种绝与百姓不相同者也。①

在这里，“穿衣吃饭”是统称，即人们对物质生活的欲求，即肯定人们物质利益的追求是正当合理的。在义利关系上，儒者常引用董仲舒“正其谊不谋其利，明其道不计其功”来表明重义轻利的态度。对此，李贽批判曰：“夫欲正义，是利之也。若不谋利，不正可矣。吾道苟明，则吾之功毕矣。若不计功，道又何时而可明也！”② 李贽认为儒家所坚持的正义、明道就是为了谋利，如果无利可谋、无功可计，所谓的道义就不会存在。他的这些言论在当时大力宣扬“天理”至善、“人欲”为恶的理学统治时期，不仅大力肯定人们穿衣吃饭的欲望是自然合理的，而且对脱离基本物质生活的理学人伦道德说教给予有力批判，这在当时可谓“石破天惊”之论，亦被称为离经叛道的“异端”思想。

为了论证“私”的合理性，李贽提出“人必有私”的自然人性论：“夫私者人之心也，人必有私而后其心乃见，若无私则无心矣。”③ 这就是说私欲是人性本来就有的东西，人的一切活动都是在“私心”的驱动下进行的：“此自然之理，必至之符，

---

① 李贽：《答邓石阳》，《李贽文集·续焚书》，北京燕山出版社1998年版，第394页。

② 李贽：《德业儒臣后论》，《李贽文集》第三卷，社会科学文献出版社2000年版，第626页。

③ 李贽：《德业儒臣后论》，《李贽文集》第三卷，第626页。

非可以架空而臆说也。”① 私是人性的根本，它发于理有非常明显的表现，我们可以通过这些外在的表现来理会人性之私。李贽举例论证人性之私的诸种表现，曰：

> 如服田者，私有秋之获而后治田必力；居家者，私积仓之获而后治家必力；为学者，私进取之获而后举业之治也必力。故官人而不私以禄，则虽召之，必不来矣；苟无高爵，则虽劝之，必不至矣。虽有孔子之圣，苟无司寇之任，相事之摄，必不能一日安其身于鲁也决矣。此自然之理，必至之符，非可以架空而臆说也。然则为无私之说者，皆画饼之谈，观场之见。但令隔壁好听，不管脚根虚实，无益于事。只乱聪耳，不足采也。②
>
> 富贵利达所以厚吾天生之五官，其势然也。是故圣人顺之，顺之则安之矣。③

“私”是人行为的内在依据，正是由于有“秋之获”“积仓之获”“进取之获”等私欲的追求，才会促使人们从事各种生产活动和社会活动。这些都表明人性是自私的。为了更有效地说明“私”是人性的根本，李贽甚至以儒者念兹在兹的圣人孔子为例，认为孔子也是在私利的驱动下才去做鲁国的司寇。假如没有私利可以获得，孔子是不会为鲁国服务的。所谓的人性之

① 李贽：《德业儒臣后论》，《李贽文集》第三卷，第626页。

② 李贽：《德业儒臣后论》，《李贽文集》第三卷，第626页。

③ 李贽：《答耿中丞》，《李贽文集·焚书》，第33页。

善，都是空洞的虚妄之说，是“画饼之谈”。人性不能没有私，无论是凡人也好，还是圣人也罢，都是自私的，这是普遍的人性，是“自然之理”。李贽又云：“财之与势，固英雄之所必资，而大圣人之所必用也，何可言无也？吾故曰：‘虽大圣人不能无势利之心。’则知势利之心，亦吾人禀赋之自然矣。”① 圣人和英雄都是人们进行道德修养的榜样，亦是儒者精神世界的灯塔，在儒者进学修德的过程中起到十分重要的作用。李贽提出了“私”为“自然之理”，倒向利己主义的自然人性论。通过将现实生活中人们依赖的种种物质条件说成是“私”，力图将圣人、英雄等传统儒家所努力塑造的“理想人格”从道德生活的塔尖上拉下，剔除加在他们身上的圣洁性，使他们进入人们的世俗生活，从而对理学家所坚守的“存天理，灭人欲”道德信条予以严厉批判，否定理学的基本价值观。对此，顾炎武曰：“自古以来，小人之无忌惮而敢于叛圣人者，莫甚于李贽。”② 顾炎武认为李贽的思想挑战了传统的儒家圣人观念，将原本被视为神圣不可侵犯的圣人、英雄等人物拉下神坛，置于普通人的层面进行讨论和批判。但同时，这种对传统的反叛和挑战，在顾炎武看来，是一种“无忌惮”的行为。李贽的思想如果被广泛接受和传播，可能会动摇儒家思想的根基，导致社会道德观念的混乱和沦丧。他担心这种“无忌惮”的思想会对社会秩序和道

---

① 张建业主编：《道古录注》，《李贽全集注》，社会科学文献出版社 2010 年版，第 14 册，第 255 页。

② 顾炎武著，黄汝成集释：《日知录集释》，秦克诚点校，岳麓书社 1994 年版，第 668 页。

德建设造成负面影响。在儒家文化中，圣人被赋予了至高无上的地位和神圣的属性，他们的言行和道德观念被视为楷模和准则。顾炎武作为儒家学者，对圣人观念持有高度的尊重和维护态度，认为圣人的教诲和道德观念是应该被尊重和遵守的。

此外，李贽还对理学家的天理观进行了革新，将天理所具有的普遍性转换为一种平等性，提出“致一之理”的平等观，认为儒学的礼学教化是对人性的束缚，李贽在《老子解下篇》中云：

> 侯王不知致一之道，与庶人同等，故不免以贵自高。高者必蹶，下其基也；贵者必蹶，贱其本也。何也？致一之理，庶人非下，侯王非高。在庶人可言贵，在侯王可言贱，特未知之耳。……人见其有贵、有贱、有高、有下，而不知其致之一也，曷尝有所谓高下、贵贱者哉！①

儒家的伦理是德性主义伦理，通常按照道德修养水平的高低分成不同的等级，如孔子曰：“人有五仪，有庸人，有士人，有君子，有贤人，有圣人。审此五者，则治道毕矣。”②《论语》多次将君子与小人对举。宋代司马光在他主编的《资治通鉴》中把人分成了四类：圣人、君子、小人和愚人。他对这四类人所下的定义是：“才德全尽谓之‘圣人’，才德兼亡谓之‘愚人’；德胜才谓之‘君子’，才胜德谓之‘小人’。”③ 在他看来，

① 李贽：《老子解下篇》，《李贽文集》第七卷，第 16~17 页。
② 王国轩、王秀梅译注：《孔子家语》，中华书局 2009 年版，第 52 页。
③ 司马光：《资治通鉴》，中华书局 2011 年版，第 1 册，第 14 页。

圣人、君子、小人和愚人的划分，全在于“德”“才”的双有、双无、单有、单无。并对当时的最高统治者进言道：国家用人当首选圣人，次求君子，但万万不能重用小人和庸人。李贽用“致一之理”的平等观对儒家这种传统的等级伦理秩序持严厉的反对态度。

“致一之理”实际上就是人皆有“私”的自然之理，人人皆有私欲，此圣人与凡人都有，圣人与凡人是“致一”的，是自然合理的，既然如此，私欲对人来讲是共同的，那么人就不应该区分等级。李贽运用这种观念对儒家经典《论语》的话进行了重新解释，云：“圣人虽曰‘视富贵如浮云’，然得之亦若固有；虽曰‘不以其道得之，则不处’，然亦曰‘富与贵是人之所欲’。……此类多矣。谓圣人不欲富贵，未之有也；而谓不当求，不亦过乎？”① 圣人虽视富贵如浮云，此是从思想的层面看淡，并不能否认“富与贵是人之所欲”的人之私欲。私欲是共同的，在普遍的共同私欲之下，圣人并没有比凡人高明的地方，没有智、愚的差别。李贽又曰：“圣人所能者，夫妇之不肖可以与能，勿下视世间之夫妇为也。……若说夫妇所不能者，则虽圣人亦必不能，勿高视一切圣人为也。”② 即使站在人皆有善性的立场上，李贽依然对传统儒学的“圣人”观提出了批评。既然人人具有善的德性，那么“尧舜与途人一，圣人与凡人一”③，由此“人人皆可为圣”，这似乎具有显明的阳明思想的

① 李贽：《道古录》，《李贽文集》第七卷，第356~357页。

② 李贽：《道古录》，《李贽文集》第七卷，第371页。

③ 李贽：《道古录》，《李贽文集》第七卷，第361页。

风格，但李贽显然与阳明的立足点不同，阳明之“满街都是圣人”是着眼于人之道德修养的主体性来讲的，强调人皆有自我的道德自觉意识，而李贽意在对传统儒学所具有的等级伦理秩序提出批评。尽管这种批评之言包含张扬人个性自由的成分，但仍与阳明之思想有着显著不同。

在“致一之理”的思想观念的探照下，除了圣俗没有区别之外，男女不平等和君臣不平等的现象亦都是不合理的。如针对宋明理学中存在的“女人见短”说法中所包含的男女不平等观念，李贽严厉批评曰：

> 余窃谓欲论见之长短者当如此，不可止以妇人之见为见短也。故谓人有男女则可，谓见有男女岂可乎？谓见有长短则可，谓男子之见尽长，女人之见尽短，又岂可乎？①

可以论见识的长短，但以男人之见为见识长、女人之见为见识短则不可，这是不尊重女性的表现。李贽此言是对女性社会地位依附于男性的否定，在礼教统治的封建时代，其声震耳发聩，不可谓不是犀利之论。李贽不仅持有这样的男女平等观，也在现实的道德实践中践行这一观念。他讲学招收女弟子，同女性平等交往。同时，他对当时盛行的女性要坚守贞操的“饿死事极小，失节事极大”的谬说也提出严厉批评，甚至赞扬妇女再婚，认为卓文君改嫁司马相如，是“知音相结”，“同声相应，同气相求”，不是“失身”而是“获身”。

---

① 李贽：《答以女人学道为见短书》，《李贽文集·焚书》，第 82 页。

三、王夫之："天理寓于人欲"

王夫之（1619—1692）是明末清初的著名思想家，祖籍江苏高邮，明永乐年间迁于湖南衡阳，晚年于衡阳石船山下筑草堂隐居以终老，故世称船山先生。他的天理观是在气一元论（气本论）基础上建立的，对朱子"理先于气"的观点提出了批评，认为"天人之蕴，一气而已"，强调"理是气之理，理不先气不后"。以此，在对理欲关系的处理上，他改变了宋明儒者所普遍坚持的非此即彼、尔存我亡的对立立场，提出了"天理寓于人欲"的命题。

王夫之的天理观及其理气关系的论述多见于《正蒙注》中，其对天理及理气关系的看法往往与其关于道器关系的阐释密切相关。道、器是《易传》的两个重要观念，其曰："形而上谓之道，形而下谓之器。"王夫之对理气关系的讨论是以道器之说为根据的，并在围绕《正蒙》的注释中展开，发挥了张载"理气不离"的思想。王夫之在《周易外传》中释"形而上谓之道，形而下谓之器"云：

> "谓之"者，从其谓而立之名也。"上下"者，初无定界，从乎所拟议而施之谓也。然则上下无殊畛，而道器无异体，明矣。天下惟器而已矣。道者器之道，器者不可谓之道之器也。无其道则无其器，人类能言之。虽然，苟有其器矣，岂患无道哉！君子之所不知，而圣人知之；圣人之所不能，而匹夫匹妇能之。人或昧于其道者，其器不成，不成非无器也。无其器则无其道，人鲜能言之，而固其诚

> 然者也。洪荒无揖让之道，唐、虞无吊伐之道，汉、唐无今日之道，则今日无他年之道者多矣。未有弓矢而无射道，未有车马而无御道，未有牢醴璧币、钟磬管弦而无礼乐之道。则未有子而无父道，未有弟而无兄道，道之可有而且无者多矣。故无其器则无其道，诚然之言也，而人特未之察耳。①

朱子以道器上下分理气，曰：“天地之间，有理有气。理也者，形而上之道也，生物之本也；气也者，形而下之器也，生物之具也。”② 尽管朱子也有“理气不离”的思想，但又强调理气不杂，理在气先。王夫之则力图打破理气二分的模式，亦从道器观入手，指出形而“上下”并不是固定的界分，“形而上者，非无形之谓。既有形矣，有形而后有形而上。无形之上，亘古今，通万变，穷天穷地，穷人穷物，皆所未有者也”③。形而上与形而下“统之乎一形”，即形而上、形而下都统一于形。在王夫之看来，“器”是世界最根本的存有，此与朱子以“理”或“道”为世界最根本的存有是不同的。“道者器之道”表明“道”是“器”的功能、作用、性质、关系，此在其表达理气关系时就变成“理者气之理”。

但是否可反过来说“器者道之器”呢？王夫之给予了否定

---

① 王夫之：《周易外传》卷五，《船山全书》，第 1 册，第 1027~1028 页。

② 朱熹：《晦庵先生朱文公文集》卷五十八，《朱子全书》，第 23 册，第 2755 页。

③ 王夫之：《周易外传》卷五，《船山全书》，第 1 册，第 1028 页。

的回答："器者不可谓之道之器也。"因为，器是世界的存有，那么道就是器作用的显现。如果"器者道之器"就又变成了以道为世界根本的存有，这显然是互相矛盾的。王夫之重器、重形，以器为世界根本之存有，故可言"道者器之道"，由此推之，则"无其器则无其道"，而不能言"器者道之器"。在程朱理学看来，形而上之道、理是无形、无状、无象、无声、无嗅、无物的本体，可以超越形而下而存有，"万一山河大地都陷了，毕竟理却只在这里"①。王夫之则认为："形而上者，非无形之谓。既有形矣，有形而后有形而上。"② 形而上之道不是独立的存在，而为形而下之器所固有，即器是体，道是用，道要以器为根据，形而上者为"形之所自生"③，"及其形之既成而形可见，形之所可用以效其当然之能者，如车之所以可载、器之所以可盛，乃至父子之有孝慈、君臣之有忠礼，皆隐于形之中而不显。二者则所谓当然之道也，形而上者也"④。这与程朱理学之"道是体，器是用"的观点恰好相反。

正是由于以器为本立论，强调器、形的重要性，器是道的载体，没有器则无所谓道，"尽器则道在其中"⑤，"天下惟器而已矣"⑥。人们如果看不到器的根本地位，忽略制器的社会实践，盲目追求虚无的道体，就是"昧于其道"，所导致的结果就是

---

① 黎靖德编：《朱子语类》卷一，第 1 册，第 4 页。

② 王夫之：《周易外传》卷五，《船山全书》，第 1 册，第 1028 页。

③ 王夫之：《周易内传》卷五，《船山全书》，第 1 册，第 568 页。

④ 王夫之：《周易内传》卷五，《船山全书》，第 1 册，第 568 页。

⑤ 王夫之：《思问录内篇》，《船山全书》，第 12 册，第 427 页。

⑥ 王夫之：《周易外传》卷五，《船山全书》，第 1 册，第 1027 页。

“其器不成”，就不会产生实践的效果，但并不意味着“无器”。换句话讲，正是由于人们颠倒了道器关系，没有看清器才是根本，昧于虚无之道而不知，没有在实践的基础上去发现事物的规律、本质，自然会产生“不成器”的结果。“不成器”是违背了道器关系所造成的结果，并不代表“无器”。器所代表的是现实生成的世界，它是不断变化的。道是依附于现实的实践活动（器）而存在的，因此道亦是随器的变化而不断变化的，不存在一个永恒不变的道。正是站在这样的逻辑推论视角下，王夫之清晰地认识到“洪荒无揖让之道，唐、虞无吊伐之道，汉、唐无今日之道，则今日无他年之道者多矣”①。这样，传统形而上学所坚守的“天不变道亦不变”的固化哲学就无立足之地；器无不变，则道亦无不变，人们必须在广大的社会实践中去探索才能适应时代发展的道。王夫之的此一理论无疑为社会的改革发展提供了理论依据。

经由王夫之关于道器关系的论述出发，我们再来看王夫之关于“理”或“天理”的阐述。在王夫之看来，器是气，是本，道是理，是用。为贯彻气本论的立场，他在分析注释张载“知虚空即气”一段时云：

> 凡虚空皆气也，聚则显，显则人谓之有；散则隐，隐则人谓之无。神化者，气之聚散不测之妙，然而有迹可见；性命者，气之健顺有常之理，主持神化而寓于神化之中，无迹可见。若其实，则理在气中，气无非理，气在空中，

① 王夫之：《周易外传》卷五，《船山全书》，第1册，第1028页。

空无非气，通一而无二者也。①

以隐显释有无，显而可见、可感就是“有”，“无”并非真正的“无”，只是“散而隐”，隐而不可见、不可感就是“无”。“空”是气散而空，所谓“神化”不过是气生成变化的历程而已，气生成变化的过程尽管神妙不测，但总会是“有迹”可寻的，只是这个“迹”有隐显之别。烟升上天空会产生明显的痕迹，树木生长变化的痕迹却难以显见，但也是有迹的，只是我们不易见到罢了。故对世界的生成变化而言，即使“神化”，然终是“有迹可见”的。世界生成变化的过程虽是可见的，自然世界生成变化的规律、原则和性命之理却是难见的。比如天地四时变化的规律，侍奉父母的孝道，等等。简言之，气之理是“无迹可见”的。无论是气生成变化过程的“有迹”，还是其所依据原则或原理的“无迹”，都表明了王夫之鲜明的唯物的气论立场。“理在气中，气无非理”，这是对释氏“虚无”哲学极有力的批判。

在王夫之看来，道依靠器存在，理依靠气存在，理是不能脱离气而独立存在的，“理在气先”“气无非理”“理是气之理”。王夫之认为，理的含义有二层：“一则天地万物已然之条理，一则健顺五常、天以命人而人受为性之至理。”②“理”的第一层意义是自然世界事物发展、变化的规律，第二层意义是人们在道德实践中所坚持的仁义礼智信的道德原则。关于“理”

① 王夫之：《张子正蒙注》卷一，《船山全书》，第12册，第23页。

② 王夫之：《读四书大全说》卷五，《船山全书》，第6册，第718页。

“气”的关系，王夫之曰：“天地间只是理与气，气载理而理以秩叙乎气。理无形，气则有象。”① “天与人以气，必无无理之气。阳则健，阴则顺也。一阴一阳则道也，错综则变化也。天无无理之气。”② 又说：“盈天地间，人身以内人身以外，无非气者，故亦无非理者。理，行乎气之中，而与气为主持分剂者也。”③ 又说：“理与气互相为体，而气外无理，理外亦不能成其气，善言理气者必不判然离析之。”④ “理即是气之理，气当得如此便是理，理不先而气不后。”⑤ “理只是以象二仪之妙，气方是二仪之实。健者，气之健也；顺者，气之顺也。天人之蕴，气而已。从乎气之善而谓之理，气外更无虚托孤立之理也。”⑥ 总之，王夫之以器、气为根本，理是“气之理”，是形器所以生成、变化之理。理依靠气而存在，没有离气而独立存在的理世界，自然界事物发展的规律都是依靠事物而存在的，人类社会发展的规律及其道德生活的原则亦是依赖社会实践而存在的。

站在“道是器之道”“理是气之理”的哲学立场上，王夫之对天理和人欲的关系进行了深入的分析。他同李贽一样，反对将人欲视为恶的观点，从天理的角度肯定人的欲望，力图剔除宋明儒家空洞的心性说教，将之还原为人们真实的道德生活。

---

① 王夫之：《读四书大全说》卷三，《船山全书》，第6册，第551页。
② 王夫之：《读四书大全说》卷十，《船山全书》，第6册，第1078页。
③ 王夫之：《读四书大全说》卷七，《船山全书》，第6册，第859页。
④ 王夫之：《读四书大全说》卷十，《船山全书》，第6册，第1117页。
⑤ 王夫之：《读四书大全说》卷十，《船山全书》，第6册，第1054页。
⑥ 王夫之：《读四书大全说》卷十，《船山全书》，第6册，第1054页。

我们从以下三点分述。

首先，天理和人欲都是人性中自然的本有。王夫之曰："理与欲皆自然而非由人为。故告子谓食色为性，亦不可谓为非性，而特不知有天命之良能尔。若夫才之不齐，则均是人而差等万殊，非合两而为天下所大总之性；性则统乎人而无异之谓。"① 天理、人欲皆是人性所本有的东西。告子的"食色之性"，亦是性，只是告子不知道天除了赋予人之善性的自觉意识，还赋予人之"食色之性"。在王夫之看来，性是一个统称，人之生有种种殊异之相，亦皆有殊性。为什么说欲也是人性本有的呢？我们可用"理势相成"的理论加以阐发。所谓"势"，就是指事物为了维持自我存在的客观发展趋向，"理"是事物生成、变化的法则。"势之必然"体现了"理之当然"，"理势不可以两截沟分"②，即势是理的基础，理是势的表现。人皆有维持生命存在的客观物质需求，耳欲声，眼欲色，口欲味，鼻欲臭，"声色臭味"是人之客观物质需求之"势"，因而亦有当"欲"之理，"饮食男女之欲，人之大共也"③。王夫之云："王道本乎人情。人情者，君子与小人同有之情也。……孟子既深达乎人情天理合一之原，而知王道之可即见端以推广……私欲之中，天理所寓。"④ 人之私欲既然是天理的寓所，就表明欲是不能消除的，

---

① 王夫之：《张子正蒙注》，傅云龙、吴可主编：《船山遗书》，北京出版社1999年版，第6卷，第3681页。

② 王夫之：《读四书大全说》卷九，《船山全书》，第6册，第994页。

③ 王夫之：《诗广传》卷二，《船山全书》，第3册，第375页。

④ 王夫之：《四书训义》卷二十六，《船山全书》，第8册，第90~91页。

其有存在的客观必然性，如果消除了私欲，则天理亦不存在。从这个角度来说，理欲同在。“天以其阴阳五行之气生人，理即寓焉而凝之为性”①，人为气所生，而气之理即寓凝为性。人之个体的生存发展须以欲作为保证，同时人又需要仁义礼智信所代表的道德原则来建立公共社会伦理秩序以更好维持个体的发展。“欲”使人之生理（身体器官的客观需求）得以满足，理则使人之心理（道德原则）得以满足。

其次，天理人欲是“同行异情”的关系。南宋理学家胡宏提出天理与人欲是“同行异情”的观点，是宋代少有的肯定人欲之合理性的思想家。王夫之对此深表赞同并对之进行了阐发，曰：

> 五峰曰“天理人欲，同行异情”，韪哉！能合颜、孟之学而一原者，其斯言也夫！即此好货、好色之心，而天之以阴骘万物，人之以载天地之大德者，皆其以是为所藏之用；故《易》曰：“天地之大德曰生，圣人之大宝曰位。何以守位曰仁，何以聚人曰财。”于此声色臭味，廓然见万物之公欲，而即为万物之公理……使不于人欲之与天理同行者，即是以察夫天理，则虽若有理之可为依据，老之重玄，释之见性。而总于吾视听言动之感通而有其贞者，不相交涉。……孟子承孔子之学，随处见人欲，即随处见天理。学者循此以求之，所谓“不远之复”者，又岂远哉？②

---

① 王夫之：《张子正蒙注》，中华书局1975年版，第102页。

② 王夫之：《读四书大全说》卷八，《船山全书》，第6册，第913~914页。

王夫之认为，天理、人欲并不是对立的，五峰的“天理人欲，同行异情”合乎颜孟之学的宗旨。天以气之阴阳产生万物，人为万物之一类，人心中产生的好货、好色之欲，是自然如此，不待人为的。人皆有欲望，是天地生生之大德自然生发出的。“以是为所藏之用”是对《易传》“显诸仁，藏诸用”的发挥，其中“是”指“天理”，天地之大德为所藏之用，换句话说，欲就是本体。天理、人欲并不是绝对的划分，而是天地生生之这一整体过程中不同的显现。天理、人欲本为天地生生一体过程中不同的显现，如果人为地分为天理、人欲，则会在人之视听言动的活动过程中，人为刻意地甄别何为理何为欲，为“欲”寻找“理”的依据，此就是人为地使理欲“不相交涉”。孔孟之学是“随处见人欲，即随处见天理”，即体即用，体用不可分。

最后，天理必寓于人欲以得见。王夫之曰：“圣人有欲，其欲即天之理。天无欲，其理即人之欲。学者有理有欲，理尽则合人之欲，欲推即合天之理。于此可见：人欲之各得，即天理之大同；天理之大同，无人欲之或异。”① 生理、心理的物质生活欲求、情欲是人人皆有的，具有普遍的合理性，是不能消除的，圣人亦不例外。圣人之欲是当欲则欲，不是纵欲，而是合符节度之欲，“礼虽纯为天理之节文，而必寓于人欲以见”，就是说，如果没有人欲，天理（礼）就难以呈现出来。天以阴阳之气交合生成万物，此一生生过程是无目的的自然过程，是天地生生之德的自然流行，并不是刻意要生出个什么事物来。因

① 王夫之：《读四书大全说》卷四，《船山全书》，第6册，第641页。

此可以说“天无欲”，亦即道家之“天地无心而成化”。天本无欲，但天之理即人之欲，理、欲统一于人生命之过程，每个人都有可欲之事、可欲之物，将己欲推而至天下人之欲，则天理便在天下人之公欲上见。圣人“食不厌精”“不以绀緅饰”，是圣人节其欲而显其礼，故“其欲即天之理”，圣人同凡人一样，也欲衣、欲食、欲色，只是圣人之欲总是能符合礼的规范。何为天理？天理就是符合礼之节度的人欲。人欲是天理的基础，没有人欲，天理就无法显现出来，“有欲斯有理”①“无理则欲滥，无欲则理亦废”②。当人的欲望得到合理的满足时，天理也就在人欲中得以实现。王夫之云：“有公理，无公欲。私欲净尽，天理流行，则公矣。”③“公理”就是规律、法则，它是普遍的，因而可说“有公理”。欲望则是具体的，不同的人对不同事物有不同的欲望，既使对同一事物，不同的人欲望也不相同，故而说“无公欲”。

但是，人如只为了满足自己的私欲，那就是利己，就会阻滞天理的流行，只有消除私欲，才能“天理流行”。由此可见，王夫之不是纵欲主义者。儒家“推己及人”的原则就是由私至公的路径，当自己的欲望得到满足后，也能满足别人的欲望，不以满足自己的欲望而妨害别人的欲望，那就达到了公与私、理与欲的和谐统一，用王夫之的话讲，就是“推其私而私皆公，节其欲而欲皆理”。王夫之虽肯定人的欲望，张扬人的自由人

---

① 王夫之：《周易外卷》卷二，《船山全书》，第1册，第882页。

② 王夫之：《周易内卷》卷二，《船山全书》，第1册，第255页。

③ 王夫之：《思问录内篇》，《船山全书》，第12册，第406页。

性，反对天理与人欲的对立，认为天理与人欲原本就不是对立的存在，两者可以同生共存，“天理充周，原不与人欲相为对垒”①，但亦不是主张放纵人的欲望，认欲为理，而是强调人的欲望要合符礼，天理就是正当合理欲望的反映，“人欲之大公，即天理之至正矣”②。

四、戴震：“天理者，节其欲而不穷人欲也”

戴震（1724—1777）之学是清代中叶学术思想史上的一座高峰。一般来讲，人们对戴震的推崇，是因为他在考据学方面的成就。而实际上，戴震没有完全陷在考据的圈子里，在由训诂而探讨古书义理方面亦颇有建树。③ 戴震释理为“理者，察之而几微必区以别之名也，是故谓之分理”④。理就是分理，这与朱熹所解释的理有很大区别。朱熹思想系统中的理也是指天理，理与气相合生成世界万物，万事万物中亦有理，但万事万物的理与天理是同一个理，这个理不是对天理的分割。事物之理就是“理散在事物中”，事物中的理就是天理，但不是天理的完全显现，其中有气禀的遮蔽，朱子用“理一分殊”来解释，这是借用佛教“月印万川”“一月普现一切水，一切水月一月摄”的思想改造而成。戴氏对理的诠释与朱熹的诠释有明显不同，

---

① 王夫之：《读四书大全说》卷六，《船山全书》，第6册，第801页。

② 王夫之：《四书训义》卷三，《船山全书》，第7册，第137页。

③ 汤志钧：《戴震集·前言》，戴震：《戴震集》，上海古籍出版社2009年版。

④ 戴震：《孟子字义疏证》，第1页。

主要有以下两点值得注意：

第一，理即“分理”“条理”。戴震对理或天理的解释散见于《原善》及《绪言》中，而戴氏《孟子字义疏证》（下文简称《疏证》）中对“理”的解释最为详备。《疏证》中释理的第一个重要特点，就是以“分理”“条理”释理。《疏证》曰：“理者，察之而几微必区以别之名也，是故谓之分理；在物之质，曰肌理，曰腠理，曰文理；（亦曰文缕。理、缕，语之转耳。）得其分则有条而不紊，谓之条理。”① 戴震所列举的几种理，是古代常用之义，只有细微的区别。戴震所以如此说明，意在表明宋儒所用之理并非古人原义，是有曲解的：“古人所谓理，未有如后儒之所谓理者矣。”② 宋儒对理之义的阐发缺乏考据学的依据，这显然是针对宋儒特别是程朱所言之超越的形而上之理来说的。

戴氏所释之“理”，强调理不能脱离事物而独立存在，理的本义就是指事物的“条理”“分理”。戴氏以“条理”释“理”有其经典依据，曰：“孟子称‘孔子之谓集大成’曰：‘始条理者，智之事也；终条理者，圣之事也。’”③ 又曰：

> 《易》曰：“易简而天下之理得。”自乾坤言，故不曰“仁智”而曰“易简”。“以易知”，知一于仁爱平恕也；“以简能”，能一于行所无事也。“易则易知，易知则有亲，

---

① 戴震：《孟子字义疏证》，第1页。

② 戴震：《孟子字义疏证》，第1页。

③ 戴震：《孟子字义疏证》，第1页。

有亲则可久，可久则贤人之德”，若是者，仁也；“简则易从，易从则有功，有功则可大，可大则贤人之业”，若是者，智也；天下事情，条分缕析，以仁且智当之，岂或爽失几微哉！《中庸》曰：“文理密察，足以有别也。”《乐记》曰：“乐者，通伦理者也。”郑康成注云：“理，分也。”许叔重《说文解字序》曰：“知分理之可相别异也。”①

戴氏强调“理”的经典“原意”，“理是分理”实际是气一元论的预设，肯定阴阳之气的个性化原理，经验的差化区分同时就是道生成变化的内在法则。② 如同王夫之所强调“理是气之理”在思路上是一致的。这显然是针对朱子理气二分而发。

第二，“理也者，情之不爽失也；未有情不得而理得者也。”③ 这里，戴氏对理的解释引入了“情”的概念，强调“理”不能脱离人的日用伦常。程朱思想中的“理”，“如有物焉，得于天而具于心”，“如有物焉”意为“理”脱离人日用伦常的生活。朱子“理气二分”是将“理”视为超越气的“理”，“理”源出于天，但这个理是“具于心”的，心具万理、应万事。戴氏强调理不能脱情、欲，也就是说不能脱离我们日用伦常的事物。表面上看，这与朱子强调理散在万事万物之中有相似之处，但还是有根本不同。朱熹虽强调“理”散在万事万

① 戴震：《孟子字义疏证》，第1页。

② 刘苍龙：《“一理”或“分理”？——戴震对程朱理学的反省》，载《“中央大学”学报》2010年第10期。

③ 戴震：《孟子字义疏证》，第1页。

物，但“理”最终还是回到主体自我的“心”中来确证，也就是说理的普遍性、客观性、公正性需要反求诸心来实现。这样的理无疑难以成为真正的公平、公正之理，不能承担社会公平、公正的责任。理的主观性所造成的社会公平缺失的问题，是一个重要的亟待解决的问题。比如说，我们都应当对父母尽孝，有时候我们会觉得我们对父母是尽孝的，根据在于我将我对父母尽孝的行为反求诸我自己的良心未有不安。就像孔子的学生宰我想缩短当时通行的“三年之丧”的孝礼，这虽然与当时的丧礼冲突，但宰我认为这样做也并没有什么不好，因为他反求诸他的良心是“安”的。也就是说我们的行为是否得宜、是否合理，最终要回到主体自我的“心”来进行检视。如果按照“理得自于天而具于心”来理解的话，我们的行为最终是否“得理”必须要回到主体自我的心灵来考量，所以“理得于天而具于心”在理论上必然要形成带有明显主观性的“意见”，这种自我的“意见”会破坏社会的公平、公正。而在实践中，通常会以没有人欲的笃行来检验，这种在“意见”指导下的行为通常打着没有人欲的幌子，实际上是为了私利的最大化。

戴氏认为，要解决“理”的“意见”化造成的问题，首先在理论上要解构程朱思想中“理”的内涵，揭示其中存在的矛盾及其在实践中可能导致的后果，重新建构“理”的本意。这要回归到原典之中去探寻，重视义理的实据，减少以己意去附着阐发古人之意的情况的发生。戴震考察“理”的本义，指出“理”的本义就是事物的分理，有肌理、腠理、文理。“得其分则有条而不紊，谓之条理。”理就是事物之理，在人伦日用的生活中就表现为“情”，既包括好恶、喜怒等情感，也包括事物发展的客观情势。“理也者，情之不爽失也”，“理”是判断事物的基本准则，它要靠“情之不爽失”来实现“理”的纯粹中正。“情不爽失”就是指人对事物所显现的情感不能偏（过或不及），它的另一种说法就是“欲不失之私”。如何实现这样的理呢？戴震提出了“以情絜情”的方法，认为它是保证“理”避免出现主观性的“意见”化，从而走向客观、公正的基本路径。对此，戴震解释曰：

> 凡有所责于人，反躬而静思之：“人以此责于我，能尽之乎？”以我絜之人，则理明。天理云者，言乎自然之分理也；自然之分理，以我之情絜人之情，而无不得其平是也。《乐记》曰：“人生而静，天之性也；感于物而动，性之欲也。物至知知，然后好恶形焉。好恶无节于内，知诱于外，不能反躬，天理灭矣。”灭者，灭没不见也。又曰：“夫物之感人无穷，而人之好恶无节，则是物至而人化物也。人化物也者，灭天理而穷人欲者也；于是有悖逆诈伪之心，有淫佚作乱之事；是故强者胁弱，众者暴寡，知者诈愚，勇者苦怯，疾病不养，老幼孤独不得其所。此大乱之道也。”①

这是要通过“恕”的反思方式来解决的“理”的“意见”化倾向。这种方式在《孟子》中有明显体现，如孟子曰：“有人于

① 戴震：《孟子字义疏证》，第2页。

此，其待我以横逆，则君子必自反也：我必不仁也，必无礼也，此物奚宜至哉？其自反而仁矣，自反而有礼矣，其横逆由是也，君子必自反也：我必不忠。自反而忠矣，其横逆由是也，君子曰：‘此亦妄人也已矣。如此，则与禽兽奚择哉？于禽兽又何难焉？’”（《孟子·离娄下》）孟子说的“自反”与戴震说的“反躬静思”在工夫的本质上没有什么不同。

但是，对戴氏“以情絜情”的理解，学者往往存在一些误解，普遍认为是将自己的好恶情感、欲望强加于他人，从而侵犯了他人的自由，并不能保证理的客观性和公正性，也就是戴震批评程朱的理是一种“意见”，而自己所解释的“理”不过是另一种“意见”而已。容肇祖、胡适、刘述先、郑中义等诸位先生对戴氏的“以情絜情”持一种批评意见。① 究其实，“以我之情絜人之情”不是以“我的情”来作为判断“人之情”是否合宜、得理的标准。如果是这样的话，那戴震批评程朱的理是一种意见就没有什么意义。“絜”的意思不是以我为主体的度量，而是在我与他者之间的一种比较、互动、权衡中，使理能得其平，也就是使理无过不及之谬，“天理者，节其欲而不穷人欲也。是故欲不可穷，非不可有；有而节之，使无过情，无不及情，可谓之非天理乎！”② 戴震对程朱理学的批评，主要是针对程朱学派将“理”视为先验的、绝对的、不容置疑的规范。戴震则认为，“理”应当是来源于人的情感、欲望和经验，是在

---

① 邓国宏对此有比较详细的分析，详见邓国宏：《戴震“以情絜情”说辨析》，载《安徽大学学报（哲学社会科学版）》2012年第5期。

② 戴震：《孟子字义疏证》，第11页。

人与人之间的互动、权衡中逐渐形成的。这种理解方式更加注重人的主体性和经验性，也更能体现出“理”的多样性和复杂性。在“天理者，节其欲而不穷人欲也”的表述中，戴震进一步阐述了“理”与“欲”之间的关系。他认为，“天理”并不是要消除人的欲望，而是要节制人的欲望，使之不过度也无不足。这种节制并不是一味地压制或消除欲望，而是在满足人的基本需求的基础上，使人的欲望得到合理的调控和引导。这样，欲望就能在“理”的规范下得到合理的满足，从而达到一种和谐、平衡的状态。

总之，戴震的“以我之情絜人之情”的思想强调了在理解“理”时需要考虑人的主体性和经验性，通过人与人之间的比较、互动和权衡来寻找一种更为公正、平衡的“理”。这种理解方式打破了程朱学派将“理”视为先验的、绝对的规范的局限，更加注重人的多样性和复杂性。

第二章 以理制欲

——朱子之克己工夫

天理是纯粹至善的道德本体，同时又蕴含在每个人的生命之中。但天理不是高高在上的超越本体，而是纵贯于生命中的作用之性。人在追求“复性”的修身历程中，总是要面临形色欲望的牵引，如何不让欲望成为失去缰绳的随意奔逐的野马而无所归附，需要依靠人之本有的良知良能来引导和制约情欲的发展，使天理和人欲之间保持合理的张力。“理欲问题”是中国思想史上一个长期争论不休的问题，也是一个与道德修养密切相关的问题。“理欲”作为一对道德范畴，最早由《礼记》提出“人生而静，天之性也。感于物而动，性之欲也”①，这是说人的本性是主静无欲的，正是由于人心在接触了事物后受到诱惑，便会产生欲望，“夫物之感人无穷，而人之好恶无节，则是物至而人化物也。人化物也者，灭天理而穷人欲者也”②。由于物对人具有无穷的诱惑，如果人的欲望没有受到

① 杨天宇：《礼记译注》，上海古籍出版社2004年版，下册，第471页。

② 杨天宇：《礼记译注》，下册，第471~472页。

伦理规范的节制，人就会慢慢物化，人的欲望不断滋长会导致社会的道德规范丧失。朱子认为天理、人欲不容并立，曰："人之一心，天理存，则人欲亡；人欲胜，则天理灭。未有天理人欲夹杂者。"为了避免人陷入欲望不断膨胀的泥潭中，需要发挥人"虚灵不昧"的道德意识，以天理之公制约人欲之私，使人性逐渐回归粲然纯明的本体状态，"不为物欲所昏，则浑然天理矣"①。

第一节　朱子理学视野下的人欲

历史上对于"理""欲"的关系，大体上有两种看法，一是理、欲分离说，即认为理、欲是矛盾的，二者是分离的，不能完整统一起来。如战国时期的杨朱、它嚣、魏牟所提倡的纵欲论，汉代王充所主张的禁欲观。二是理、欲统一说，认为理、欲是可以统一的，在一定条件下二者是可以相互转化的。汉代董仲舒提出"极理以尽情性之宜"的理欲观，强调了人性中的情欲与道德规范之间的关系，并提出了通过"极理"来实现情欲的中和与平衡的方法。这一观点不仅对于个人道德修养具有重要意义，对于维护社会秩序和促进社会和谐也具有积极作用。有学者主张通过彻底贯彻三纲五常和法制以致情欲于"中和"之境，实现理与欲的统一，并从主宰之天、自然之天和合为一的"真"的角度对此进行

① 黎靖德编：《朱子语类》，第 1 册，第 224 页。

了本体方面的论证。[1] 降至隋唐，王通在《中说》中将《尚书·大禹谟》“人心惟危，道心惟微”引入道德修养思想中，提出“人心惟危，道心惟微，言道之难进也。故君子思过而预防之，所以有诚也。”[2] 这为后世探讨“理欲之辨”提供了重要的思想启示，并为宋代“理欲之辨”的盛行奠定了基础，是宋代“理欲之辨”思想的先驱。到了宋代，“天理”“人欲”成为两个很重要的哲学范畴。朱熹的理欲观围绕《尚书》的“道心惟微”，“人心惟危”思想展开阐述，在充分吸收了前代众多儒家学者思想的基础上，尤其是张载和二程的学说，并结合自己的理解和阐发，形成了独具特色的理论观点。其核心内容是：天理是宇宙间最高的道德准则，它存在于万事万物之中，是永恒不变的。人应当遵循天理，以实现道德完善和社会和谐。人欲则是与天理相对立的私欲和私心。人欲过于强盛会损害天理的公正性和道德性，导致社会混乱和道德沦丧。因此，人应当克制人欲，保持内心的平静和善良。朱熹还提出了“存天理，灭人欲”的道德修养方法。他认为，通过学习和实践儒家经典，人们可以认识到天理的存在和价值，进而自觉抵制人欲的诱惑，实现道德完善。

一、心的含义与理欲关系

在朱子的思想体系中，“理”具有多种含义，朱子弟子陈淳

---

① 张俊相：《董仲舒“极理以尽情性之宜”的理欲观》，载《道德与文明》2004 年第 2 期。

② 王通：《文中子中说》，阮逸注，秦跃宇点校，凤凰出版社 2017 年版，第 46 页。

对理之含义的梳理和概括上深得朱子要领，朱子赞“此意甚得”，曰：“理有能然、有必然、有当然、有自然处……凡事皆然。能然、必然者，理在事之先；当然者，正就事而直言其理；自然则贯事理言之也。四者皆不可不兼该，而正就事言者，尤见理直截亲切，在人道为有力。”① 作为与人欲相对的天理，“至于天下之物，则必各有所以然之故，与其所当然之则，所谓理也”。② 不难看出，“理”的含义在朱子而言，主要有两个：一是指合乎规律的自然法则，“天命，即天道之流行而赋于物者，乃事物所以当然之故也”。③ 二是指社会所当遵循的道德法则。“所谓天理复是何物？仁、义、礼、智，岂不是天理？君臣、父子、兄弟、夫妇、朋友，岂不是天理？”④ 又说：“天理只是仁、义、礼、智之总名，仁、义、礼、智便是天理之件数。”⑤ 在“理”的这两个要义中，朱子更强调的是事物的所当然之理，认为“所当然是要切处”⑥，但“所当然”要有“所以然”作为根据，不仅要知道应当如此，还要知道何以应当如此，

① 陈淳：《上晦庵先生问目》，顾宏义：《朱熹师友门人往还书札汇编》，第1册，第191~192页。

② 朱熹：《大学或问》，《朱子全书》，第6册，第512页。

③ 朱熹：《四书章句集注》，第56页。

④ 朱熹：《晦庵先生朱文公文集》卷五十九，《朱子全书》，第23册，第2837页。

⑤ 朱熹：《答何叔京》，顾宏义：《朱熹师友门人往还书札汇编》，第2册，第865页。

⑥ 朱熹：《晦庵先生朱文公文集》卷五十七，《朱子全书》，第23册，第2737页。

这样能增加道德实践之中的应然力量：“为子岂不知是要孝？为臣岂不知是要忠？人皆知得是如此。然须当真见得子决定是合当孝，臣决定是合当忠，决定如此做始得。”① 理之所以然与所当然要统一起来，但是，宋代的学者往往“止见一边”，即只知道所当然，对此，朱子批评曰：

> 凡事固有“所当然而不容已”者，然又当求其所以然者何故。其所以然者，理也。理如此，固不可易。又如人见赤子入井，皆有怵惕、恻隐之心，此其事“所当然而不容已”者也。然其所以如此者何故，必有个道理之不可易者。今之学者但止见一边。如去见人，只见得他冠冕衣裳，却元不曾识得那人。且如为忠，为孝，为仁，为义，但只据眼前理会得个皮肤便休，都不曾理会得那彻心彻髓处。以至于天地间造化，固是阳长则生，阴消则死，然其所以然者是如何？又如天下万事，一事各有一理，须是一一理会教彻。②

“所以然”与“所当然”是理解天理的两个重要方面：“所以然”揭示了事物背后的自然规律和本质属性，“所当然”则体现了天理在人类社会中的具体应用和体现。人之“所当然”的行为规范需要以“所以然”的客观规律作为依托和根据，如此人的道德行动才会更加充满力量。

---

① 黎靖德编：《朱子语类》卷十五，《朱子全书》，第 14 册，第 464 页。

② 黎靖德编：《朱子语类》卷十八，第 2 册，第 414~415 页。

人欲则是人性中需要被引导和约束的部分。在朱子看来，通过“存天理，灭人欲”的道德修养过程，人们可以抑制和克服私欲的膨胀，使自己的行为更加符合天理的要求和社会道德规范。这样不仅能够提升个人的道德修养和品质水平，也能够促进社会的和谐与稳定。而在朱子的思想体系中，人欲虽是人性中需要被引导和约束的部分，但人欲并不一定是不好的。

要正确理解“人欲”的含义，首先要搞清楚朱子对道心、人心的相关阐述。道心、人心是《古文尚书》“大禹谟”中的内容，被称为“十六字心诀”，是朱子从哲学角度阐释道心、人心的经典依据。朱子的人心、道心思想从提出到成熟，历经了早年功夫论笼罩下的探索期、中年“心说之辨”的深化期和晚年以《中庸章句·序》和《尚书·大禹谟注》为主的三个阶段，共经历了30多年的时间。①《朱子语类》是朱子晚年成熟时期的著作，收集了朱子和弟子及其他人对这一问题的详细讨论，是我们本章论述的重要资料。关于人心、道心的分辨，《中庸章句·序》曰：

> 心之虚灵知觉，一而已矣，而以为有人心、道心之异者，则以其或生于形气之私，或原于性命之正，而所以为知觉者不同，是以或危殆而不安，或微妙而难见耳。然人莫不有是形，故虽上智不能无人心，亦莫不有是性，故虽下愚不能无道心。二者杂于方寸之间，而不知所以治之，

① 谢晓东：《寻求真理：朱子对“道心人心”问题的探索》，载《河北大学学报（哲学社会科学版）》2005年第3期。

> 则危者愈危，微者愈微，而天理之公卒无以胜夫人欲之私矣。精则察夫二者之间而不杂也，一则守其本心之正而不离也。从事于斯，无少间断，必使道心常为一身之主，而人心每听命焉，则危者安、微者著，而动静云为自无过不及之差矣。①

从上面的论述我们可梳理出以下几方面内容：第一，心具有“虚灵知觉”的功能和作用，“道心”和“人心”的区分不是表明有两个心，而是“一心两样”，是心的理气二层性的体现。②“道心”“人心”是心的两种样态或曰两种呈现方式，是依“知觉”对象不同而分别的：“知觉从耳目之欲上去，便是人心；知觉从义理上去，便是道心”，“知觉从饥食渴饮便是人心，知觉从君臣父子处便是道心”③，“知觉得道理底是道心，知觉得声色臭味底是人心”④，“人知饥渴寒暖，此人心也；恻隐羞恶，道心也。只是一个心，却有两样”⑤，“心只是一个心，只是分

---

① 朱熹：《四书章句集注》，第16页。

② 朱子的道心、人心之论多承伊川之说。朱子持“道心常为一心之主，而人心每听命”的观点，王阳明对程、朱之人心、道心说有误读，对后世儒者影响甚大。阳明曰：“心一也，未杂于人谓之道心，杂以人伪谓之人心。人心之得其正者即道心，道心之失其正者即人心，初非有二心也。程子谓人心即人欲，道心即天理，语若分析而意实得之。今曰道心为主而人心听命，是二心也。天理人欲不并立，安有天理为主，人欲又从而听命者？”参见王晓昕：《传习录译注》，第36页。

③ 黎靖德编：《朱子语类》卷七十八，《朱子全书》，第16册，第2663~2664页。

④ 黎靖德编：《朱子语类》卷七十八，《朱子全书》，第16册，第2664页。

⑤ 黎靖德编：《朱子语类》卷七十八，《朱子全书》，第16册，第2666页。

别两边说，人心便成一边，道心便成一边”①。人是理气相杂的统一体，既有气禀之局限而客观形成的“形气之私”，此即人心，即使上智亦不能无；亦有仁性天理落实的“性命之正”，此即道心，即使下愚亦不能无。人禀气而生，气禀的偏正、多少、厚薄、明暗都有所不同，会遮蔽天理使其不能完全显现，使人呈现各种不同的品性：“人物之生，天赋之以此理，未尝不同，但人物之禀受自有异耳。如一江水，你将杓去取，只得一杓；将碗去取，只得一碗；至于一桶一缸，各自随器量不同，故理亦随以异。”②

其次，为什么说“人心惟危”而“道心惟微”呢？人心之“危”是一种处在欲堕未堕或陷而未陷的状态，之所以言“危”，在于“如人知饥之可食，而不知当食与不当食；知寒之欲衣，而不知当衣与不当衣，此其所以危也”③。人饿了会知道吃饭，冷了会知道穿衣，这是人的自然生理本能，但应当吃什么样的饭？是以饱腹为目的，还是以吃山珍海味的享受为目的？穿什么样的衣服？是基本能抵御寒冷的衣服，还是豪华奢侈的衣服？这是人需要选择的重要问题。“食其所当食，饮其所当饮，乃不失所谓道心。若饮盗泉之水，食嗟来之食，则人心胜而道心亡矣。”④ 换句话讲，如果我们的穿衣饮食处在满足基本需要和追求奢侈之间进行应当此还是应当彼的道德抉择时，人

① 黎靖德编：《朱子语类》卷七十八，《朱子全书》，第16册，第2667页。

② 黎靖德编：《朱子语类》卷四，《朱子全书》，第14册，第185页。

③ 黎靖德编：《朱子语类》卷七十八，《朱子全书》，第16册，第2666页。

④ 黎靖德编：《朱子语类》卷七十八，《朱子全书》，第16册，第2665页。

心往往容易受到衣服之绚烂颜色、食物之美味等“物我相形”而产生的欲望的牵引，易陷入危险境地，“人心易得走从恶处去”①。用朱子的话讲，就是“若无道心以御之，则一向入于邪恶，又不止于危”②。这里，需要特别强调的是，人心虽“危”，但并不是不好，危只是表明人心具有堕落向恶的可能性，是要警醒人们注意人心的这种可能性。在朱子看来，人心不同于人欲，我国台湾地区的学者李明辉认为区分人心与人欲，对于理解朱子思想、乃至于整个宋明儒学而言，至关重要。③ 程子提出“人心，人欲”的观点，朱子直斥“此语有病”。④

我们知道，朱子的思想多吸收二程，特别是小程。从《语类》中可看出，他极少使用“有病”这样的方式批评二程的观点。由此可以肯定将人心等同于人欲的错误理解对理学体系造成的伤害。人欲是恶的，“人心是知觉口之于味、目之于色、耳之于声底，未是不好，只是危。若便说做人欲，则属恶了，何用说危?”⑤ 人心更多是一个中性概念，“人心者，气质之心也，可为善，可为不善”⑥，可见，人心所知觉的欲是一种自然欲望，无所谓好坏。人欲则不同，是不好的，是恶。如人施以修养的

---

① 黎靖德编：《朱子语类》卷七十八，《朱子全书》，第 16 册，第 2664 页。

② 黎靖德编：《朱子语类》卷七十八，《朱子全书》，第 16 册，第 2664 页。

③ 李明辉：《朱子对“道心”“人心”的诠释》，载《湖南大学学报（社会科学版）》2008 年第 1 期。

④ 黎靖德编：《朱子语类》卷七十八，《朱子全书》，第 16 册，第 2664 页。二程曰：“人心，人欲；道心，天理。”见《二程集》，上册，第 364 页。

⑤ 黎靖德编：《朱子语类》卷七十八，《朱子全书》，第 16 册，第 2668 页。

⑥ 黎靖德编：《朱子语类》卷七十八，《朱子全书》，第 16 册，第 2668 页。

工夫，人心就可能走向善，反之则陷入恶。如要把人心等同于人欲，则使人误以为心有人心、道心两个不同的心。究其实，即使作为上智的圣人，亦有人心，反之，即使下愚之人或小人，亦不能没有道心。上智、圣人和下愚、小人的区别，关键在于是否“由道心主宰”，“圣人全是道心主宰”①，圣人“专一守着一个道心，不令人欲得以干犯”②，不存在危不危的问题，圣人的视、听、言、动都听命于天理，当然也不存在人欲之恶。这也是朱子批评程子以及陆子静等人“人心，人欲”的理论观点“有病”的根据。

道心之“微”是微妙、微晦、难明，为何道心要言“微”呢？因为道心是人心之理，“道心虽先得之，然被人心隔了一重，故难见”③，相较于饥食渴饮等粗的物事而言，理精微难见，饥食渴饮至愚之人和动物都知得，义理却是精微难知的。人心中义理的比重不大，只有“一些子”，但它是人与动物的本质区别所在，正如孟子所言“人之所以异于禽兽者几希”（《孟子·离娄下》）。

最后，作为方寸血肉的实体之心，亦有天理杂于其间，人之修养功夫就是主动发挥心的虚灵知觉功能，要知心所以治，即要辨别个人心、道心，精辨其是非，“人心、道心，且要分别得界限分明”。因为“物物上有个天理人欲”④，这是个“惟

① 黎靖德编：《朱子语类》卷七十八，《朱子全书》，第16册，第2664页。

② 黎靖德编：《朱子语类》卷七十八，《朱子全书》，第16册，第2674页。

③ 黎靖德编：《朱子语类》卷七十八，《朱子全书》，第16册，第2665页。

④ 黎靖德编：《朱子语类》卷七十八，《朱子全书》，第16册，第2673页。

精”的工夫，亦可谓“致知”的工夫。同时，在辨别人心、道心的基础上还得要固守心中的天理，常守得定，不被物欲所牵引，循天理而行，这是个“惟一”的工夫，亦是力行的工夫。如没有精一的修养工夫，循着人欲而去，人心会堕于危险的境地，增加了危的可能性，所以“危者愈危”。同时，杂于人心的天理，本身就精微难见，如此则更加难以彰显，所以“微者愈微”。职此是故，要分别人心、道心之界限，精察二者之不杂，如人心、道心不分，混而为一，则无所谓“危微”，知道心之所以如此，施以“惟精惟一”的克治之功，拣择教精，深入不已，固守住心中的天理，从一而终，坚持不懈，专致而不二，则道心就能战胜人心，使“道心常为一身之主”，人心不被物欲所左右，听命于道心，则人心就不会危险自然安平，不会陷入恶，心中的天理也自然会因为去除了人心的遮蔽而愈发显现出灿然纯明之本相。只要我们的内心真正坚守着善性，应事接物自然能够不偏不倚，无过亦无不及。

通过上面的分析，我们不难理解朱子所谓的“人欲”，可以分为两个层面来看，一是天理层面的人欲，可称之为“理欲”，是血气之人的正常且合理的欲望，朱子谓“饮食者，天理也”①，“若是饥而欲食，渴而欲饮，则此欲亦岂能无？但亦是合当如此者”②。在释疑学生关于《中庸章句》中“或生于形气之私”的问题时，朱子又曰：“如饥饱寒燠之类，皆生于吾之血气形体，而它人无与焉，所谓私也，亦未便是不好，但不可一

① 黎靖德编：《朱子语类》卷十三，第1册，第224页。

② 黎靖德编：《朱子语类》卷九十四，第6册，第2414页。

向徇之耳。"[①] 显然，朱子不仅不反对人正常的满足基本生存的需求，反而从天理的角度来承认其正当合理性。二是人欲层面的私欲，也即超出人基本生存维度的不合理的需求，主要是违反"天理"的私欲，如"要求美味，人欲也"[②]，饮食是人的正常而合理的需求，但如果过分地追求口腹之欲而要求美味，既是人欲，亦是一种私欲，"盖只一豪发不从天理上自然发出，便是私欲"[③]，这会使人心堕于危险的境地，损害天理之公，减损道德行动的力量，是不好且须除去的："人欲者，此心之疾疢，循之则其心私而且邪。"[④] 前面我们已做阐述，道心是心之天理，亦可谓道心即天理，但不能将人心等同于人欲，朱子认为"人心，人欲"观点"有病"的原因在于人心中存有天理，可以为善，亦可以为不善，既有合当如此的正常的欲望，即理欲或自然欲望，亦有不合理的私欲，即人欲，是不好的，如"穷口腹之欲"之类。单纯地说欲，其实是中性的，有好的，亦有不好的，朱子强调指出："心如水，性犹水之静，情则水之流，欲则水之波澜，但波澜有好底，有不好底。欲之好底，如'我欲仁'之类；不好底则一向奔驰出去，若波涛翻浪。"[⑤] 人心危殆，极容易流入人欲，处在堕而未堕之间。但是，我们需要强调的是，

---

① 朱熹：《答陈安卿》，顾宏义：《朱熹师友门人往还书札汇编》，第 1 册，第 206 页。

② 黎靖德编：《朱子语类》卷十三，第 1 册，第 224 页。

③ 朱熹：《问张敬夫》，顾宏义：《朱熹师友门人往还书札汇编》，第 6 册，第 3333 页。

④ 朱熹：《晦庵先生朱文公文集》卷十三，《朱子全书》，第 20 册，第 639 页。

⑤ 黎靖德编：《朱子语类》卷五，第 1 册，第 93~94 页。

朱子有时在言辞表达上没有完全将人欲和人的自然欲望分开，如“人欲中自有天理”中的“人欲”就是指人合理的自然欲望。而一般对举所言的人欲，都是指一种恶的欲或过度的欲望，如“天理人欲，不容并立”“天理人欲常相对”“天理人欲，无硬定底界”等。

那么，天理和人欲是什么关系？前面我们已经论述过，天理的含义主要是所当然的社会道德规范，包括仁、义、礼、智等，是至善的。人欲是超过人正常生存需求的违背天理的欲望，是恶的。就此来讲，人欲、天理对立是十分自然且符合必然逻辑的。朱子曰：“人之一心，天理存，则人欲亡；人欲胜，则天理灭，未有天理人欲夹杂者。”“人只有个天理人欲，此胜则彼退，彼胜则此退，无中立不进退之理。凡人不进便退也。譬如刘、项相拒于荥阳、成皋间，彼进得一步，则此退一步；此进一步，则彼退一步。”① “人只有天理、人欲两途，不是天理，便是人欲。即无不属天理，又不属人欲底一节。”② “天理人欲之间，每相反而已矣。”③ 天理是公，人欲是私，“己者，人欲之私也，礼者，天理之公也，一心之中，二者不容并立，而其相去之间，不能以毫发，出乎此则入乎彼，出于彼则入于此矣。”④ “凡一事便有两端：是底即天理之公，非底乃人欲之私。须事事与剖判极处，即克治扩充功夫

---

① 黎靖德编：《朱子语类》卷十三，第 1 册，第 224~225 页。

② 黎靖德编：《朱子语类》卷四十一，第 3 册，第 1047 页。

③ 朱熹：《四书章句集注》，第 139 页。

④ 朱熹：《论语或问》，《朱子全书》，第 6 册，第 799 页。

随事著见。”① 从以上内容我们可以看出，天理、人欲的对立一方面表现为公与私的对立，另一方面表现为是与非的对立，是一种此进则彼退、此存则彼亡的对立关系。理、欲之间的这种关系，在孔子那里是以“克己复礼”的形式表现出来的，两者的关系是二而一、一而二的关系。朱子的弟子陈淳对此问题理解比较到位，在《上晦庵先生问目》的书信中陈淳论述曰：

> 克己复礼须知二而一、一而二者也。盖克己是去人欲于彼，复礼是复天理于此，此二也。然二者相为消长，犹阴阳寒暑，彼盛则此必衰。绝无人欲则纯是天理，故去人欲是乃所以复天理，而实非有二事，此二而一也。二者虽同为一事，然亦须有宾主之分。天理主也，人欲客也。复天理主事也，去人欲客事也。吾日所重者当以复天理为主，以为用力归宿之地，而去人欲以会之尔。于其去人欲也，又每提天理，使卓然清明不昧，则权在我，而所克也有统，亦自不劳余力矣。非谓止务克人欲，更不必及天理，则天理自复也。此一而二也。②

理即性，是人心所本有，故曰“复礼”，是主事。欲是恶，是对人本有的善性之陷溺和破坏，是努力克制的对象，故曰“克己”，就是克制自己的私欲，亦是客事，两者泾渭分明，“天理

---

① 黎靖德编：《朱子语类》卷十三，第1册，第225页。

② 陈淳：《上晦庵先生问目》，顾宏义：《朱熹师友门人往还书札汇编》，第1册，第231页。

者，上达之正逵；人欲者，下达之邪径”①，不可模糊。这里需要注意的是，朱子所说的主、客并非西方逻辑实证主义视野下主体和客体二分之主客，更多的是价值抉择意义上的轻重判断。所谓“主”指在人的内心世界或道德实践中，天理是主导的、根本的，它代表着正义、善良和道德的规范；作为“客”的人欲则是次要的、从属的，它可能包含私欲、贪婪等不利于道德完善和情感纯洁的因素。两者在人性中不能共存，克得人欲少一分，则存得天理就多一分，此消则彼长，此所谓二。人性修养的目标是要不断地克制人的恶欲，以最终实现复归天理为目标，用陈淳的话来讲就是“用力归宿之地”，去人欲就是要不断地向这个目标努力，“去人欲以会之尔”，天理、人欲之二者最终会于天理之一处，此二而一。这就是说天理、人欲虽然各有不同，而最终的目的就是实现人性中天理的复归，使人心纯一无杂，全是天理，即是一，心理合一。去人欲是使人心复天理的工夫和手段，复天理则是去人欲的价值目标。在去人欲的工夫中就始终不能失去复天理的价值准则，否则，工夫会茫然无所向，就可能会走偏，“所克也有统，亦自不劳余力矣”！所谓一而二也正是从此角度来讲的。

正是基于对天理、人欲对立性关系的深刻认识，朱子才要求我们在道德修养上以“存天理、灭人欲”为基本的出发点。我们要注意，对于理欲关系要从两个层面来认识：一个层面是本然或曰本体的层面，理要胜过欲的，这是修养工夫能够成立

---

① 陈淳：《上晦庵先生问目》，顾宏义：《朱熹师友门人往还书札汇编》，第1册，第238页。

的基本依据。朱子曰：“以理言之，则正之胜邪，天理之胜人欲，甚易；而邪之胜正，人欲之胜天理，若甚难。”① 另外我们也须看到，每个人都是一个气化实存生命，在生命的本然状态中，邪不压正，理胜欲是必然的，而在现实的生命世界里，每个人都受到气禀、物欲的牵引，各种各样的名利、财富、权力、美色等都扰动我们的内心。从另一个层面来讲，也就是朱子所说“以事言之”，即从现实的生活实践而言，“则正之胜邪，天理之胜人欲，甚难；而邪之胜正，人欲之胜天理，却甚易”②。所以我们要正确看待现实生活世界中人性的复杂性，不能掉以轻心，以为人都可以很容易克制自己的不良欲望。这其实需要狠下工夫。那么，欲望究竟是如何产生的呢？下面我们就来讨论一下这个问题。

三、欲望的产生

在朱子的理学体系中，天理代表着“廓然之大公”，是公正无私的、纯粹至善的，人欲则是对天理的背离，是人性之中需要弃绝的。那么，人为什么会产生一些恶的欲望，如贪恋财富、纵情声色、追名逐利，等等，这些都是人性中不好的欲望。人欲的产生既有先天的气禀因素，亦有后天的环境影响。下面我们从三个方面来阐释。

首先，气质的遮蔽让天理不能完全显现，使人产生不好的欲望。人是由气所生的，人在禀气而生的过程中，会客观地产

---

① 黎靖德编：《朱子语类》卷五十九，第 4 册，第 1417 页。

② 黎靖德编：《朱子语类》卷五十九，第 4 册，第 1417 页。

生气之明暗、偏正、厚薄等对人性的遮蔽。朱子经常强调人之修养就是变化气质的工夫，因为气质是先天地带入人的生命之中，变化起来极难。朱子在《答项平父》中曰：“盖为此心此理虽本完具，却为气质之禀不能无偏，若不讲明体察，极精极密，往往随其所偏，堕入物欲之私而不自知。”① 气质的偏蔽是人之生命客观存在的因素，如果人不发挥心体自知自明的自律作用，则会随其所偏，而沦为物欲的奴隶。

其次，情之发偏于性便产生人欲。情主要是指七情，包括喜、怒、哀、乐、爱、恶、欲。情是心与事物接触而产生的一种心理活动，发于外而不偏离心中的性理，能恰到好处，便能达到“中和”的境界。人欲从公私的角度来看，是一种私欲，当心体发于外的情感活动偏离心体，过或不及，就会产生不好的人欲。简言之，偏离于性体的情感就是人欲，如喜不当喜、怒不当怒、乐不当乐等都是偏离性体的表现。“欲是情发出来底。心如水，性犹水之静，情则水之流。”②《大学》曰：“所谓修身在正其心者，身有所忿懥，则不得其正；有所恐惧，则不得其正；有所好乐，则不得其正；有所忧患，则不得其正。”③ 这里所说的有所忿懥、有所恐惧、有所好乐、有所忧患都是指偏于心之性体的不良情感。朱子说：“盖是四者，皆心之用，而人所不能无者。然一有之而不能察，则欲动情胜，而其用之所

① 朱熹：《答项平父》，顾宏义：《朱熹师友门人往还书札汇编》，第5册，第2851页。

② 黎靖德编：《朱子语类》卷五，第1册，第93页。

③ 朱熹：《四书章句集注》，第9页。

行，或不能不失其正矣。”① 这四种情感是每一个人都有的情感，但关键在于主体能否发挥心的宰制作用，察其是否得当，让它们在合理的范围内发用，不让欲动情胜。

最后，物欲的牵引也会产生人欲。人心是一个活的物事，必然要同外物相接触，由形气构成的人之身其本质就是一物，人之身（耳目等器官）不可能不与外物有接触，但耳目之官不会有道德觉知，它们如果没有心的主导，只会产生自然的生理反应，如目欲色、耳欲声、四肢欲安佚等，所以孟子说：“耳目之官不思，而蔽于物，物交物则引之而已矣。”（《孟子·告子上》）显然，孟子认识到耳目等生理器官与外物的相交感应会蔽于外物，但心之官则不同：“心之官则思，思则得之，不思则不得也。”（《孟子·告子上》）心之官所不同的地方在于，它不仅是一堆气血，还贯注有天命的性理，而正是有此性理的存在，才使得心具有一般人体器官所没有的道德觉知能力，即所谓的“不思而得，不虑而知”的道德本能，它可主宰身体的各个器官，发挥类似“君令”的作用。所谓的大人、小人之分也正是从此心的角度来分别的，能从心之大体则为大人，反之，从耳目之小体则为小人。不可否认的是，心在接事应物时，物所具有的各种满足人身体欲望的属性对心有所牵引是客观存在的，人之修养的关键在于不能为小体所夺，朱子解释曰：

官之为言司也。耳司听，目司视，各有所职而不能思，

① 朱熹：《四书章句集注》，第9页。

> 是以蔽于外物。既不能思而蔽于外物，则亦一物而已。又以外物交于此物，其引之而去不难矣。心则能思，而以思为职。凡事物之来，心得其职，则得其理，而物不能蔽；失其职，则不得其理，而物来蔽之。此三者，皆天之所以与我者，而心为大。若能有以立之，则事无不思，而耳目之欲不能夺之矣，此所以为大人也。①

朱子解释表明，心之官的道德觉知能力（思）是天赋予的根本职能，而物所具有的各式形色必然对人心产生牵引。关于人为何会有利欲之心即利心产生的问题，朱子提出“利心生于物我之相形”的理论，曰：“仁义根于人心之固有，天理之公也。利心生于物我之相形，人欲之私也。循天理，则不求利而自无不利；殉人欲，则求利未得而害已随之。”② 仁义（即道德、善良）是人心本来就具有的，是天理（即宇宙间普遍存在的道德法则）在人心中的体现。这种道德、善良是天理赋予人的本性，具有普遍性和公正性。而与此相反，追求私利的欲望（即利心）则是由于人们在与外界物质环境的相互关系（相形）中产生的。当个体将自己与外界对立起来，只关注自己的利益时，就会产生利心，这种欲望是自私的，与天理相违背。如果一个人能够遵循天理，按照道德法则行事，那么他不需要刻意追求私利，自然就能获得长远的利益。因为天理所指引的行为是符合社会整体利益的，个人在遵循天理的过程中，不仅能够提升自身的

① 朱熹：《四书章句集注》，第 314 页。

② 朱熹：《四书章句集注》，第 188 页。

道德修养，也能得到社会的认可和尊重。相反，如果一个人沉迷于私欲的追求，为了满足自己的欲望而不择手段，那么他最终可能无法获得真正的利益，甚至可能因此伤害到自己。因为私欲的满足往往是暂时的、有限的，而且很容易引发社会的不满和冲突，导致个人陷入困境。

朱子说："本心之善，其体至微，而利欲之攻，不胜其众。尝试验之，一日之间，声色臭味游衍驰驱，土木之华、货利之殖杂进于前，日新月盛，其间心体湛然、善端呈露之时，盖绝无而仅有也。"① 又说："人心本明，天理素具，但为物欲所昏、利害所蔽，故小则伤恩害义而不可开，大则灭天乱伦而不可救。假如或好饮酒，或好货财，或好声色，或好便安，如此之类，皆物欲也。"② 简言之，朱子认为只有遵循天理、按照道德法则行事，才能实现个人的道德修养和社会的和谐发展。追求私欲则只会导致个人的堕落和社会的混乱。

四、存理灭欲的纠偏

正如前面所强调的，人欲是恶的，是超过人正常生存需求的违背天理的欲望，不同于一般的正常的欲望，当然是要灭的。但是朱子从来不主张消灭人合理的自然欲望，如寒而欲衣、渴而欲饮、饥而欲食之类，反而从天理的角度肯定它的合理性，如"饮食者，天理也"。但对于为了过度满足口腹之欲的"要求

① 朱熹：《晦庵先生朱文公文集》卷十二，《朱子全书》，第20册，第618~619页。

② 朱熹：《晦庵先生朱文公文集》卷十二，《朱子全书》，第20册，第627~628页。

美味”的食欲，则是坚持要消灭的。《语类》载曰：“问：‘“饥食渴饮，冬裘夏葛”，何以谓之“天职”？’曰：‘这是天教我如此。饥便食，渴便饮，只得顺他。穷口腹之欲，便不是。盖天只教我饥则食，渴则饮，何曾教我穷口腹之欲？’”① 为了肯定人之正常生理欲望的合理性，朱子还这样说：“天理本多，人欲便也是天理里面做出来。虽是人欲，人欲中自有天理。”② 这里，不难看出，既然“天理”包含“人欲”，那么灭人欲不就是灭天理吗？这岂不自相矛盾吗？从这一角度看，“存天理，灭人欲”是合理且必需的。人们往往对朱子的这一思想存在严重的误解，将灭人欲理解为消灭人的一切欲望，消灭人的个性发展。如清代戴震严厉批评程朱理学，视其为杀人之学，曰：“酷吏以法杀人，后儒以理杀人，浸浸乎舍法而论理，死矣，更无可救矣！”③ 戴氏认为“以理杀人”是程朱理学“辨乎理欲之分”的必然结果。指责朱子将“凡民之饥寒愁怨、饮食男女、常情隐曲之感，咸视为人欲之甚轻者矣”，从而使“理欲之辨，适成忍而残杀之具”④。

对戴氏的这一论断，后世学者亦多有尊崇，其主要原因就在于将人的自然欲望等同于人欲。朱子并不反对求生存、免饥寒、成家室的正常合理欲求，因为它具有天理赋予的正当性，是血气之人必然的生存欲求，“是天教我如此”，怎么可能消灭呢？朱子

① 黎靖德编：《朱子语类》卷九十六，第6册，第2473页。

② 黎靖德编：《朱子语类》卷十三，第1册，第224页。

③ 戴震：《孟子字义疏证》，第174页。

④ 戴震：《戴震集》，第328页。

曰“饮食者，天理也；要求美味，人欲也”①，“饥而食，渴而饮，‘日出而作，日入而息’，其所以饮食作息者，皆道之所在也”②。可以试想，如朱子连人的自然欲望也要消灭掉的话，又何来这样的论断呢？朱子曾严厉批评郑子上的绝欲主张：

> 但于道心下，却一向说是个空虚无有之物，将流为释、老之学。然则彼释迦是空虚之魁，饥能不欲食乎？寒能不假衣乎？能令无生人之所欲者乎？虽欲灭之，终不可得而灭也。③

显然，在朱子看来，自然的生理欲望是人要灭也不能灭的。理学不是所谓禁欲主义，如不承认自然欲望的合理性，那儒学与释老之学又有何分别呢？朱子所批评的，恰恰也是戴震所批评的，只是戴震立错了靶子，认为程朱理学脱离了事物冥心求理，将人所有的欲望打入天理的牢笼加以禁固，必然会导致“截然分理欲为二”，进而会压抑和否定饮食男女的生理欲望。反观朱子却曰：“有个天理，便有个人欲。盖缘这个天理须有个安顿处，才安顿得不恰好，便有人欲出来。”④ 显然，“欲”（人心的

---

① 黎靖德编：《朱子语类》卷十三，第1册，第224页。关于本句的引用，学者们通常将“夫妻，天理也；三妻四妾，人欲也”一句置于“饮食者，天理也；要求美味，人欲也”句之后，但笔者翻遍卷十三，并未看到“夫妻，天理也；三妻四妾，人欲也”这一句，且“要求美味”通常被错当为“山珍海味”，此当是引用出错，以讹传讹。

② 黎靖德编：《朱子语类》卷六十二，第4册，第1496~1497页。

③ 黎靖德编：《朱子语类》卷六十二，第4册，第1489页。

④ 黎靖德编：《朱子语类》卷十三，第1册，第223页。

欲望）是天理的“安顿处”，天理要通过“欲”（人心）来显现，合乎性理则为天理，反之则为人欲，两者不能截然分离为二。从本句的表述来看，前一个“人欲”包括好的欲望和不好的欲望，后一个“人欲”仅指“天理”没有安顿好的违背天理的欲望，即恶的人欲。朱子十分赞同胡五峰“天理人欲，同行异情”的理论观点，认为“‘天理人欲，同行而异情。’此语甚好”，并引用胡五峰的观点分析了两者的同一关系，曰：“盖钟鼓、苑囿、游观之乐，与夫好勇、好货、好色之心，皆天理之所有，而人情之所不能无者。然天理人欲，同行异情。循理而公于天下者，圣贤之所以尽其性也；纵欲而私于一己者，众人之所以灭其天也。二者之间，不能以发，而其是非得失之归，相去远矣。”① 所谓“同行异情”②，朱子释曰：“同行者，谓二人同行于天理中，一人日从天理，一人专徇人欲，是异情。”③

① 朱熹：《四书章句集注》，第204页。

② 胡五峰曰：“天理人欲，同体而异用，同行而异情。”朱子不喜其上一语，而极赞其下一语，谓此语甚好。为何如此？钱穆解释曰：“要求美味，也还是饮食，故说同行。但要求饮食是自然。人同此心，心同此理。要求美味，则不是人人如此。所谓美味，亦人各不同。此中便夹带有私欲。故说是异情。同是饮食，一为饥渴，一为美味，求美味，其先还是从求解饥渴来，故曰人欲即隐在天理中，又说人欲中自有天理。惟为求美味，往往易于把饮食一事安顿得不恰好。若饮食兼求美味，而又能把来安顿得恰好，则自亦无所谓人欲。但不能说两者同体。因人心之体本属至善，只是一自然，只是一天理，不能说天理人欲同来合凑成一体。天理先在，人欲后起，如何忽然有人欲后起，朱子则说是没巴鼻生底，那是说无来由底。若人欲皆有来由，那便即是天理，更无所谓人欲。”参见钱穆《朱子学提纲》，生活·读书·新知三联书店2002年版，第84~85页。

③ 黎靖德编：《朱子语类》卷六十二，第4册，第1487页。

朱子还曰：“不昏之男无不盗人之妻，不嫁之女无不肆为淫行。”① 他认为与其违背人的正常合理的欲望而很难做到，还不如顺遂人的自然欲望，减少人因过度压制自己的欲望而导致的不道德行为。在日常生活中，我们要时时刻刻注意克制自己的不良欲望，朱子高足陈淳曰：“日用间觉其有人欲，则克之，见其为天理，则循之。”② 因此欲望不是罪，关键是人应发挥心对身的主宰功能，合理限制自己的欲望，以其天理之大制其欲望，则人之欲望何其小！如果能做到这样，纵然将你放入欲望之井中，也不会违害心中的仁性。正如明道所言曰：“坐井观天，非天小，只被自家入井中，被井筒拘束了。然井何罪，亦何可废。但出井中，便见天大。已见天如此大，不为井所拘，却入井中也不害。”③ 我们之所以觉得天空狭小，并非因为天空本身小，而是因为我们自己将自己置于了井中，从而限制了我们的视野。这是一种深刻的自我反思，提醒我们要认识到自己的认知局限，并意识到这些局限往往源于我们自身的选择和立场。我们的视野不广阔，修身境界不高，包括“井”之类的外部环境并无过错，它只是一种客观存在，关键在于我们如何对待它，“只心便是天”④。心不仅是感知和思维的主体，

---

① 朱熹：《晦庵先生朱文公文集》卷一百，《朱子全书》，第 25 册，第 4619 页。

② 陈淳：《上晦庵先生问目》，顾宏义：《朱熹师友门人往还书札汇编》，第 1 册，第 234 页。

③ 黄宗羲原著，全祖望补修：《宋元学案》，陈金生、梁运华点校，中华书局 1986 年版，第 1 册，第 567 页。

④ 程颢、程颐：《河南程氏遗书》，《二程集》，上册，第 15 页。

更是道德实践和精神修养的源泉。一个具有高尚品德和深厚修养的人，其心灵能够达到与天道相契合的境界，从而发挥出巨大的内在力量，影响自己和周围的世界。当我们真正体会到“心”的力量之大和范围之广时，我们就不会被眼前的事物所束缚，我们可以自由地选择自己的道路和生活方式，即使有时候我们选择回到“井中”，通过修养心灵、提升品德、追求真理和智慧，依然可以逐渐摆脱世俗的束缚和限制，实现内在的超越和升华。

我们如何分辨天理、人欲之胜负呢？一个重要的方法就是主体自我的切己体察，反求诸己。对此朱子的弟子陈淳说：“学者自验吾好善未能如好好色之切，恶恶未能如恶恶臭之酷，则便是天理人欲胜负未分，不可不深知下堕之为可畏，而当汲汲以上进自力也。”① “好好色”“恶恶臭”皆是生而即有的生理欲望，人都喜欢美色，厌恶恶臭，而好善、恶恶则是人的价值抉择，如果我们好善的决心与意志不能超越人之生而即有的生理欲望，那么我们会陷入欲望的泥潭中不能自拔。

但是，我们也应明确看到，人的欲望是无穷无尽的，人在满足基本的生存欲望之后，如果不对自我欲望加以节制，不对过度的欲望加以消灭，任由其肆意发展，必然会导致两种严重的后果。一方面，就人自身来讲，会导致心、身关系的严重分裂，使人沦为欲望的奴仆，陷入人欲的横流之中而丧失生命的

---

① 陈淳：《上晦庵先生问目》，顾宏义：《朱熹师友门人往还书札汇编》，第1册，第238~239页。

真义。朱子曰："世衰道微，人欲横流，不是刚劲有脚跟底人，定立不住。"① 这里的"刚劲有脚跟底人"指的是那些具有坚定信念、深厚道德修养和强大内心力量的人。他们能够在纷繁复杂的社会环境中保持清醒的头脑和坚定的立场，不为外界的诱惑和压力所动摇。同时，这也提醒我们在面对诱惑和困难时，要时刻保持清醒和警觉，不断加强自身的品德修养和精神锤炼，以应对各种可能出现的挑战和考验。另一方面，就人与自然的关系来讲，会使人与自然的和谐关系受到严重破坏。当人类以自己的私欲为主宰，而不以天理之公为准绳，人类就会不加节制地为了满足自己日益膨胀的欲望，利用各种不同的手段，甚至"竭泽而渔"的极端手段从自然中索取资源，当超越了自然的有限承受能力后，最终会使人类丧失自己的美好家园。"五四"时期，朱熹的"存天理，灭人欲"结合"饿死事极小，失节事极大"被新文化运动的先驱们当作"吃人的理教"的标靶加以鞭挞，新中国成立后的一段时期对此批判又进一步呈现扩大化。自20世纪80年代，随着中国改革开放事业的扩大和深入，学术思想亦日渐深入，对程朱理学的理解也日益多元化，人们亦开始从正面角度来理解"存天理，灭人欲"的意涵。"灭人欲"不是要扼杀人性，灭性欲、食欲、爱欲等，并不是对人性的压抑或否定，亦不是要消灭人之进取向上的欲求与动力，而是对人性的升华和完善，使人的欲望能够在道德的框架下得到合理的满足和表达。

综而论之，朱子"存天理，灭人欲"中的"灭人欲"并不

① 黎靖德编：《朱子语类》卷九十三，第6册，第2353页。

是要消灭人的欲望，而是要节制人过度的不合理的欲望，作为人修养的一个指导原则，“存天理，灭人欲”应解读为“以理制欲”更合适，它要求人们在满足基本欲望的同时，注重自我修养和道德提升，以更加理性、成熟的态度面对生活中的各种挑战和诱惑。朱熹在注释孟子的“养心莫善于寡欲”一句时说：“欲，如口鼻耳目四支之欲，虽人之所不能无，然多而不节，未有不失其本心者，学者所当深戒也。”① 朱熹的理欲观在历史上对帝王的道德约束方面发挥了一定的积极作用。它通过强调道德教化和自我修养来引导帝王树立正确的道德观念和行为准则，通过政策制定和政治实践来推动道德政治的实现，最终为封建社会的稳定和发展提供了有力的道德支持。作为封建社会的最高统治者的皇帝，手中握着最高的权力，如果没有合理的道德约束，对于国家和社会的治理都是极为危险的。朱子曾上书皇帝，建议皇帝“明人欲之辨”，要做到“节欲而薄敛”，曰：“窃愿陛下即今日之治效泝而上之……自今以往，一念之萌，则必谨而察之，此为天理耶，为人欲耶？果天理也，则敬以扩之，而不使其少有壅阏；果人欲也，则敬以克之，而不使其少有凝滞。推而至于言语动作之间、用人处事之际，无不以是裁之。”② 这是朱子对君主或领导者提出的深刻忠告，强调了道德修养和自我审视的重要性。朱子呼吁君主或领导者在日常生活中，从

① 朱熹：《四书章句集注》，第350页。

② 朱熹：《晦庵先生朱文公文集》卷十四，《朱子全书》，第20册，第664~665页。按：此段话亦常被学者们反复引用，却被标出自卷十一《戊申封事》，据笔者核查原文，并未见此段文字。经查对发现，实出自卷十四《延和奏札五》。

每一个念头的萌发开始，都要进行谨慎而周密的考察，时刻保持清醒的头脑和敬畏之心，以判断其是否符合天理（即道德和正义的原则)，还是仅仅出于个人私欲。

第二节　以理节欲的“克己”工夫

欲由心生，理欲问题在人的道德修养中表现为一种克己工夫，也即在心上做工夫的问题。朱子曰：“今看世上万法万事，都只是这一个心。……所谓讲学者，讲此而已；所谓学者，学此而已。”① 心是工夫之本，就如种树，只有树根发达，枝叶才能繁茂，所以对于心的修养，要栽培深厚，对心体的涵养不可懈怠放松，要常常提撕，“涵养持守之功继继不已”②。

一、“克己”即“心克”

《中庸》“天命之谓性”“率性之谓道”“修道之谓教”，以及“致中和”“赞化育”等皆是说心。《大学》所谓“致知”，亦是从心上知，“格物”，亦是从心上格。“致知，即心知也；格物，即心格也；克己，即心克也。”③ 对于《中庸》的“尊德性”“致广大”“极高明”，朱子认为：“盖此心本自如此广大，但为物欲隔塞，故其广大有亏；本自高明，但为物欲系累，故

① 黎靖德编：《朱子语类》卷二十六，第2册，第655页。

② 黎靖德编：《朱子语类》卷十二，第1册，第205页。

③ 黎靖德编：《朱子语类》卷十二，第1册，第202页。

于高明有蔽。”① 人性本善，理在心中本自具足，但人往往为各种思虑所胶扰，各种私欲萌生，计较利害得失，遮蔽了心体，心体失其正，不知性之善。宋代佛教兴盛，人们在修养上往往受其影响，弃亲亲之伦于不顾，寻求超脱自我。性即理，本为人人俱有，但释氏之学以性为自私，不察气质情欲之偏，以心即理为出发点，以作用为性，强调所谓“运水搬柴皆道”，提出“神通妙用，运水搬柴”的观点，对儒士修养的影响甚大。心体感物而动，应事接物本为心必然具有的作用性，释氏却以作用即性，以为视听举履、衣食作息就是道，不问用之体如何，不思何以有所视听举履、衣食作息。对此，朱子批评曰：“若便以日用之间举止动作便是道，则无所适而非道，无时而非道，然则君子何用恐惧戒慎？何用更学道为？为其不可离，所以须是依道而行。”② 朱子还强调明心工夫的重要性，认为这就好比烧火，如果吹旺了以后再加柴薪，则火会越烧越旺，越来越明，如果相反，还没等火烧旺就先加一些柴薪，则火可能会熄灭。

心上工夫的一个重要内容就是要发挥心对身的主宰作用，对此，朱子有一个纲领性的话语，曰：“人有此心，便知有此身。人昏昧不知有此心，便如人困睡不知有此身。人虽困睡，得人唤觉，则此身自在。心亦如此，方其昏蔽，得人警觉，则此心便在这里。”③ 心上工夫就是一个唤醒人之本有之道德理性

① 黎靖德编：《朱子语类》卷十二，第 1 册，第 202 页。

② 黎靖德编：《朱子语类》卷六十二，第 4 册，第 1497 ~ 1498 页。

③ 黎靖德编：《朱子语类》卷十二，第 1 册，第 200 页。

的工夫，“学者工夫只在唤醒上”①，心不知有身在，便是昏昧，此是自我放纵的结果，“能唤醒，则自不昏昧；不昏昧，则自不放纵矣”②。任由身之视听言动而行，而不知有其所以然和所当然之理，则心自是昏昧不知，便如睡觉一样，虽有身，却不知此身。孟子曰：“耳目之官不思，而蔽于物。”（《孟子·告子上》）此思是一种心主宰身的工夫。朱子曰：“若不思，则耳目亦只是一物，故曰：‘物交物，则引之而已矣。’”③ 而一旦通过修养工夫使人觉醒之后，沉睡的心之主性体被激活了，知有此身在，“则此心便在这里”。《论语·颜渊第十二》载：“颜渊问仁。子曰：‘克己复礼为仁。一日克己复礼，天下归仁焉。为仁由己，而由人乎哉？’颜渊曰：‘请问其目。’子曰：‘非礼勿视，非礼勿听，非礼勿言，非礼勿动。’”（《论语·颜渊》）朱子认为这段问答“乃传授心法切要之言，非至明不能察其几，非至健不能致其决。”④ 仁是仁、义、礼、智四个德目中最根本的一个德目，仁就是“天地生物之心”，仁即生，人得天地生物

---

① 黎靖德编：《朱子语类》卷十二，第1册，第200页。唤醒不仅表现在对自我昏昧之心的唤醒上，亦表现为以我先觉知此理的心去唤醒后觉知此理的人。孟子曰“先知觉后知，先觉觉后觉”。所谓的“知”“觉”即因事因物而知，心对其中的道理有所觉悟。连结先后的“觉”并非觉悟之觉，依照朱子的看法，这个觉就是唤醒。朱子曰：“中央两个‘觉’字，皆训唤醒，是我唤醒他。”见《朱子语类》，第4册，第1363页。依照朱子的意思，孟子这句话可以理解为：先知晓觉悟事物道理的人去唤醒后知晓觉悟事物道理的人。

② 黎靖德编：《朱子语类》卷十二，第1册，第200页。

③ 黎靖德编：《朱子语类》卷五十九，第4册，第1415页。

④ 朱熹：《四书章句集注》，第126页。

之心为心，统贯义、礼、智，是“本心之全德”，犹如元之统贯亨、利、贞一样。

仁是人的最本质规定，亦是人之道德行动的力量之源。怎样做到仁呢？孔子认为人之自我的主宰性是道德行为的根本，“为仁由己”，“克己复礼为仁”。在朱子看来，“克”是工夫的关键，就是“胜”的意思，“己”① 就是身之私欲，克己复礼就是以天理之公胜人欲之私。复则为归复，礼即天理之节文。朱子曰：

> 盖心之全德，莫非天理，而亦不能不坏于人欲。故为仁者必有以胜私欲而复于礼，则事皆天理，而本心之德复全于我矣。归，犹与也。又言一日克己复礼，则天下之人皆与其仁，极言其效之甚速而至大也。又言为仁由己而非他人所能预，又见其机之在我而无难也。日日克之，不以为难，则私欲净尽，天理流行，而仁不可胜用矣。②

人心就其本然的层面来讲，纯粹至善，全是天理，无丝毫人欲夹杂于其中。但在现实的生命世界中，人心并非寂然不动的死

---

① 朱子对“己”的含义有两种解释：“何谓己者？身之私欲。盖己一名而含二义：一以身言之，如下文（为仁由己）‘由己’之‘己’，与‘求诸己’之类；一有私之意焉，所谓有己之私，即此‘克己’之‘己’，与‘至人无己’之类。亦犹我之为言，一以身言之，如‘万物备我’‘我欲仁’之类；一有私之意焉，所谓有我之私，如‘毋我’之‘我’也。”参见顾宏义：《朱熹师友门人往还书札汇编》，第1册，第230页。

② 朱熹：《四书章句集注》，第125页。

物，当心与事物相接触时，物之各式各样的形色必定会牵引我们的心而产生蔽障，“亦不能不坏于人欲”。这也就是说，人欲的形成具有客观必然性，是我们每一个生命个体都无法逃避的。但为仁的关键不在于有人欲，而在于怎样发挥主体自我的道德力量，让心中的天理在与人欲斗争的过程中取得胜利，所以克的工夫全在主体自我的心上，“非他人所能预”，别人从根本上是帮不上忙的。当“为仁由己”的自我道德力量得到充分发挥，“尽其心”，让自我的道德本心作主，克除非礼的己私，则“日用之间，莫非天理流行矣”，即在我心全是天理流行，发之于外中节合理，如伊川所谓“由乎中而应乎外，制于外所以养其中也”①。人应常常以“礼”提撕此心，不让心昏昧。所谓礼，就是人日用伦常的现实世界中之当做者和不当做者（理之所当然者），当做的事不能不去做，不能做的事坚决不做，不能为了自己的私利而去做。因此礼作为一种规范，最重要的作用就是抵挡人的私欲。伊川云：“‘礼仪三百，威仪三千’，非绝民之欲而强人以不能也，所以防其欲，戒其侈，而使之入道也。”② 朱子曰：“大凡人于其所当做者，却不肯去做；才去做时，又便生个计获之心，皆是堕于一偏。人能常以此提撕，则心常得其正矣。”③ 简而言之，克己复礼的工夫就是心上的工夫。蒙培元从

① 朱熹、吕祖谦编：《近思录》，叶采集解，严佐之导读，程水龙整理，上海古籍出版社 2010 年版，第 187 页。

② 程颢、程颐：《河南程氏遗书》卷二十五，《二程集》，上册，第 323 页。

③ 李道传编，徐时仪、潘牡天整理：《朱子语录》，上海古籍出版社 2016 年版，上册，第 23 页。

情感主义的视角，认为孔子所说的“克己复礼为仁”“在一定意义上就是克服个人的私情私欲，强调仁的客观普遍性。”①

二、“克伐”与“克己”工夫的异同

孔子《论语》中还提到“克伐怨欲不行”的工夫，我们简称“克伐”工夫，这与“克己”的工夫有相同的地方，朱子围绕此与学生展开了讨论。克、伐、怨、欲是人心之不正的几种表现，是对人心之仁性的损害，学者用工于此而不行，是否是做到仁了呢？孔子的回答是“可以为难矣，仁则吾不知也”（《论语·宪问》）。一般人看来，能做到“克伐怨欲不行”是很难能可贵的了，但孔子认为这并不能称作仁，由此可见，“仁”是一个很高的修养目标。朱子在与学生的讨论中回应了为何不行此不能称作仁，并将其与“克己复礼”的工夫进行了比较。

修养工夫从总体上来讲，可以分为两种：一种是防止形色事物对本心的引诱而导致人心陷溺，防外入内；另一种是人主动发挥心的自觉作用，主动出击，自觉抵制心中的不良欲念，将它们消除在萌芽之中，以内御外，用朱子的话来讲，前者可称之为防贼工夫，如“出门如见大宾，使民如承大祭”，后者称之为杀贼工夫，如“克己复礼”。②“克伐怨欲不行”（后文简称克伐）和“克己复礼”虽然都是心上的工夫，但两种工夫所展现的气象是不同的。朱子曰：

---

① 蒙培元：《情感与理性》，中国人民大学出版社 2009 年版，第 57 页。

② 黎靖德编：《朱子语类》卷四十四，第 3 册，第 1117 页。

"克伐怨欲不行"，只是禁止不使之行；其要行之心，未尝忘也。"克己复礼"，便和那要行之心都除却。此"克己"与"克伐怨欲不行"，所以气象迥别也。

问："'克伐怨欲不行'，何以未足为仁？必'克己复礼'乃得为仁？"曰："'克己'者，一似家中捉出个贼，打杀了便没事。若有'克伐怨欲'而但禁制之，使不发出来，犹关闭所谓贼者在家中；只是不放出去外头作过，毕竟窝藏。"

问"克己"与"克伐怨欲不行"。曰："'克己'是拔出病根，'不行'是捺在这里，且教莫出，然这病根在这里。譬如捉贼，'克己'便是开门赶出去，索性与他打杀了，便是一头事了。'不行'是闭了门，藏在里面，教它且不得出来作过。"①

通过上面几则材料我们不难看出，"克己"工夫和"克伐"工夫的主要区别表现在：一是"克己"工夫是顺着人之自然性情用工，当恶念一旦萌发时，主体就自我发挥主宰作用，克制欲念生长，让天理占居心灵的阵地，减少欲念生长的空间，就像贼进了屋子一样，"克己"工夫就是开门把贼赶出去，并索性将贼打杀，然后关门，隔断贼进入的可能。"克伐"工夫就是有意去"把捉"用工，强制将贼关起来，不让其出门做坏事。二是就工夫的性质来讲，"克己"工夫是防止心中产生不良的欲念，意图让其消灭在萌动之中，从根源上将其斩断，是杀贼的工夫。

① 黎靖德编：《朱子语类》卷四十四，第 3 册，第 1117~1118 页。

“克伐”工夫是不良欲念产生之后，主体强意来压制它，将其关在心门之内，不行之于事。这关贼的工夫虽能起到一定的作用，但并不能从根本上斩断恶欲的产生。这就如同我们饿了有一块好吃但不应当吃的肉在我们眼前，人心之欲自然想吃它，但“克伐”工夫发挥心对身的主宰性，忍着不吃。虽强忍住了，但想吃那肉的心还没有忘记，时时惦记，并没有从根本上消除恶欲。“克己”工夫不但忍住不吃，而且连那想吃的欲念也一起消除掉，从根源上斩断了恶念的产生。因此，“克己”工夫是除根的工夫，根既除，则草不复生；“克伐”的工夫是除草的工夫，草虽除，而根还在，还可复生。

“克己”就是良心战胜欲望的斗争过程。朱子曰：“当良心与私欲交战时，须是在我大段著力与他战，不可输与他。只是杀贼一般，一次杀不退，只管杀，杀数次时，须被杀退了。私欲一次胜他不得，但教真个知得他不好了，立定脚根，只管硬地自行从好路去。待得熟时，私意自住不得。”① “克己”工夫表现为对心灵阵地的持守上，如果被人欲之敌侵入，持守不住，心灵的阵地就会失去。孟子引用孔子之言曰：“操则存，舍则亡，出入无时，莫知其乡。”朱子认为：“孔子言心，操之则在此，舍之则失去，其出入无定时，亦无定处如此。孟子引之，以明心之神明不测，得失之易，而保守之难，不可顷刻失其养。”②

朱子的解释曾引起很大的质疑，特别是“不存即亡，不出

① 黎靖德编：《朱子语类》卷二十四，第2册，第572~573页。

② 朱熹：《四书章句集注》，第310页。

即入”，《语类》中又曰：“出入便是存亡。操便存，舍便亡。”①对此，王阳明表示反对，曰：

> “出入无时，莫知其乡。”此虽就常人心说，学者亦须是知得心之本体亦元是如此，则操存功夫，始没病痛。不可便谓出为亡、入为存。若论本体，元是无出无入的。若论出入，则其思虑运用是出，然主宰常昭昭在此，何出之有？既无所出，何入之有？程子所谓腔子，亦只是天理而已。虽终日应酬而不出天理，即是在腔子里。若出天理，斯谓之放，斯谓之亡。②

王阳明认为朱子的解释存在一个很大的矛盾：所谓的“有出有入”是从形而下的存在事物上来讲的，而心之体即性即理，是形而上的超越存在，是不能有所谓出入动静的：“元是无出无入的。”所谓“出”，是就心体发施出来的思虑营为而言的，但心能主宰身，心既能主宰身，那思虑营为的“出”就不存在，没有“出”，那就没有所谓的“入”了。如果如此，那朱子所言“出入便是存亡。操则存，舍便亡”便不成立，因为王阳明认为操存是对心主宰身的思虑营为来说的，心既能主宰身，心便会不出理，在腔子里，就没有“出”，没有“出”，当然更谈不上“入”了。反过来看，如果人的思虑营为不受心的主宰，那就是“出”，也就是出天理，心不在腔子里，便是心放失了（舍），

① 黎靖德编：《朱子语类》卷五十九，第 4 册，第 1402 页。

② 王晓昕：《传习录译注》，第 88 页。

就是心亡。心既然出而亡了，当然也就不会有存或入了。一句话，出为亡、入为存从逻辑上是讲不通的。

细究阳明之意不难发现，阳明质疑朱子的出入说是建立在“若论本体”的前提下的。阳明认为虽然这是对常人之心来说的，但常人亦须知道心本是如此，才能做好操存工夫。朱子在《四书章句集注》中将“操则存，舍则亡；出入无时，莫知其乡”解释为：“孔子言心，操之则在此，舍之则失去，其出入无定时，亦无定处如此。孟子引之，以明心之神明不测，得失之易，保守之难，不可顷刻失其养。”① 但在《语类》中与此略有不同：“出入便是存亡。”② 通过比较可以看出，朱子在《四书章句集注》中的解释与阳明所说没有区别，都是从心本体上来说，也就是说“操则存，舍则亡”与“出入无时，莫知其乡”不存在操存为入、舍亡为出的对应关系。朱子《四书章句集注》中也明确说此是表明“心之神明不测”。有学生问：“‘出入无时’，非真有出入，只是以操舍言。”朱子曰：“某看来，只是他偶然天资粹美，不曾大段流动走作，所以自不见得有出入。要之，心是有出入。此亦只可以施于他一身，不可为众人言。众人是有出入，圣贤立教通为众人言，不为一人言。”③ 显然，朱子认为“没有出入”是对天资粹美的圣贤来说的，圣贤之思虑营为皆自然合符天理，“不曾大段流动走作，所以自不见得有出入”。而现实生活的人都是资质一般的普通人，不能与圣贤相

① 朱熹：《四书章句集注》，第310页。

② 黎靖德编：《朱子语类》卷五十九，第4册，第1402页。

③ 黎靖德编：《朱子语类》卷五十九，第4册，第1402~1403页。

比。这就意味着心会出现不能主宰思虑营为的情况，会越出理的范围，心不在“腔子”里，用形象的话来说，就是心出去了，但是人都有本自具足的良知良能，出去的心是可以找回来的。因此我们当然不能让出去的心一直在外面，总是要找回来的，而找回来的方法就是操存的修养工夫，也就是“收放心”的工夫。

实际上，所谓出入，只是对心主宰身的一种形象比喻，并非心真有出入，朱子当然非常明白。然而，现实生活的实际情景是，人心并不能很好地主宰身，当被欲望牵走时，就如同心出去了，我们当然要阻止这种情况的发生，否则，人会堕落成动物。因此，圣贤要人发挥心的主宰功能，通过操存的修养工夫将放失的心找回来：“众人是有出入，圣贤立教通为众人言，不为一人言。”当操存的工夫达到很高境界时，心发用的思虑营为就自然如理，就如同放失的心找回来了一样。这也告诉我们，养心是一个长久的工夫，一时找到放失的心较容易，但能长久守住它很难。阳明正是在“心即理”的本体视域下批评朱子的，遗落了人的现实性，是有偏颇的。

第三节　谨人心之“几”的慎独工夫

以理制欲的心性修养中，一个重要方面就是在心体未发时戒谨欲念、涵养天理本体、以静制动，相对较为容易。而在介于心体已发未发时欲念萌动的人心之“几”阶段，此时人所不知而己所独知，具有很大的隐蔽性，是人心最容易堕入欲望泥潭的危险时段，亦是道德修养中最难且最需要戒谨的时段。朱子在诚意视角下，以“审其几”为慎独功夫之要，防人欲于未然，存天理之本然，对传统空间意义上的“慎独处、独居之所为”的外向型修养工夫进行了由外向内的纠偏，对我们正确认识儒家的慎独工夫具有重要意义。

一、朱子对汉唐“慎独”工夫诠释的纠偏

“诚意”是朱子构建理学体系的一个重要概念。在《大学章句》《中庸章句》和《朱子语类》的相关讨论中，朱子以理学为立足点，对“诚意”进行了系统的阐发。诚是心中实有的天理，是心之本体，意是心之所发。诚在不同的经典文本中，其涵义略有不同，朱子认为周子所谓“诚者，圣人之本”，“盖指实理而言之者”，而“圣，诚而已矣”，即中庸所谓“天下至诚”者，“指人之实有此理者而言也”，《大学》所谓“诚其意”者，“指人之实其心而不自欺者言也”。[①] 道德修养之要在于道德行为要真实无妄地发自本心。人心本有至善天理，人人都有“善善、恶恶”的道德本性，而血气之人又皆有好色、恶臭的自然欲望。持守心中的天理之实，不让人欲占居心灵的空间是修养中最难把握的，这个难就难在意念萌动的人心之“几”时，微妙难测，别人不知而己所独知，人心惟危之危在于“几”，因它是别人不睹不闻而易掩盖恶行的重要时机，最具隐蔽性。荀子曰：“危微之几，惟明君子而后能知之。”[②] 此为人之修养最难亦是最关键的

① 朱熹：《答或人》，顾宏义：《朱熹师友门人往还书札汇编》，第2册，第958页。

② 安小兰译注：《荀子》，中华书局2016年版，第240页。

地方。清代理学家曾国藩说："自修之道，莫难于养心；养心之难，又在慎独。能慎独，则内省不疚，可以对天地质鬼神。"①慎独作为儒学的重要修养工夫，长期存在争议，争议的焦点主要不在"慎"意的理解上，而在"独"意的诠释上。

儒学两部代表性经典《大学》《中庸》都将"慎独"作为一种重要的修养工夫：

> 所谓诚其意者，毋自欺也，如恶恶臭，如好好色。此之谓自谦。故君子必慎其独也。小人闲居为不善，无所不至，见君子而后厌然揜其不善而著其善，人之视己如见其肺肝然，则何益矣。此谓诚于中，形于外，故君子必慎其独也。②
>
> 莫见乎隐，莫显乎微，故君子慎其独也。③

汉唐时期，对慎独之"独"的理解以郑玄、孔颖达为代表，郑玄注曰：

> 慎独者，慎其闲居之所为。小人于隐者动作言语，自以为不见睹，不见闻，则必肆尽其情也。④

① 曾拓：《曾氏广新公祠志》，广东省兴宁市续修曾氏广新公祠理事会2005年版，第201页。

② 王文锦：《大学中庸译注》，中华书局2013年版，第4页。

③ 王文锦：《大学中庸译注》，第19页。

④ 阮元：《礼记·中庸第三十一》，《十三经注疏》，中华书局1980年版，第1625页。

孔颖达进一步疏曰：

> 故君子慎其独也者，以其隐微之处，恐其罪恶彰显，故君子之人恒慎其独居言，言虽曰独居，能谨慎守道也。①

从两者的注释不难看出，他们均是从空间的“独居、独处”角度来理解“独”的，这对后世影响极为深刻，以至于今天我们在谈到“慎独”时，仍然以“谨慎自己独处时的行为”为其要义。

朱子在《大学章句》和《中庸章句》中，对“慎独”进行诠释，首先辟出“己独知”的新视角②，对汉唐郑氏、孔氏的“我独处”视角进行了纠偏，《大学章句》曰：

> 独者，人所不知而己所独知之地也。言欲自修者知为善以去其恶，则当实用其力，而禁止其自欺。使其恶恶则如恶恶臭，好善则如好好色，皆务决去，而求必得之，以自快足于己，不可徒苟且以殉外而为人也。然其实与不实，盖有他人所不及知而己独知之者，故必谨之于此以审其几焉。闲居，独处也。厌然，消沮闭藏之貌。此言小人阴为不善，而阳欲掩之，则是非不知善之当为与恶之当去也；但不能实用其力以至此耳。然欲掩其恶而卒不可掩，欲诈为善而卒不可诈，

---

① 阮元：《十三经注疏》，第1625页。

② 陈立胜先生对朱熹“独知”概念的形成做了较为系统的论述，参见陈立胜：《作为修身学范畴内的“独知”概念之形成——朱子慎独工夫新论》，载《复旦学报（社会科学版）》2016年第4期。

则亦何益之有哉！此君子所以重以为戒，而必谨其独也。①

《中庸章句》曰：

> 独者，人所不知而己所独知之地也。言幽暗之中，细微之事，迹虽未形而几则已动，人虽不知而己独知之，则是天下之事无有著见明显而过于此者。是以君子既常戒惧，而于此尤加谨焉，所以遏人欲于将萌，而不使其滋长于隐微之中，以至离道之远也。②

从以上两处引文的注释中，我们不难看出，朱子皆以“人所不知而己所独知之地”释“独”，前后保持高度一致。从字面上，这一释义也许还保留有一些空间上的含义，但从朱子具体的诠释来看，已开始注重由外向内的转向。

朱子对“慎独”的诠释具有代表性，对后世学者影响甚大。学界一般认为朱子对“慎独”的诠释没有突破传统郑玄、孔颖达的“慎其闲居所为”的藩篱，始终没有摆脱空间意上“独居、独处”的先入之见，与慎独“诚其意”的原义存在一定距离，并将后人的误读归之于朱子诠释的推波助澜。③ 这是否是符合朱子思想的正解？抑或是后人对朱子注解的误读？通过对朱子文本进行

① 朱熹：《四书章句集注》，第 8 页。

② 朱熹：《四书章句集注》，第 20 页。

③ 梁涛：《朱熹对“慎独”的误读及其在经学诠释中的意义》，载《哲学研究》2004 年第 3 期。

深入细致的分析，我们发现在“诚意”视角下，“慎独”更重要的含义是戒谨自己的内心，更进一步来讲，就是戒谨欲望萌动的人心之“几微之间”（几），而不只是谨惧自己独居、独处的行为，强调心性之体发显于外的道德情感和道德行为要如“恶恶如恶恶臭，好善如好好色”一样“实其心之所发”，决去不良欲念，自快足于己而实足于心，以达到表里如一，人心与道心合而为一的境界。

朱子注解《大学》，对“诚意”十分重视，注解极为审慎。朱子年谱中载庆历六年（1046）三月逝世前朱子仍在修改《大学》注解之诚意章，谱曰：“戊午岁，尝与廖德明帖云：‘《大学》又修得一番，简易平实，次第可以绝笔。’是日改‘诚意’章，午刻疾甚不能兴。”① 由此可见，并非一般人认为的那样，朱子重格物致知而轻诚意。对朱子来说，“格物是梦觉关，格得来是觉，格不得只是梦”，而诚意不仅是“善恶关。诚得来是善，诚不得只是恶”，“人鬼关。诚得来是人，诚不得是鬼”，还是“凡圣界分关隘”②，是君子与小人区分的重要界标，“诚于为善，便是君子；不诚底便是小人”③。诚意对人的自我修养非常重要，朱子视之为“自修之首”④。“诚”是天理之实，是

① 朱杰人等：《朱子年谱》，《朱子全书》，第27册，第102页。朱子对诚意章的一些句子反复打磨，多次修改，如对“一如善而无自欺”一句就是经过多次修订而成，最早的注释是“必自慊而无自欺”。参见陈林：《朱熹〈大学章句〉“诚意”注解定本辨析》，载《孔子研究》2015年第2期。

② 黎靖德编：《朱子语类》卷十五，《朱子全书》，第14册，第480~481页。

③ 黎靖德编：《朱子语类》卷十六，《朱子全书》，第14册，第515页。

④ 朱熹：《四书章句集注》，第8页。

“寂然不动之本体”，是心中之性体，“意”是心之所发。[①] 意是诚之意，诚是意之诚。道德行为要反映内心的“好善、恶恶”的真实本性，不能夹杂丝毫人欲。但在心性本体发用于外的过程中，还有一个“欲发将发之间”的心理活动状态，朱子通常引用《通书》的说法称之为“几”，“几者，动之微，善恶之所由分也。盖动于人心之微，则天理固当发见，而人欲亦已萌乎其间矣”[②]。“几”是“人所不知而己所独知”的心理活动，善恶之分就在“几”之一念之间。要做到诚意，只要致知就达到七八分了，但关键在于人心的几微之间，此是人欲最易滋长之时和“人心照管不到处”，处在欲堕未堕之间，“若无道心以御之，则一向入于邪恶，又不止于危也”[③]，此是尤其要戒谨的地方，要“审其几”。故要真正做到诚意，以“审几”为核心的“慎独”工夫就显得尤为关键，它是扫除人欲在人心最小也是最危险的存在空间（惟危之几）的重要工夫，也正是在这种意义上朱子才说：“致知者，诚意之本也；谨独者，诚意之助也。”[④]

二、朱子诠释“慎独”工夫的“诚意”视角

“诚意章”之要在强调人的道德行为发自内心的真情实感。

---

① 在朱子理学体系中，心是一个包含体用结构的整体，性、理是心之本体，情、意为心之发用，是性之动，就其范围来讲，情是包含意的，但意是情、志的主宰，在心体发用过程中，对情进行引导，“情如舟车，意如人去使那舟车一般”。参见黎靖德编：《朱子语类》卷五，第1册，第95页。

② 朱熹：《通书注・诚几德第三》，《朱子全书》，第13册，第100页。

③ 黎靖德编：《朱子语类》卷七十八，《朱子全书》，第16册，第2664页。

④ 黎靖德编：《朱子语类》卷十六，《朱子全书》，第14册，第522页。

朱子论诚，皆强调“实”的含义，“诚是实，心之所思，皆实也”，“诚是表里都恁地实”，“诚者，合内外之道，便是表里如一，内实如此，外也实如此”①，“诚，实理也”，“诚只是实”，“诚者，实有此理”②，诚是天理之实，是心之本体。而“意者，心之所发也。实其心之所发，欲其一于善而无自欺也”③。“诚其意”就是“实其意”，就是人的道德行为要真实无妄地发自内心的善，“意诚，便全然在天理上行”④，让天理充塞于心，让恶欲在人心中没有存留空间。如果人的道德行为受到一些夹杂着恶念的东西牵引，那么善就不是纯粹的善。“诚其意”是出于主体内心的自主、自觉和自定，不能受到外在因素的干扰和引诱，正所谓“为仁由己”（《论语·颜渊》）、“谋善谋恶，都由人”⑤，荀子曰：“心，卧则梦，偷则自行，使之则谋。”⑥ 如果是出于外在的算计利益等考量做出的道德行为，那就是不真实，就是虚妄自欺。人生最大的虚妄就在于不是别人欺骗自己，而是自己欺骗自己。自欺就是“自欠”，就是“于理上亏欠不足”。换句话讲，就是表里不如一，它与“自慊”相对，表明心

① 黎靖德编：《朱子语类》卷二十三，第2册，第543页。

② 黎靖德编：《朱子语类》卷六，第1册，第102页。

③ 朱熹：《四书章句集注》，第5页。此句中“一于善”原为“必自慊”，为何要做这样的修改，许家星作了较为详细的分析。参见许家星：《“更是〈大学〉次序，诚意最要”——论朱子〈大学章句〉“诚意”章的诠释意义》，载《南昌大学学报（人文社会科学版）》2011年第1期。

④ 黎靖德编：《朱子语类》卷十六，《朱子全书》，第14册，第531页。

⑤ 黎靖德编：《朱子语类》卷十六，第2册，第331页。

⑥ 安小兰译注：《荀子》，第235页。

中之理不实不足，心中没有完全被天理充塞，掺杂有人欲的成分，在朱子看来，“有一豪不快于心，便是自欺”①，“有得九分义理，杂了一分私意，九分好善、恶恶，一分不好、不恶，便是自欺”②。人之为善，要切切实实地去为善，“人之为善，须是十分真实为善，方是自慊。若有六七分为善，又有两三分为恶底意思在里面相牵，便不是自慊”③。不是自慊，就是自欺。

《大学》用“不自欺”的反向思路来诠释“诚其意”，以突显诚作为为人之根的重要性。意即：我们要发自我们内心的真情实感自觉地进行道德实践，不能自欺，“恶臭”和“好色”都是生而即有的欲望，这些都是血气之人的自然本性，是人天生就有的，如果我们在道德上的行善就像我们闻到恶臭的气味就自然厌恶和见到美色的女子就自然喜好一样，达到“自快足于己”的状态，我们的内心才算是心诚意足，以此为喻强调内心之诚和外在之形的一致性。然而，意念的发动是否真实？由于人心之“几”的心理活动微妙复杂，别人难以知晓，具有很强的隐蔽性。往往那些伪君子或小人所做出的伪善就出之于此，具有很强的迷惑性，因此审察意念萌动是否出于心中的真实就显得尤为重要。作为主体的自我对内心的“几微之间”最清楚，“人之视己，如见其肺肝然”（《大学》），“事之是与非，众人皆未见得，自家自是先见得分明”④，“实与不实，盖

① 黎靖德编：《朱子语类》卷十六，《朱子全书》，第 14 册。第 517 页。

② 黎靖德编：《朱子语类》卷十六，《朱子全书》，第 14 册，第 523 页。

③ 黎靖德编：《朱子语类》卷十六，《朱子全书》，第 14 册，第 518 页。

④ 黎靖德编：《朱子语类》卷六十二，《朱子全书》，第 16 册，第 2029 页。

有他人所不及知而己独知之者，故必谨之于此以审其几焉。”① 从这一角度来说，欺人者实际上等于欺己，那些掩藏内心真实意念的“形色气貌”最终会显露出来。朱子告诫时人曰：“这样底，永无缘做得好人，为其无为善之地也。外面一副当虽好，然里面却踏空，永不足以为善，永不济事，更莫说诚意、正心、修身。”②

因此，正是在此意义上，朱子针对“诚其意”提出君子须要“慎其独”，指出君子作为知至者，能见得实是实非，然而为了检防意念发动的“隐微之间有所不实”，这“隐微之间”恰是人们在道德实践中最易忽视的“照管不及处”，“知至后，意固自然诚。但其间虽无大段自欺不诚处，然亦有照管不着所在，所以贵于谨其独”③，“到得隐微之间，人所易忽，又更用谨”④，须“提掇而谨之”，即要“慎独”。我们必须谨慎意念发动的隐蔽性，要让恶的欲念在心中无藏存之所，“在谨独，只是欲无间”⑤，戒谨意念发动的“隐微之间”，以保证意念发动的自觉性、纯洁性，达到“一于善而无自欺”⑥ 的境界。在日用伦常中，这种意念发动的纯洁性来不得半点虚假，有一分不好的意念潜发于其间，意念发动时便“由斜径以长”，此时

① 朱熹：《四书章句集注》，第 8 页。

② 黎靖德编：《朱子语类》卷十六，《朱子全书》，第 14 册，第 525~526 页。

③ 黎靖德编：《朱子语类》卷十六，《朱子全书》，第 14 册，第 522 页。

④ 黎靖德编：《朱子语类》卷六十二，《朱子全书》，第 16 册，第 2029 页。

⑤ 黎靖德编：《朱子语类》卷十六，《朱子全书》，第 14 册，第 523 页。

⑥ 朱熹：《四书章句集注》，第 5 页。

“好善如好好色，恶恶如恶恶臭”的心之“实”变成了“虚”①，可谓杂恶之毫厘，谬善之千里。如当我们见到孺子入井时，人都会本能地去救他，此是人“好善、恶恶”的本性使然，是人生而即有的道德力量。此一救人的行为是好的，是善的，然而当人做出此一道德行为的意念如果夹杂着一些其他东西，如为了争得荣誉，那么此时救人的动机是不纯洁的。再如，惩治恶人是好的，但如夹杂着为解除己恨而公报私仇的私念，那就是自欺了。

朱子顺着《大学》解诚意的思路，用“无自欺”来反向诠释“诚”的“一如善”。自欺者之所以如此，关键在于那隐秘的“几微之间”的心理活动，相对一般作恶者而言，此种心理活动对别人具有更大的隐蔽性，而此恰是人心更需要审察和警惕的地方。由此看来，朱子所谓慎独之“独”，在“诚意”视角下，主要是意念发动的“隐微之间”，即人心之“几”，而不是人身隐藏的“独居、独处”之所。前者是一种心灵空间，着意强调人们让至善的天理充塞心灵的空间，哪怕对意念发动的“照管不及处”的“隐微之间”亦要特别谨慎，稍有忽略，欲念就容易趁虚而入。后者是一种物理空间。在意念发动指导人的实践时，意念的发动或曰动机对别人而言具有极大的隐藏性，小人往往十分注意利用这种心灵的隐蔽性并借助于物理空间的独处或曰闲居做出许多坏事来，即“小人闲居为不善”。但我们要注意：小人不为善根源于他没有发自内心的诚意，或者说外在的不善或伪善是因为内心动机的不纯造成的，而独处又为人

① 黎靖德编：《朱子语类》卷十六，《朱子全书》，第14册，第519页。

道德行为的动机提供了外在的掩饰，因此，独处或闲居只是为小人不为善提供了外在条件，并非小人不为善的直接原因，直接原因在于他内心的动机。朱子明确指出：“今人当独处时，此心非是不诚，只是不奈何他。”① 可见，人心之“诚”与“不诚”与“独处”并没有直接关系，而是没阻隔住那“几微之间”的欲念萌动，最终“由斜径以长”，做出恶的行为。朱子以“人所不知而己独知”释“独”意在强调主体的道德自觉。道德行为的善与不善关键在于人的意念初动时是否真实地发自内心所本有的道德本性，而心灵的隐蔽性正表现在这里。

所谓“慎独”，就是无论在独处的时候，还是在见到君子的时候，我们都要谨防心灵的隐蔽性。举出小人闲居的为不善只是为了说明“诚意”的重要性和必要性，强调要“诚于中，形于外”，与慎独之“独”在内容上和本质上是不相同的。《大学》引用曾子“十目所视，十手所指”似乎与前文将“慎其独”之“独”理解为“独处”相印证，意为小人的伪善最终要暴露于大庭广众之下，是难以掩藏的。但君子慎其独的原因如果在于担心行为被公众所知而行善，那与小人的伪善又有什么区别呢？实际上，引用曾子“十目所视，十手所指”的真意在于告诫君子要认真省察意念发动时心灵的隐蔽性，反省道德行为的动机是否出于内心的真实，如果不是出于内心的真实，那么意念发动的道德行为也同小人的伪善一样最终会现之于众。因此，君子慎其独不是谨慎其独处时的外在行为，而是要谨慎顾及诚于中而必显于外的必然性，对由外返溯于内的心灵所具

① 黎靖德编：《朱子语类》卷十六，《朱子全书》，第14册，第524页。

有的隐蔽性加强觉知，这才是慎其独的本意。

朱子门人李敬子将“所谓诚其意者，毋自欺也”的注解“外为善，而中实未能免于不善之杂”改为“外为善，而中实容其不善之杂”，并进一步解释：“不善之杂，非是不知，是知得了，又容著在这里，此之谓自欺。”他就此请教朱子的看法，朱子答曰：

> 不是知得了容着在这里，是不奈他何了，不能不自欺。公合下认错了，只管说个“容”字，不是如此。“容”字又是第二节，缘不奈他何，所以容在这里。①

显然，“容”带有明显的主观性，仿佛主体知道自己不善的意念而又放纵它发生一样，实际上人们对自己恶的意念不是不知道，而是恶的意念一旦产生，它发显于外就表现出一定的必然性，是“不知不觉地陷于自欺”，不是主体自我主观上“容”或“不容”的问题。如果主观上能“容”着它发生，那就也必然能“容”着它不发生，“既能禁止其心之所发，皆有善而无恶，实知其理之当然，使无待于自欺，非勉强禁止而犹有时而发也”②。自欺不是主体有了恶的意念而主观上纵容它外在地发生，而是主体的意念发动之时如果夹杂着不实（不善）的东西，即“只几微之间少有不实”或“为善之意稍有不实，照管少有不到

① 黎靖德编：《朱子语类》卷十六，《朱子全书》，第14册，第527页。

② 黎靖德编：《朱子语类》卷十六，《朱子全书》，第14册，第527页。

处”①，就必然发显于外而做出违背良心的行为。这种“几微之间”的意念发动状态是尤其值得警觉的。

实际上，自欺者并非不知道什么是恶，但在外面“将那虚假之善，来盖覆这真实之恶”②，“知道善我所当为，却又不十分去为善；知道恶不可作，却又是自家所爱，舍他不得”③，这是一种有意自欺。还有一种自欺，就是无意自欺，即“非为此人本不欲为善去恶。但此意随发，常有一念在内阻隔住，不放教表里如一”。自欺者为何会如此呢？朱子认为：“但当致知。分别善恶了，然后致其谨独之功，而力割去物欲之杂，而后意可得其诚也。”④ 自欺者表面上是知善恶之理，但实际上知得不透彻：“然所以不自欺，须是见得分晓。”⑤ 只有从源头上做好致知功夫，做到真知纯知，才会表里如一，这也是慎独功夫的前提和基础。当光祖问：“物格知至，则意无不诚。而又有慎独之说。莫是当诚意时，自当更用工夫否？”朱子曰：

> 这是先穷得理，先知得到了，更须于细微处用工夫。若不真知得到，都恁地鹘鹘突突，虽十目视，十手指，众所共知之处，亦自七颠八倒了，更如何地谨独。⑥

---

① 黎靖德编：《朱子语类》卷十六，《朱子全书》，第 14 册，第 526 页。

② 黎靖德编：《朱子语类》卷十六，《朱子全书》，第 14 册，第 529 页。

③ 黎靖德编：《朱子语类》卷十六，《朱子全书》，第 14 册，第 516 页。

④ 黎靖德编：《朱子语类》卷十六，《朱子全书》，第 14 册，第 517 页。

⑤ 黎靖德编：《朱子语类》卷十六，第 2 册，第 328 页。

⑥ 黎靖德编：《朱子语类》卷十六，《朱子全书》，第 14 册，第 522 页。

在朱子看来，如果没有“分别善恶”的真知作为基础，即使在众人都能监督的“十目视，十手指”的公共空间，“慎独”工夫亦难以发生真正的作用。只有知得真切笃实，才能行得自然有力。

《大学》举“小人闲居为不善”的例子是为了进一步说明诚意的重要性。朱子以“独处”释“闲居”，而此正是后人误读“慎独”，亦是误读朱子的一个重要因素。小人并非不知道什么是善，但小人在缺乏外人监督独处时，会做出许多不好的事情。在现实的生活实践中，小人往往在外在的行为上并不表现出恶来，相反，他们还会做出许多形式上的善的举动。小人在见到君子的时候，他担心自己不是出于内心真实的伪善被发现，极力掩饰内心的虚伪，舍弃形式上和表面上的不善，凸现善的一面以掩人耳目。小人自以为在独处时的行为和自己见到君子精心谋划的掩饰不会为人所知，殊不知，这些行为并不能真正掩饰自己的内心，都可能会通过外在的行为表现出来，最终逃不过公众的眼睛，“只谓人有所愧歉于中，则必见于颜色之间，而不可掩”①。我们外在的行为和内心的真实要一致。为什么呢？因为我们的行为最终是掩蔽不了内心的，最终会为众人所知。我们在“人所不知而己所独知”的情况下要跟想象我们在“十目所视，十手所指”的处在众人监督下的公共空间一样，始终如一地坚守内心的纯一无杂。

职此之故，物理空间的“独”只是容易产生恶的外在条件，朱子特别强调不能仅从物理空间上来理解“独”。学生

① 黎靖德编：《朱子语类》卷六十二，《朱子全书》，第16册，第2029页。

问：“‘谨独’莫只是‘十目所视，十手所指’处，也与那暗室不欺时一般否？”朱子纠正说：“这独也又不是恁地独时，如与众人对坐，自心中发一念，或正或不正，此亦是独处。”①显然朱子所强调的“独”虽有“独处”之意，但更多的是指向“心中发一念，或正或不正”，在“与众人对坐”的公共空间，亦是独处，这显然是从戒谨人心的“几微之间”来理解“独”的。

三、“慎独”工夫之要在于谨人心之“几”

朱子以诚意为旨归，《中庸章句》中对戒谨已发、未发间人心之“几”的“慎独”工夫亦多有阐发。《中庸》开篇即提出了“天命之谓性，率性之谓道，修道之谓教”的命题，确定了天、道、性之间的关系。接着以“道也者，不可须臾离也，可离非道也”② 表达了道无时无处不与事物相伴而存，道就在事物之中，不能离开具体的事物来谈道，否则就会陷入虚无。道时刻不离人，在日用伦常中得以显现。而对于“君子戒慎乎其所不睹，恐惧乎其所不闻”之戒慎工夫和慎独工夫，弟子多有不解或误解。依朱子所言，心之活动可分为三种状态：一是不睹不闻之际的心体未发阶段，此处所不闻所不见并非指真实的眼所不见、耳所不闻，“所不闻，所不见，不是合眼掩耳，只是喜怒哀乐未发时”③，实是对心体寂然不动之未发状态的一种描述。

① 黎靖德编：《朱子语类》卷六十二，《朱子全书》，第16册，第2033页。

② 王文锦：《大学中庸译注》，第19页。

③ 黎靖德编：《朱子语类》卷六十二，《朱子全书》，第16册，第2027页。

性体寂然不动，相对静止，见得是非比较容易，易做到戒谨。荀子曰："人心譬如盘水，正错而勿动，则湛浊在下而清明在上，则足以见须眉而察理矣。"① 二是睹闻之际的心体已发阶段，此时心体感物而通，发而为喜怒哀乐之情。但是，无论是睹闻之际，还是不睹不闻之际，君子都应戒谨，这是"道不可须臾离"的内在要求。三是介于已发未发间的心之"几"状态，所谓"几"就是"动而未形，有无之间者"（《通书·圣第四》），人欲将萌之时，是一种主体自我的十分隐秘的"迹虽未形而几则已动"的内心活动状态。朱子在《通书注》中释"几善恶"曰："几者，动之微，善恶之所由分也。盖动于人心之微，则天理固当发见，而人欲亦已萌乎其间矣。"② 此时，心体对事之是非的判断，是"众人皆未见得，自家自是先见得分明"③，亦即"人所不知而己所独知"。

"戒谨不睹不闻"和"慎独"是《中庸》提到的两种工夫。这两种工夫究竟是两种不同的工夫，还是同一种工夫？明代学者王畿就认为朱子将之分而为二，心学的代表人物王阳明则将它们"随处合而为一"：

> 晦翁既分存养省察，故以不睹不闻为己所不知，独为人所不知，而以中和分位育。……先师则以不睹不闻为道体，戒慎恐惧为修道之功。不睹不闻即是隐微，即所谓

① 安小兰译注：《荀子》，第 240 页。

② 朱熹：《通书注·诚几德第三》，《朱子全书》，第 13 册，第 100 页。

③ 黎靖德编：《朱子语类》卷六十二，《朱子全书》，第 16 册，第 2029 页。

独。……晦翁随处分而为二，先师随处合而为一，此其大较也。①

究其实，道体无时不在，无时不有，道不可离，与之对应的修养功夫自然不能人为割裂。但在学理的逻辑层次上，朱子为了讲明白，又不得不析分来说。当弟子用之问“戒惧不睹不闻，是起头处，至‘莫见乎隐，莫显乎微’又用紧一紧”时，朱子立刻纠正道：

> 不可如此说。“戒谨恐惧”是普说，言道理偪塞都是，无时而不戒谨恐惧。到得隐微之间，人所易忽，又更用谨，这个却是唤起说。戒惧无个起头处，只是普遍都用。如卓子有四角头，一齐用著工夫，更无空缺处。若说是起头，又遗了尾头；说是尾头，又遗了起头；若说属中间，又遗了两头。不用如此说。②

朱子以桌子做比喻，指出心性修养工夫不能分个头和尾，工夫就是对道德本体——天理（道体）的体悟和践履，本体不能脱离工夫而存在。道体充塞宇宙天地和人的日用常行之间，是工夫的依据与价值指向。日用常行的生活世界皆有当行之理，工夫则是本体在日用常行的现实生活中展开，没有工夫，本体则无法下贯到日用常行的生活世界之中，本体和工夫须臾不可离，

---

① 吴震编校整理：《王畿集》，凤凰出版社2007年版，第39页。

② 黎靖德编：《朱子语类》卷六十二，《朱子全书》，第16册，第2029页。

相即相用。本体即工夫，工夫即本体。因此，心性修养亦应常行常伴，不应有任何空缺期，戒谨恐惧的工夫应贯彻始终，无所谓头尾。

虽说“戒谨不睹不闻”和“慎独”两种工夫没有本质区别，但毕竟两种工夫各有所侧重，从工夫的逻辑层面来讲，还是有一些区别的。朱子曰：“自来人说‘不睹不闻’与‘谨独’只是一意，无分别，便不是。”① 当弟子引用《尚书》“惟精惟一”的说法进行析别时，朱子基本赞同。所谓“惟精惟一”，即：

> “惟精惟一”是两截工夫。精是辨别得这个物事，一是辨别了又须固守他。若不辨别得时，更固守个甚么？若辨别得了，又不固守，则不长远。惟能如此，所以能合于中道。②

以此来看，戒惧工夫是“惟一”的工夫，戒慎恐惧是心体未发时，以静来涵养心中之天理，“持守而不失”，防止心体发用时受欲念的牵引而做出恶的行为，以保持心中天理的昭昭灵明，纯一无杂，是防人欲于未然，存天理之本然，“是由外言之以尽于内”。慎独工夫是惟精的工夫，审察欲念萌动的“善恶之几”，“‘独’字又有个形迹在这里可谨。不闻不见，全然无形迹，暗

---

① 黎靖德编：《朱子语类》卷六十二，《朱子全书》，第 16 册，第 2035 页。

② 黎靖德编：《朱子语类》卷七十八，《朱子全书》，第 16 册，第 2664 页。

昧不可得知。只于此时便戒谨了，便不敢”①。察之“愈精愈密”，遏人欲于将萌之时，此时心体“已思虑，已有些小事，已接物了”，“只自家自知处”，“是由内言之以及于外”。②《语类》还载：

> 问：“‘谨独’章‘迹虽未形，几而已动’，‘人虽不知，己独知之’。上两句是程子意，下两句是游氏意，先生则合而论之，是否?”
>
> 曰：“然。两事只是一理。几既动，则己必知之。己既知，则人必知之。故程子论杨震四知曰：‘“天知、地知”，只是一个知。’”③

在朱子看来，己之所发在隐而未形、他人难以知晓的情况下，行为更容易偏离本心而发，尤当致谨，坚守心意。此处之“独”显然无空间上的“独处”之意。

简言之，戒慎工夫是持守天理的工夫，即惟一的工夫，慎独工夫是审几（审其微细）的工夫，即惟精的工夫。朱子虽强调不能将两种工夫混而为一，指出两种工夫的分别，但又不能将两种工夫绝然析分为二，“不必分‘惟精惟一’于两段上”，

---

① 黎靖德编：《朱子语类》卷六十二，《朱子全书》，第16册，第2032页。

② 黎靖德编：《朱子语类》卷六十二，《朱子全书》，第16册，第2032、2035页。

③ 黎靖德编：《朱子语类》卷六十二，《朱子全书》，第16册，第2033页。按：“几而已动”之“而”不是《中庸章句》原文中的字，应更正为“则”，可见朱熹：《四书章句集注》，第20页；黎靖德编：《朱子语类》，中华书局1986年版，第4册，第1504页。

“不睹不闻时固当持守，然不可不察。谨独时固当致察，然不可不持守”①。

综而论之，朱子在“诚意”视角下，以意之实发于本心为立足点，力图通过对从人心之“几微之间”（几）的阐述，强调欲念将萌之时和发与未发之间是人心最易堕入欲望泥潭的危险阶段，具有极大的隐蔽性，通常别人不易察识，而己所独知，对他人也最具有欺骗性，因而也是自我最容易忽略和“照管不及处”。如果不用道心来克制御导，施以“审其几”的慎独之功，会陷入欲望泥潭的危险之地。朱子阐发“慎独”工夫之要并不在于谨戒自己的独处、独居，而在于谨戒自己的内心，让人之“善善、恶恶”的天理本性充塞于心，自快足于己，涤荡欲念存在的危“几”空间，不让一丝恶欲存留，使道德行为真真切切地发自本心，达到道心、人心合而为一之境界。

朱子对汉唐以来“慎其闲居之所为”的外向型修养方式进行了由外向内的纠偏，指出无论道德主体处于私人空间，还是公共空间，都有隐而未发、“一念萌动”的人心之“独”。朱子的后学传人金履祥解“慎独”时曰：“盖独者，非特幽隐无人之地谓之独，凡昭明有人之地，而己心一念之发，皆独也。是则自知而已，而岂人所能知哉！”② 可谓深得朱子“慎独说”的精髓，其独于心之意不可谓不明矣！朱子之“慎独说”不仅对朱子学之后学传人饶双峰、胡云峰等产生重要影响，亦对心学产生重要影响，连阳明后学胡庐山亦曰：“晦翁独知之训，已得千

① 黎靖德编：《朱子语类》卷六十二，《朱子全书》，第16册，第2031页。

② 金履祥：《大学疏义》，中华书局1985年版，第19页。

古圣学真脉。”① 此外，有“关西夫子”之誉的明代著名儒家学者冯从吾亦盛赞朱子以“人所不知而己独知之地”之释“独”“真得孔曾之髓”②。朱子虽以“知”释“独”，但这“独知”不是闻见之知，而是主体反思省察自我内心活动的觉知，与阳明的“良知”近在咫尺，在某种程度上可以说，朱子之“慎独说”开启了其后以“心”释“独”的思想大门，对儒学修身之自律精神的弘扬发挥了重要作用。

① 胡直：《答程太守问学》，《衡庐精舍藏稿》，上海古籍出版社 1993 年版，第 477 页。

② 冯从吾：《少墟集》卷九，《景印文渊阁四库全书》，台湾商务印书馆 1986 年版，第 1293 册，第 170 页。

第三章　由静而敬
——朱子之持敬工夫

儒家的道德修养工夫，可以从两个主要方面来着手，一个是修身，一个是修心。心是身的主宰，虚明广大，《中庸》所谓的尊德性、致广大、极高明皆是心所具有的功能和作用，修身之要在于修心。但是心常常为物欲隔塞系累，大而有亏，明而不彰，故为了涵养心体，儒家历来十分重视持敬工夫。朱子所在的南宋时期，人们在理解持敬修养工夫时，常常从持敬的形式上来理解。持敬的形式当然是重要的，它是主体由规范转化为自主意识的重要基础，如“坐如尸，立如齐”“头容直，目容端，足容重，手容恭，口容止，气容肃”等，这些在朱子看来还只是敬之目，如果徒有这些外在的形式，并没有真正地“在心上见得分明”，还是不够的，要有敬的外在形式与内在内容的统一。所以对当时只注重敬的外在形式的修行风气，朱子批评曰：“然今之言敬者，乃皆装点外事，不知直截于心上求功，遂觉累坠不快活。不若眼下于求放心处有功，则尤省力也。但此事甚易，只如此提醒，莫令昏昧，一二日使可见效，且易而省力。只在念不念之间耳，何难而不为！”①

第一节 主静与持敬

朱子认为，向内工夫的关键就是要唤醒昏昧沉睡的心。心本自光明，但为物欲气质所遮蔽，明而不彰，心昏昧无知，不知有此身，心身隔裂了，心是心，身是身，就像人睡着了一样，心不知道有此身。因此，在朱子看来，工夫大要在唤醒上，就像人瞌睡了，只要不停地强自去唤醒，人终会醒。一旦心被唤醒，则心对身的主宰作用会得以充分发挥。朱子曰：“人有此心，便知有此身；人昏昧不知有此心，便如人困睡，不知有此身。人虽困睡，得人唤觉，则此身自在。心亦如此，方其昏蔽，得人警觉，则此心便在这里。学者工夫，只在唤醒上。”② 这里我们也要特别注意，虽然工夫大要在唤醒上，但这个唤醒工夫的主体在我，而不是以他心唤我心。“心只是一个心，非是以一个心治一个心。所谓存，所谓收，只是唤醒。”所以朱子多次强调“学者工夫，只在唤醒上”，“能唤醒，则自不昏昧；不昏昧，则自不放纵矣”③。可问题又来了，心既然昏昧了，如何能自我唤醒呢？其实，心昏如睡，只是遮蔽了心的本然之实，人完全具有自我抉择的道德意志，孔子很早就说“为仁由己”（《论

① 黎靖德编：《朱子语类》卷十二，第1册，第209页。

② 黄宗羲原著，全祖望补修：《晦翁学案》，《宋元学案》，第2册，第1536页。

③ 黎靖德编：《朱子语类》卷十二，第1册，第200页。

语·颜渊》)，“我欲仁，斯仁至矣”(《论语·述而》)。人之为善，不是不可为，只是不肯为，如果肯下修养工夫，唤醒沉睡的“心”是完全没有问题的。我们不能拗着心之本然之实，而要顺着心之本然，让本自光明广大的心散发耀眼光芒。所谓收敛身心，就是要让人的道德意志发挥作用，工夫向内着力，“让精神常在这里”，让心有个顿放处，不让心散乱放荡。如心在义理上安顿，则许多邪思乱想就不会轻易牵引本心，物欲自然会被挡在心门之外。一个有才能的人，因其受到的关注度大，对社会的影响亦大，如果不注重收敛身心，不着实在心上用功，不能保持心体的正大光明，他所做的事会偏离心之理，破坏纲纪，毁绝人伦，就如朱子所警告的那样：“若不细心用工收敛，则其才愈高，而其为害愈大。”①

一、朱子的“敬则自虚静”

在朱子而言，持敬亦是居敬。“居敬”是一个重要的修养工夫。朱子曰：“修身，齐家，治国，平天下，都少个敬不得。”②“居敬”一词出自《论语》“居敬而行简”(《论语·雍也》)，其意为以恭敬自持。儒学创始人孔子非常强调“敬”的修养工夫。“修己以敬”，“修己以安人”，“修己以安百姓”(《论语·宪问》)。而何为“敬”？孔子并没有给出一个明确的界定。《说文解字》释曰：“敬，肃也。段注：肃者，持事振敬也。”③《释

① 黎靖德编：《朱子语类》卷十二，第1册，第201页。

② 黎靖德编：《朱子语类》卷十二，第1册，第208页。

③ 许慎撰，段玉裁注：《说文解字注》，第434页。

名》谓：“敬，警也。恒自肃警也。”朱子则释曰：“敬，只是此心自做主宰处”，“敬，只是收敛来”，“敬，只是一个‘畏’字。”① “居敬”就是“心”的“主一”“专一”“自作主宰”，不为外物所牵系。圣人之学所以成始成终者，皆由此。朱子曰：“看圣贤千言万语，大事小事，莫不本于敬。收拾得自家精神在此，方看得道理尽。看道理不尽，只是不曾专一。”② “今为学约而易操者，莫如敬，敬则凡病皆可去。”③ 孔子曰：“道千乘之国，敬事而信，节用而爱人，使民以时。”（《论语·学而》）这里将“敬事”作为治国理政的根本，可见“敬事”工夫的重要性。朱子曰：“子细思了，若无敬，看甚事做得成！不敬，则不信；不信，则不能‘节用爱人’；不‘节用爱人’，则不能‘使民以时’矣。所以都在那敬事上。若不敬，则虽欲信不可得。如出一令，发一号，自家把不当事忘了，便是不信。然敬又须信，若徒能敬，而号令施于民者无信，则为徒敬矣。”④ 持敬修养还是治人心放惰之弊的良方，朱子在《答林伯和》的书信中指出：“盖人心之病，不放纵即昏惰。如贤者必无放纵之患，但恐不免有昏惰处。若日用之间务以整齐严肃自持，常加警策，即不至昏惰矣。”⑤

敬的修养工夫尽管如此重要，但是，在朱子看来，两汉

---

① 黎靖德编：《朱子语类》卷十二，第1册，第210、211页。

② 黎靖德编：《朱子语类》卷十二，第1册，第206页。

③ 黎靖德编：《朱子语类》卷二十一，第2册，第506页。

④ 黎靖德编：《朱子语类》卷二十一，第2册，第495页。

⑤ 朱熹：《答林伯和》，顾宏义：《朱熹师友门人往还书札汇编》，第3册，第1484页。

时期的儒者没有真正理解“敬”，直到二程出来才将“敬”说得明白，说得亲切。程子曰：“涵养须用敬，进学则在致知。”① 宋代程沙随对先贤没有单独说“敬”提出了批评，以为圣贤无单独说一个“敬”字，只是在提到敬亲、敬君、敬长时才合着一起说。对程沙随的这个看法，朱子结合先贤的言语作为证据提出了严厉驳斥，曰：“全不成说话！圣人说‘修己以敬’，曰‘敬而无失’，曰‘圣敬日跻’，何尝不单独说来！若说有君、有亲、有长时用敬，则无君亲、无长之时，将不敬乎？都不思量，只是信口胡说！”② 我们谈朱子的居敬工夫，自然离不开静的工夫，“敬则自虚静”，静是敬的基础。

第一，静坐是始学的入门功夫。当学生问进德之方，朱子曰：“大率要修身穷理。若修身上未有工夫，亦无穷理处。”又问修身如何，曰：“且先收放心。如心不在，无下手处。”③ 又曰：“心若不存，一身便无所主宰。”④ “始学工夫，须是静坐。静坐则本原定，虽不免逐物，及收归来，也有个安顿处。譬如人居家熟了，便是出外，到家便安。如茫茫在外，不曾下工夫，便要收敛向里面，也无个着落处。”⑤ 他还对学生郭得元云：

① 朱熹、吕祖谦编：《近思录》，第 75 页。

② 黎靖德编：《朱子语类》卷十二，第 1 册，第 207～208 页。

③ 黎靖德编：《朱子语类》卷一百一十六，第 7 册，第 2799 页。

④ 黎靖德编：《朱子语类》卷十二，第 1 册，第 199 页。

⑤ 黎靖德编：《朱子语类》卷十二，第 1 册，第 217 页。

“用半日静坐，半日读书，如此一二年，何患不进!”① “为学大要，只在求放心。此心泛滥无所收拾，将甚处做管辖处？其他用功总闲漫。须先就自心上立得定，决不杂，则自然光明四达，照用有余。”②

第二，静坐是清净内心的一种方式。一方面，人是气化生命，作为攘攘红尘中穿行的凡人，会受到气禀之偏塞、厚薄、清浊等的影响；另一方面，人又是一个社会性的存在，各种利益欲念相互交织、缠绕，会对人之纯善本明的心体产生遮蔽，一旦人心受不良欲念的牵引，不仅会损害心中之天理，让天理难明，亦会有害于他人、社会。朱子在回忆延平师的教诲时云：“李先生说：‘人心中大段恶念却易制伏。最是那不大段计利害、乍往乍来底念虑，相续不断，难为驱除。’今看得来，是如此。李先生尝云：‘人之念虑，若是于显然过恶萌动，此却易见易除。却怕于相似闲底事爆起来，缠绕思念将去，不能除，此尤害事。’某向来亦是如此。”③ 可见，“大段恶念”因“显然过恶萌动”，相对较容易克制，但“那不大段计利害、乍往乍来底念虑”却“相续不断”，不易引起心的警觉，克制起来很难。对

① 黎靖德编：《朱子语类》卷一百一十六，第7册，第2806页。此句钱穆转引刘蕺山《读书说》云：“朱夫子尝言，学者半日静坐，半日读书，如此三五年，必有进步可观，今当取以为法。”钱先生认为此话是在晚明出现，并不一定是朱子所言，是颜习斋不深考，乃拈此八字是为了批评朱子不读书之过。参见钱穆：《朱子论静》，《朱子新学案》，九州出版社2011年版，第2册，第393页。

② 黄宗羲原著，全祖望补修：《元晦学案》，《宋元学案》，第2册，第1531页。

③ 黎靖德编：《朱子语类》卷一百三，第7册，第2603页。

此，朱子主张静坐的修养方法，曰："方静时，须湛然在此，不得困顿，如镜样明，遇事时方好。"① 人心在虚静时，心体湛然虚明，犹如明镜，以静为镜，事物的是非善恶如人之照镜，美丑自然显现，即所谓"静则心虚，道理方看得出"②。

第三，静以养心气、心力。"容貌辞气，乃德之符也"③，动容貌、出辞气等气象是凡庸修证涵养的外在表征。静坐作为涵养心气的一种方式，其良好的功效完全可以从外在气象上得以验证，如朱子云："李先生终日危坐，而神彩精明，略无隤堕之气。"④ 另外，周濂溪在《太极图》中提出"定之以中正仁义而主静"的修养观。中与仁是心之发动处，正为当然之正理，义是裁断处。无私故为静，静为定理，主静即主于定理上，其中的重要工夫就在于"能裁断"，因为"众人具动静之理，而常失之于动也"⑤，欲动情胜时，则不能静。而所谓裁断，即裁断此情欲之动而无过胜者，定之以中正仁义就是要人静定其心。"心于未遇事时须是静"，在事物未来临时，静心修养，在事物来临时，方能用，即能增加心的"裁断力"，"及至临事方用，便有气力。如当静时不静，思虑散乱，及至临事，已先倦了。""须是静坐，方能收敛"，"只收敛此心，莫令走作闲思虑，则此心湛然无事，自然专一。及其有事，则随事而应；事已，则复

① 黎靖德编：《朱子语类》卷十二，第1册，第219页。

② 黎靖德编：《朱子语类》卷十一，第1册，第198页。

③ 黎靖德编：《朱子语类》卷十三，第1册，第239页。

④ 黎靖德编：《朱子语类》卷一百三，第7册，第2600页。

⑤ 朱熹：《太极图说解》，《朱子全书》，第13册，第74页。

湛然矣。”①

二、朱子对主静工夫的反思与由静而敬的重构

我们亦要特别注意，朱子肯定静的工夫在涵养心体方面具有积极作用的同时，也对静的功夫进行了较为系统的总结和反思，批评一味地以静求理的方式是孤执一边。朱子曾随李侗学习“默坐澄心”的静修工夫。根据束景南的研究，朱子曾于绍兴二十八年（1158）正月徒步百里拜学李延平，延平传给朱子最重要的两个理学主张就是“理一分殊”和“主静”，要求从分殊上体认理一和从静中体认道体的统一。② 延平将分殊体认称为“于日用处下工夫”，“就事上下工夫”，而把静中体认称为“于静处下工夫”，“默坐澄心”。以静用力持守，再加以分殊体认之功，就可以达到认识“道之全体”的儒家洒然融释之境。这种主静的修养方法，实际上亦为二程所倡导。后来朱子对这一修养方法进行了反思：

> 动静亦不是截然动，截然静。动时，静便在这里。如人来相问，自家去答他，便是动。才答了，便静。这里既静，到事物来便著去应接。不是静坐时守在这里，到应接时便散乱了去。然动静不出是一个理。知这事当做，便顺理做去，便见动而静底意思，故曰“知止而后有定，定而后能静”。事物之来，若不顺理而应，则虽块然不交于物，

---

① 黎靖德编：《朱子语类》卷十二，第1册，第218、216、217页。

② 束景南：《朱熹研究》，人民出版社2008年版，第63页。

心亦不能得静。惟动时能顺理，则无事时始能静；静而能存养，则应接处始得力。须动时做工夫，静时也做工夫。两莫相靠，莫使工夫间断，始得。若无间断，静时固静，动时心亦不动。若无工夫，动时固动，静时虽欲求静，亦不可得而静矣。动静恰似船一般，须随他潮去始得。浪头恁地高，船也随他上；浪头恁地低，船也随他下。动静只是随他去，当静还他静，当动还他动。又如与两人同事相似，这人做得不是，那人便著救他；那人做得不是，这人便著去救他。终不成两人相推，这人做不是，却推说不干我事，是那人做得如此；那人做不是，推说不干我事，是他做得如此，便不是相为底道理。①

从朱子的反思我们不难看出：第一，动静并非绝对的对立状态，而是相互交织、相互转化的。在动态中蕴含着静态的因子，静态中也可能随时转化为动态。这体现了事物发展的连续性和变化性。第二，在人际交往或处理事务的过程中（即动时），内心的平静（静）并未消失，而是与行动并存。例如，当有人前来询问，你回答他时，这是动的表现；但回答完毕后，内心又回归到了平静状态。这种动静之间的快速转换，展示了内心状态的灵活性和适应性。第三，内心的平静并非仅仅是在静坐时保持的，而是在事物来临时能够迅速、有序地应对。如果只在静坐时保持平静，而在应对事物时变得散乱无章，这种所谓的静就失去了实际意义。第四，动静虽然表现形式不同，但它们都

① 黎靖德编：《朱子语类》卷四十五，第3册，第1161~1162页。

遵循同一个道理或原则。这个原则就是“动静不出是一个理”。无论是动还是静，只要能够顺应心中本有的天理，就能够达到内心的和谐与平衡。第五，通过“知止定静”的儒家思想来解释动静的关系。知道什么事情该做、什么事情不该做（知止），然后内心就能安定下来（有定），进而达到内心的平静（能静）。在动中能够顺理去做事，就体现了动而静的意思。最后，如果事物来临时不能顺理去应对，那么即使表面上不与外物交往（块然不交于物），内心也无法真正平静。只有在动态中能够顺理去行事，才能在无事时保持内心的平静。而内心的平静又能够滋养和提升自己的修养，从而在应对事物时更加得力。

晚年朱子还在《答李守约》中对一般儒者所主张以静坐代替持敬工夫的意见提出了驳斥，并对持敬工夫的精义进行了阐述：

> 读书之法无他，唯是笃志虚心、反复详玩为有功耳。近见学者多是率然穿凿，便为定论，或即信所传闻，不复稽考，所以日诵圣贤之书而不识圣贤之意，其所诵说只是据自家见识撰成耳。如此岂复能有长进？前辈盖有亲见有道，而其所论终不免背驰处者，想亦正坐此耳。所说持敬工夫，恐不必如此，徒自纷扰，反成坐驰。但只大纲收敛，勿令放逸，到穷理精后，自然思虑不至妄动，凡所营为无非正理，则亦何必兀然静坐然后为持敬哉？①

① 朱熹：《答李守约》，顾宏义：《朱熹师友门人往还书札汇编》，第2册，第1244~1245页。

根据顾宏义先生的考证，朱子的这封书信写于1195年或以后，是朱子晚年非常成熟的看法。朱子认为人们处在日用伦常的生活世界之中，不能脱离现实世界来一味地谈论主静工夫："今虽说主静，然亦非弃事物以求静。""主静"并不是离开事物而单纯地去以静坐来体验那清明的境界，而是收敛身心以体悟心中的天理。"静坐非是要如坐禅入定，断绝思虑。只收敛此心，莫令走作闲思虑，则此心湛然无事，自然专一。"① 朱子还认为：主静"非弃事物以求静"，因为"既为人，自然用事君亲，交朋友，抚妻子，御僮仆。不成捐弃了，只闭门静坐，事物之来，且曰：'候我存养！'又不可只茫茫随他事物中走。二者须有个思量倒断始得。"② 同时，朱子对"主静"又保持着警惕，告诫弟子不可只是"主静"，以免流于禅定。在朱子而言，"主静"只是为了驱除杂念，摆脱私欲而进行的一种形式，"须是静坐，方能收敛"③，是为"主敬"服务的。

朱子反对"主静"工夫只是追求形式上的"静坐"或"打坐"④，这种形式的"静坐"与释老的"空"没有什么本质区别。朱子曰："佛氏之所谓悟，亦瞥见端倪而已。天理人心，实然而不可易者，则未尝见也。其所谓修，亦摄心寂坐而已。弃

---

① 黎靖德编：《朱子语类》卷十二，第1册，第218、217页。

② 黎靖德编：《朱子语类》卷十二，第1册，第218页。

③ 黎靖德编：《朱子语类》卷十二，第1册，第216页。

④ 关于朱子静坐工夫的意旨，可参见李显文：《试论朱子与陈淳的静坐观》，《2012年福建海峡两岸朱子、陈淳研讨会论文集》。

人伦，灭天理，未见其有得也。”① 这种形式的工夫试图要通过与外物隔绝的方式来阻隔心中的人欲，保持心灵的湛然纯一。然而天理不能脱离事物，而是要由事物来表现，所谓理不离事，事不离理，天理要在心灵的感物应事中获得体认，脱离事物的“静坐”只是空，与释、老并无本质区别。朱子曾批评刘尧夫（刘淳叟）闭目学道家打座的修养方式是“作怪”，认为淳叟是要遗物而求理，但不知物本不可遗，朱子曰：“人自有生即有知识，事物交来，应接不暇，念念迁革，以至于死，其间初无顷刻停息，举世皆然也。然圣贤之言，则有所谓未发之中，寂然不动者。夫岂以日用流行者为已发，而指夫暂而休息，不与事接之际为未发时耶？”② 此段引文中“知识”主要是指道德知识。道德知识是人生即有的，是心之未发之仁性本体。心有知觉功能，人之生命总是处在心与外物相感应接之中，从来没有顷刻停息，这是每个生命个体都共有的特征。

“闭目独坐”只是“静”的外在形式，“静”不是要块然自守，与外物都不相接应。“静”其实是人心在体悟到事物之理后所达到的一种状态，理会了道理，心体便会暂时保持一种宁静无思的状态。同时心体在感物而发的过程中，为更好地理解事物之理，需要排除杂念的干扰：“心既静，虚明洞彻，无一豪之累，便

---

① 朱熹：《答廖子晦》，顾宏义：《朱熹师友门人往还书札汇编》，第3册，第1410页。

② 朱熹：《晦庵先生朱文公文集》卷三十，《朱子全书》，第21册，第1315页。

从这里应将去，应得便彻，便不难，便是‘安而后能虑’。”① 这样理会得事物的道理更明白。朱子并不反对静坐，只是反对“专要静坐”的方式：“静坐便理会道理，自不妨。只是专要静坐，则不可。理会得道理明透，自然是静。”② 循着这种思路，朱子对“虚静”的概念进行了厘清，将“虚静”分为白底虚静与黑底虚静。

李延平给朱子传授“静”之心法时，朱子颇不能理解，根据朱子回忆，延平给他讲罗先生解《春秋》的经历，曰：“罗先生解《春秋》也浅，不似胡文定。后来随人入广，在罗浮山住三两年，去那里心静，须看得较透。”朱子开始对老师的说法并不是太理解：“某初疑解《春秋》，于心静甚事？”在经过长时间的困学之知后，便明白了“盖静则心虚，道理方看得出”③的真意，即：人心本自光明，虚明不昧，但是为各种杂念所遮蔽。当遮蔽心体的各种杂念被除掉后，心之体自然恢复虚空静明，心体之义理也必然会纯一无杂地显现出来。犹如明珠在浊水中因水之浊质不能显明，当浊水之浊质清除之后，明珠之本明的光亮便全部显现出来，“无喜怒哀乐之偏，思虑云为之扰”，朱子称之为“白的虚静”。

但是，如果只是闭目独坐，块然自守，事物需要心来应接时，心却顽然不应，此时能知觉的活泼泼的心变得如死物一般，“冥然都无知觉”，此谓“黑的虚静”。朱子也担心一般的儒者

---

① 黎靖德编：《朱子语类》卷一百一十五，《朱子全书》，第18册，第3642页。

② 黄宗羲原著，全祖望补修：《晦翁学案》，《宋元学案》，第2册，第1540页。

③ 黎靖德编：《朱子语类》卷十一，《朱子全书》，第14册，第357页。

不能正确理解“虚静”工夫的本义，因为从形式上它容易入释、老之工夫进路之中。如游氏曾提出“守静以复其本”的修养方式，朱子批评曰：“游氏‘守静以复其本’，此语有病。守静之说，近于佛、老，吾圣人却无此说。”① 这是告诫时人，不能排拒隔绝事物之来，“静坐”是一种涵养心体的方式，使心达到无闲思杂虑的状态，并非要人断绝思虑。所以朱子又强调“做工夫”，即心体静不能无动，不能与事物不相交涉而只是一味地求静，以刻意不与事物相接应之不思的“静坐”方式来体悟保持心之纯明无失，即“黑的虚静”；反之，心体在未感物而动时存养，在接事应物的过程中亦保持心之纯明无失，即“白的虚静”。朱子云：“便是虚静，也要识得这物事；不虚静，也要识得这物事。如未识得这物事时，则所谓虚静，亦是个黑底虚静，不是个白底虚静。而今须是要打破那黑底虚静，换做个白底虚静，则八窗玲珑，无不融通。不然，则守定那里底虚静，终身黑淬淬地，莫之通晓也。”② 人是一个实存的生命，人心具有感物而动的必然性，事物之来，心为了追求一种形式上的平静而去刻意回避现实的社会生活，是不可行的。程子谓“心自是活底物事”，静不是主观上的刻意求静，而是心收敛主于一理所自然达到的一种状态。在修养过程中，如果刻意去求“静”，实际

---

① 黎靖德编：《朱子语类》卷六十，第4册，第1433页。钱穆认为，朱子对于程门相传的静坐工夫，乃及守静澄心诸说，实颇不重视，抑且言外时露反对之意。参见钱穆《朱子学提纲》，第101页。究其实，朱子并非不重视静坐工夫，只是强调不能注重静坐工夫的形式，徒有形式，刻意封闭自己的心灵，让心与外事隔绝，这就背离静坐工夫的本意。

② 黎靖德编：《朱子语类》卷一百二十，第7册，第2909页。

上是有私意，便是助长，不是自然而然，反而达不到静的效果。故有的人看似在静坐存养，效果却适得其反。朱子的学生就遇到这样的问题，向其求教："每日暇时，略静坐以养心，但觉意自然纷起，要静越不静。"朱子答曰："程子谓：'心自是活底物事，如何窒定教他不思？只是不可胡乱思。'才著个要静底意思，便是添了许多思虑。且不要恁地拘迫他，须自有宁息时。"① 朱子在《答林德久》的书信中曰："无事静坐，有事应酬，随时处无非自己身心运用，但常自提撕，不与俱往，便是功夫。事物之来，岂以漠然不应为是耶？"② 据顾宏义先生的考证，这封书信写于1198年，离朱子去世仅隔2年，应该是朱子晚年对不能以静坐的形式来把握持敬工夫的一个定论。这也是朱子以"敬"代"静"的真实用意。

所以，钱穆认为朱子的"虚静"要从两方面看："一则其心收敛，不容一物，无欲故静③，由此以为致知穷理之地，故曰'敬则自虚静'。一则专靠此一边，不再加以致知穷理工夫，则近于释、老，终自要不得。朱子力尊濂溪《太极图》，以为二程

① 黎靖德编：《朱子语类》卷一百一十八，第7册，第2857页。

② 朱熹：《答林德久》，顾宏义：《朱熹师友门人往还书札汇编》，第3册，第1573页。

③ 朱子在《太极图解》中提出"无欲而静"，我国台湾学者杨儒宾认为，朱子的"无欲而静"与周濂溪的"无欲故静"在字面上虽只有一字之差，但在工夫含义上有很大区别，周濂溪的"无欲故静"强调的是经无欲之功而后有静之境界，朱子的"无欲而静"却是将无欲与静等同起来，与"无极而太极"的表达句式相同，此时之无欲只是因为思虑未萌，故欲念尚未萌焉，然其病根终究还在。参见杨儒宾：《主敬与主静》，载《台湾宗教研究》2010年第6期。

之学所自出。然于静敬二字之轻重上，则宁取二程。”① 虽然周濂溪的“主静”说很好，但朱子还是选择二程以“敬”代“静”的工夫进路，一个根本原因在于“静”工夫不易把握，易走向释、老的“空”“无”。朱子曰：“濂溪言‘主静’，‘静’字只好作‘敬’字看，故又言‘无欲故静’。若以为虚静，则恐入释、老去。”② 其实朱子并不反对“静坐”的修养方式，甚至还提出了“始学工夫，须是静坐”的观点。朱子认为“静坐”如是要理会道理，自然可取，反之，如果只是为了静坐而静坐，为了形式而舍弃了“静坐便理会道理”的内容，自然是空，则是不可取的。“静坐便理会道理，自不妨。只是专要静坐，则不可。理会得道理明透，自然是静。今人都是讨静坐以省事，则不可。盖心下热闹，如何看得道理出？须是静，方看得出。所谓静坐，只是打叠心下无事，则道理始出。道理既出，则心愈明静矣。”③ “静坐”是为了理会得道理，是让天理更多地充实本心，“不成静坐便只是瞌睡”④。“旧见李先生（李延平），尝教令静坐。后来看得不然，只一个‘敬’字好。”⑤ 这是朱子对延平师静坐之教深刻反思的结果。

静是心体保持湛然虚明的一种自然状态，即没有私欲干扰。孔子盛赞的颜子三月不违仁，就是指其心纯乎天理。朱子释

---

① 钱穆：《朱子学提纲》，《朱子新学案》，第 1 册，第 118 页。

② 黎靖德编：《朱子语类》卷九十四，第 6 册，第 2385 页。

③ 黄宗羲原著，全祖望补修：《晦翁学案》，《宋元学案》，第 2 册，第 1540 页。

④ 黎靖德编：《朱子语类》卷九十六，第 6 册，第 2470 页。

⑤ 黎靖德编：《朱子语类》卷一百二十，第 7 册，第 2911 页。

《礼记·中庸》之“得一善，则拳拳服膺而弗失之矣”曰：“服，犹著也。膺，胸也。奉持而著之心胸之间，言能守也。”① 心中能持守天理，不为外物牵引诱惑，克制私欲而使之不萌，心体则湛然虚明，万理皆备，此乃所以纯于善而无间断之本。为了让儒者真正理解“静”之修养工夫的实质，而不是一味地学释、老，则要针对释、老从理论上解析，以辨别儒家主静之工夫的要义，朱子在《答徐彦章》中批判释、老“厌动而求静”的修养方法时曰：

> 盖老释之病在于厌动而求静、有体而无用耳。至于分别体用，乃物理之固然，非彼之私言也。求之吾书，虽无体用之云，然其曰“寂然而未发”者，固体之谓也；其曰“感通而方发”者，固用之谓也。且今之所谓一者，其间固有动静之殊，则亦岂能无体用之分哉？非曰纯于善而无间断，则遂昼度夜思，无一息之暂停也。彼其外物不接、内欲不萌之际，心体湛然，万理皆备，是乃所以为纯于善而无间断之本也。今不察此，而又不能废夫寂然不动之说，顾独诋老释以寂然为宗，无乃自相矛盾耶？大抵老释说于静而欲无天下之动，是由常寐不觉而弃有用于无用，圣贤固弗为也。今说于动而欲无天下之静，是由常行不止，虽劳而不得息，圣贤亦弗能也。盖其失虽有彼此之殊，其倚于一偏而非天下之正理则一而已。呜呼！学者能知一阴一阳、一动一静之可以相胜而不能相无，又知静者为主而动者为客焉，则

① 朱熹：《四书章句集注》，第22页。

庶乎其不昧于道体，而日用之间有以用其力耳。①

心统性、情，性乃心之体，是静，当心之体感物而发时，便有情之动。心兼动静两面，心静为体即性，心动是用即情。朱子曰：“静则察其敬与不敬，动则察其义与不义。”② 静时而有动之理，静不是无，由静而求无，误入歧途。释、老只讲心之体，而忽略心之用，体、用是普遍的客观存在，不是人之“私言”。

心具有知觉功能，寂然未发时，是心之体，此是心之性静。当心感物而发时，此是心之用，是心之情用，是动。心包含该载动静，有体用之分，没有无体之用，亦没有无用之体。心是一个与外在事物不断交换的过程性存在，“遂昼度夜思，无一息之暂停”。不能说心之体“纯于善而无间断”，心之体只有在不接外物时，才会湛然纯明，万理皆备，这才是心之体“纯于善而无间断”的本然状态。朱子在《答胡广仲》的书信中云：

“动静”二字相为对待，不能相无，乃天理之自然，非人力之所能为也。若不与动对，则不名为静；不与静对，则亦不名为动矣。但众人之动，则流于动而无静；众人之静，则沦于静而无动。此周子所谓“物则不通”者也。惟圣人无人欲之私而全乎天理，是以其动也，静之理未尝亡；

① 朱熹：《答徐彦章》，顾宏义：《朱熹师友门人往还书札汇编》，第5册，第2881~2882页。

② 黎靖德编：《朱子语类》卷十二，第1册，第216页。

> 其静也，动之机未尝息。此周子所谓“神妙万物”者也。然而必曰主静云者，盖以相资之势言之，则动有资于静而静无资于动。①

动静是一个相对待而不能相无的存在，乃是天理自然如此，很多人却将动、静理解为一个分离的存在，动即是动，动而无静；静即是静，静而无动。这反映在心性修养上，圣贤与众人的区别在于：一方面，众人之心虽能触物而动，但众人之心往往为声色名利所左右，心体欲动难止，即“众人之动，则流于动而无静”；另一方面，众人之心为克制欲望之动，即以静的工夫来求得心体的湛然虚明，无以格物穷理，刻意回避世情人事，即“众人之静，则沦于静而无动”。而圣人则“是以其动也，静之理未尝亡；其静也，动之机未尝息”。

万物都有理，理是自然如此，不是人为能改或想改而改的，这在讲学和修养实践中，要求我们遵循理之自然的原则，心之理虽就是万物之理，但这种本然层面的同一并不等于现实生活中人心就当下必然与万物之理为一。理是一种客观的存在，廓然大公无私，人心则有私欲，并不能保证道德价值的超越性与公共性，以“心即是理”作为修养工夫的指导，则必然导致事物之理的客观性消融在人心的主观性之中，人之酬酢应事并不必然如理，从而使天理的绝对性得不到保证。南宋时期许多儒者受佛教的影响，以求简易直接的顿悟之法，喜静厌动，这是

① 朱熹：《答胡广仲》，顾宏义：《朱熹师友门人往还书札汇编》，第 2 册，第 914 页。

当时儒者的一大弊病，朱子在《答柯国材》中批评曰：

> 大抵讲学只要理会义理非人所能为，乃天理也。天理自然，各有定体，以为深远而抑之使近者，非也；以为浅近而凿之使深者，亦非也。学者患在不明此理而取决于心。夫心何常之有？好高者已过高矣，而犹患其卑；滞于近者已太近矣，而犹病其远。此道之所以不明不行，而学者所以各自为方而不能相通也。①

这里的“义理”指的是儒家经典中的道德原则和宇宙真理，是超越个人经验和主观意志的客观存在。义理不是人为所能创造的，而是天然存在的道理，即“天理”。它超越了人的主观意识和能力范畴，是宇宙间不变的法则。天理是自然而然的，具有固定的本质和形态。这意味着我们不能随意改变或扭曲天理，而应该尊重并顺应它的自然规律。但在朱子看来，当时的儒者受佛教影响，将深奥的天理贬低为浅显易懂，或将浅显的道理过度阐释为深奥的理论，都是错误的。人们应当根据天理本身的性质来理解和把握它，既不低估也不高估。这一现象究其原由，在于学者没有真正理解义理的本质，而是仅凭个人主观意愿和偏好去学习和判断。这种“取决于心”的做法往往导致对义理的误解和扭曲。朱子强调在追求学问时不能仅凭主观感受和偏见，而应该超越个人局限去理解和把握天理。有些人追求

① 朱熹：《答柯国材》，顾宏义：《朱熹师友门人往还书札汇编》，第2册，第1196~1197页。

高远的道理却过于自负，认为自己已经掌握了很多，实际上却连基本的都没有理解透彻；另一些人则过于拘泥于眼前的细节，无法看到更广阔的视野和更深刻的道理。这两种极端都是学者应该避免的。由于学者没有真正理解和掌握义理的本质，导致道理变得模糊不清、无法实行；同时，由于各自为政、缺乏交流和沟通，学问也无法实现真正的相互贯通和融合。这是当前学问领域面临的主要问题之一。

释、老以寂然为宗的修养理论，存在着自相矛盾的地方，将心之体的静看作是一个超然于现实世界脱离事物存在的绝对的静体，这样的静其实是不存在的。释、老没有看到体于用中存在，静于动中存在，静时即具动之理，将其转化为现实的修养实践，必然会导致以静求无。事物之来需要心体接应时，如我们还以一种“静坐”的形式，块然不交于物，心亦是不能静的。反之，如需要心体接应事物时，情动能顺理而行，则“无事时始能静”，“静时能存养，则接应处始得力”。朱子批评胡宏、张栻等湖湘学者以静解敬，刻意追求一种“胸中通透洒落”的气象，这其实有违圣贤工夫的本意，朱子指出：“今湖南学者所云‘不可以急迫求之，只得且持守，优柔厌饫，而俟其自得’，未为不是，但欠穷理一节工夫耳。答者乃云‘学者须常令胸中通透洒落’，却是不原其本而强欲做此模样，殊不知通透洒落如何令得？才有一毫令之之心，则终身只是作意助长、欺己欺人，永不能到得洒然地位矣。”① 显然，“通透洒落”的气象

① 朱熹：《答胡季随》，顾宏义：《朱熹师友门人往还书札汇编》，第 2 册，第 890 页。

不是人为刻意求得的，它是工夫修养达到一定的层次后理自然显现出来的一种气象。如果只是以向内的持守静坐来求得这样一种气象，便是有了“令之之心”，一有此心便是不自然，其结果便只能是事与愿违，是不可能达到的。朱子强调，动时要做工夫，静时亦要做工夫。也就是说，“存养”工夫要贯彻到动静之中，不可有丝毫间断，不能静时心固静，需要接应事物时，心亦不动。朱子的主静工夫主要强调不能离开事物来求静：

> 虽说主静，亦不是弃事物以求静。既为人，亦须著事君亲，交朋友，绥妻子，御僮仆。不成捐弃了，闭门静坐，事物来时也不去应接，云：“且待我去静坐，不要应。”又不可只茫茫随他事物中走。二者中须有个商量倒断，始得。这处正要著力做工夫，不可皮肤说过去。……事物之来，若不顺理而应，则虽块然不交于物，心亦不能得静。惟动时能顺理，则无事时始能静；静而能存养，则应接处始得力。须动时做工夫，静时也做工夫。两莫相靠，莫使工夫间断，始得。若无间断，静时固静，动时心亦不动。若无工夫，动时固动，静时虽欲求静，亦不可得而静矣。动静恰似船一般，须随他潮去始得。①

这实际上也是对当时儒者受佛氏修行方式的一种回应和批判。佛教的修行强调外物对人心的引诱是人产生痛苦的根源，如果

---

① 黎靖德编：《朱子语类》卷四十五，第3册，第1161~1162页。

弃绝与外物接触，人心便能在静中摆脱尘世的烦扰，超脱生命的实有，最终将人引向不应世事的空无之中。一方面朱子强调人心具有感物而动的必然性，人不可能与现实世界相隔绝，去另外寻求一个完全超脱的世界。人必须在现实世界中，从接事应物的现实活动中来发挥人心本有之性体的功能与作用，循理而动，依礼而行，在动中求静。所谓心不交于物的静，并非真正的静，当事物之来须要心体相应时，心要依理而动，然后才能在不接应事物时回归于心之本然状态——静。只有在接应事物的“动处”学会用工修养，动中求静，才能使心在无事时存养性体。

另一方面，朱子也强调动静工夫是一体的，动、静不可间断分作两段，静中有动的工夫，动中有静的工夫。动时心亦能保持静，正如孟子的“不动心”工夫，动静要顺着人心之自然情势，当动时动，当静时静，不可勉强人意。朱子以船在水中行为例，浪高而来时，船需要随着浪的方向而行，如果逆浪而行，则会翻船。这是在告诉我们，人生活在现实的世界中，需要寻求生命的超脱，不要让身体的欲望左右我们的心灵，但是我们也绝不能离弃现实世界另寻一个超脱的彼岸世界，否则，只能是缘木求鱼。同时我们又不能堕入现实世界中随波逐流，任由世情、名利宰割，而应该不断超越自我。动静皆自然，当动时随他动，当静时随他静。这样经过朱子改进重新阐发的主静工夫，实则与居敬工夫没有本质差别。

第二节 持敬工夫的要旨

持敬，亦可称为居敬，实质上就是要人们随时随处保持一颗谨慎之心，其目的是使人发挥心之良知、良能的自主作用，在自己的内心深处建立起一道遏制人欲的防火墙，并且时刻反省自己的行为（包括意识、念头）是否合乎“天理”，由此做到随时而处中。孔子云“修己以敬”（《论语·宪问》），强调“敬”在个体修养中的基础性作用。张栻曰：“修己之道，不越乎敬而已。”① 朱子曰：“‘敬’字工夫，乃圣门第一义。”“‘敬’之一字，真圣门之纲领，存养之要法。一主乎此，更无内外精粗之间。”② 朱子认为程颐是儒家持敬理论的重要贡献者，给予其非常高的肯定和评价：“伊、洛拈出此字，真是圣学真的要妙工夫。”③“程先生所以有功于后学者，最是‘敬’之一字有力。”④ 在朱子看来，“居”可以训为“主”，所以居敬亦可谓主敬。朱子从理学体系出发，在继承二程持敬论思想的基础上，形成了周详细密的持敬工夫体系。

---

① 张栻：《张栻集》，杨世文点校，中华书局2015年版，第1册，第249页。

② 黎靖德编：《朱子语类》卷十二，第1册，第210页。王阳明不认同朱子的此观点，认为有个诚意的工夫就够了，不须再添个“敬”字，曰：“若须用添个‘敬’字，缘何孔门倒将一个最紧要的字落了，直待千余年后要人来补出？正谓以诚意为主，即不须添‘敬’字，所以提出个诚意来说，正是学问的大头脑处。”见王晓昕：《传习录译注》，第184页。

③ 钱穆：《朱子论敬》，《朱子新学案》，第2册，第401页。

④ 黎靖德编：《朱子语类》卷十二，第1册，第210页。

持敬工夫之所以重要，还在于它是人之修养工夫的下手处。修养工夫的重要目的就是克制人不良的欲望，使心恢复纯净光明的状态。周濂溪的“一者，无欲也”便可表征此目的，但是寻常人如何才能无欲呢？这就需要找到一个工夫的下手处，“一者，无欲也”的话头太高，而“敬”恰可弥补传统工夫无下手处的缺失。正像朱子言：“有个下手处。纵不得，亦不至失。”①南宋学人，对持敬工夫的理解存在缺陷，要么是注重内心的存养，“只说能存此心，自然中理”，而忽略外在日用伦常的洒扫应对的礼仪形式，“至于容貌词气，往往全不加工”，这显然违背了孔子“克己复礼”的修身旨归，易落于佛老之学，所以朱子批评说：“与释、老何异？”② 要么就是只注重整齐严肃的外在形式，而无内心的实理之然，是虚拘，就是孟子所批评的“恭敬而无实，君子不可虚拘”（《孟子·尽心上》）。朱子亦曾痛斥其近世学者“只是合下欠却持敬工夫，所以事事灭裂”，并就自己对持敬工夫意旨领悟所经历的过程回忆说：“熹哀苦之余，无他外诱，日用之间，痛自敛饬，乃知‘敬’字之功亲切要妙乃如此。而前日不知于此用力，徒以口耳浪费光阴。人欲横流，天理几灭，今而思之，怛然震栗，盖不知所以措其躬也。”③ 下面我们就朱子持敬工夫的要旨着重从敬是敬畏，敬贯动静、合内

① 黎靖德编：《朱子语类》卷十二，《朱子全书》，第 14 册，第 370 页。

② 朱熹：《答林择之》，顾宏义：《朱熹师友门人往还书札汇编》，第 3 册，第 1524 页。

③ 朱熹：《答林择之》，顾宏义：《朱熹师友门人往还书札汇编》，第 3 册，第 1523~1524 页。

外，以及敬谓主一三个方面来阐述。

一、敬是敬畏

我们常言，人要有敬畏之心，朱子将“敬”与“畏”联系并进行了系统的阐述。朱子曰：“敬有甚物？只如‘畏’字相似。……只收敛身心，整齐纯一，不恁地放纵。”① 以“畏”释“敬”，此是朱子的一个创新。与二程以“主一”“涵养”“操约”“整齐严肃”等阐释“敬”的含义有所不同的是，朱子赋予“敬”以新的含义。“畏”的基本含义是畏惧、惧怕。所谓“畏”，并不是真要让人惧怕的意思，“较戒慎恐惧为轻”，而是强调小心谨慎，有“如临深渊”“如履薄冰”之意，目的是让人收拾自家精神，使心志专一，行为不放肆，精神不怠堕，始终保持一种警觉、警醒的状态，目标纯一，念兹在兹，身心收敛，这种身心的状态就如人有畏惧的情状相似，“敬是竦然如有所畏之意”②。孔子在谈到君子人格时曰：“君子有三畏：畏天命，畏大人，畏圣人之言。”（《论语·季氏》）在朱子看来，此“三畏”要紧都在“畏天命”上。为什么会如此讲呢？朱子曰：“‘才畏天命，自是于大人、圣言皆畏之。’问：‘固是当先畏天命，但要紧又须是知得天命。天命即是天理。若不先知这道理，自是懵然，何由知其可畏？此小人所以无忌惮。’曰：

① 黎靖德编：《朱子语类》卷第十二，第1册，第208页。

② 朱熹：《晦庵先生朱文公文集》卷五十三，《朱子全书》，第22册，第2522页。

‘要紧全在知上。才知得，便自不容不畏。’”① 天命就是天理，要言之，天命之可畏在于天理之可畏。之所以不畏，在于对天理缺乏真知，即知之未至，“若知得尽，自是无所不畏，惟恐走失了”。所谓“无知者无畏”是也。天理自有个不容已处，事事皆有个所当然之则。只有真知，才能真行。朱子曰：

> 问：“知有浅深。大抵才知些道理，到得做事有少差错，心也便惕然。这便见得不容于不畏。”曰：“知固有浅深。然就他浅深中，各自有天然不容已者。且如一件事是合如此，是不合如此，本自分晓。到临事又却不如此，道如此也不妨，如此也无害，又自做将去。这个是虽知之而不能行。然亦是知之未尽，知之未至，所以如此。圣人教人，于《大学》中劈初头便说一个格物、致知。‘物格而后知至’，最是要知得至。人有知不善之不当为，及临事又为之，只是知之未至。人知乌喙之杀人不可食，断然不食，是真知之也。知不善之不当为，而犹或为之，是特未能真知之也。所以未能真知者，缘于道理上只就外面理会得许多，里面却未理会得十分莹净，所以有此一点黑。这不是外面理会不得，只是里面骨子有些见未破。所以《大学》之教，使人即事即物，就外面看许多一一教周遍；又须就自家里面理会体验，教十分精切也。”②

① 黎靖德编：《朱子语类》卷四十六，第3册，第1173页。

② 黎靖德编：《朱子语类》卷四十六，第3册，第1173~1174页。

朱子将畏与知联系起来。“畏”并非简单的恐惧或害怕，而是一种内心的敬畏和谨慎。当一个人对某个道理或事物有了深刻的理解和认知后，他自然会对其产生敬畏之心，不敢轻易违背或忽视。这种敬畏感是源于对道理的认同和尊重，也是对自己行为负责的表现。知的深度与敬畏感之间有正比关系。也就是说，一个人对某个道理或事物的认知越深入、越透彻，他对该道理或事物的敬畏感就越强烈。这是因为深入的认知让他更加清晰地看到了该道理或事物的价值和意义，从而更加珍视和尊重它。在朱子看来，只有真正体会和把握了人心本有的道德知识（真知），才能在行为上做到自然而然的遵循和践行（真行）。而这种自然而然的遵循和践行，正是源于内心的敬畏和谨慎。

敬畏的目的是让心能自作主宰。人心易受各种利欲的干扰而把捉不定，心易散乱。朱子认为“孟子言‘操则存，舍则亡，出入无时，莫知其乡’，只是状人之心是个难把捉底物事，而人之不可不操。出入，便是上面操存舍亡”①，因此要有一个“主”使心定。他在批判释、老的“求放心”如入定一般时云：“吾辈却要得此心主宰得定，方赖此做事业，所以不同也。如《中庸》说‘天命之谓性’，即此心也；‘率性之谓道’，亦此心也；‘修道之谓教’，亦此心也；以至于‘致中和’，‘赞化育’，亦只此心也。致知，即心知也；格物，即心格也；克己，即心克也。”② 所谓存，所谓收，就是要唤醒本自光明的心。人心被各种不好的欲望牵引，自己往往不知根源在哪里，这是没有体

① 黎靖德编：《朱子语类》卷五十九，第4册，第1400页。

② 黎靖德编：《朱子语类》卷十二，第1册，第202页。

察警省造成的。针对持敬工夫易导致的虚实二分的问题，朱子在《答廖子晦》中云：

> 大抵如今一念之间，中无私主，便谓之虚；事皆不妄，便谓之实，不是两件事也。其说又以存养于中为虚，应接于外为实，亦误矣。子晦之言大抵近之，但语有未亲切处耳。后段虚实之说亦类此。子晦之说甚善，但敬则内欲不萌、外诱不入。自其内欲不萌而言则曰虚，自其外诱不入而言故曰实，只是一时事，不可作两截看也。①

我们在修养的实践中，当心不能发挥对身的主宰作用时，心就犹如破屋一般，当各种世情欲念的敌人来犯时，心之破屋很容易被攻破。但人心又有接事应物的客观必然性，若不能发挥心的自我主宰功能，则必然会导致心被邪念攻破的结果。因此，须要发挥心对身的主宰功能，而心对身的主宰就是敬的工夫，心能主于敬，则心对恶欲的提防之墙就非常坚固，牢不可破，各种邪念难以入侵，此即“自其外诱不入而言故曰实”。心灵之屋没邪欲之敌就会虚灵不昧，保持一种湛然虚明的状态，此即“自其内欲不萌而言则曰虚”。实际上，“敬”所体现的内外兼修之道是一个整体，不可割裂来看。

这里需要注意，无论是虚，还是实，朱子特别强调心的自我主宰之意，表明敬不是以心治心。心只有一个心。这是对以

---

① 朱熹：《答廖子晦》，顾宏义：《朱熹师友门人往还书札汇编》，第 3 册，第 1433 页。

胡宏为代表的“识心”学派的一种理论警觉与批判。所谓“识心”的工夫即察识人欲之善恶，善欲则存养，恶欲则去除。因为在他们看来，如果心不能察识欲望的“端倪”，涵养就没有依托的对象，就会落空。朱子在“己丑之悟”之后提出了心统性情的理论，未发指心的静止状态，已发指心的活动状态。未发时心体寂然不动，性具于其中而呈形显象；已发时心体感物而通，性发为情而见心之用。在此之前，在心性之修养上朱子还没有从以胡宏、张栻为代表的湖湘学派的察识本心的工夫阴影中走出来。心体发动时若为良心就存养，若为人欲则制而去之，这在修养实践中典型的表现就是，先察识端倪而后加以涵养。不难看出，察识工夫的理论预设是心为已发。“己丑之悟”之后朱子渐渐从湖湘学派的工夫泥潭中走出来，对察识本心的工夫提出批判。在朱子看来，心本有“知觉灵明”的功能，所谓“识心”是不存在的。如果真有所谓“识心”，似乎存在另外一个心去“识”自我的心，这样就变成两个心，这是朱子特别要批判的，即“心只是一个心，非是以一个心治一个心”①。心之体只有一个，不能在心体之上另设一个心体，同时，识心工夫也容易滑向心既是知觉的主体，亦是知觉的客体的理论。朱子在《答张敬夫》中对这一问题发表看法说：

以敬为主，则内外肃然，不忘不助而心自存。不知以敬为主而欲存心，则不免将一个心把捉一个心，外面未有一事时，里面已是三头两绪，不胜其扰扰矣。就使实能把

① 黎靖德编：《朱子语类》卷十二，《朱子全书》，第14册，第360页。

> 捉得住，只此已是大病，况未必真能把捉得住乎？儒、释之异，亦只于此便分了。①

当“敬”成为我们内心的主导时，无论外在环境如何纷扰，我们的内心都能保持一种肃然有序的状态。这种肃然不仅指外在行为的庄重，更指内心世界的清明与宁静。在这种状态下，我们不需要刻意去记忆或辅助，心自然能够保持其应有的位置和状态，即“心自存”。如果一个人不知道以“敬”为主宰，而只是试图通过外在的努力去抓住和保持内心，那么他会发现，即使外在没有任何事情发生，他的内心也已经充满了纷扰和杂乱，就像同时有“三头两绪”在拉扯一样，让人不堪其扰。儒家强调通过“敬”来培养内心的定力与主见，从而在纷扰的世界中保持清明与宁静；佛家则可能更注重通过冥想、禅定等方式来追求内心的解脱与超越。这种差异不仅体现在方法上，更体现在对人生的理解和追求上。儒家更关注现实生活中的道德修养和人格完善，佛家则可能更倾向于寻求一种超越现实的精神境界。

另外，朱子在《答林择之》中亦对以张敬夫为代表的湖湘学者的识心工夫提出了批评：

> 近看南轩（张敬夫）文字，大抵都无前面一截工夫（按：存养在前，察识为后）也。大抵心体通有无、该动

---

① 朱熹：《晦庵先生朱文公文集》卷三十一，《朱子全书》，第21册，第1345~1346页。

静，故工夫亦通有无、该动静，方无透漏。若必待其发而后察，察而后存，则工夫之所不至多矣。惟涵养于未发之前，则其发处自然中节者多、不中节者少，体察之际，亦甚明审，易为著力，与异时无本可据之说大不同矣。①

古人只从幼子常视无诳以上、洒扫应对进退之间，便是做涵养底工夫了。此岂待先识端倪而后加涵养哉？但从此涵养中渐渐体出这端倪来，则一一便为己物。又只如平常地涵养将去，自然纯熟。今曰“即日所学，便当察此端倪而加涵养之功”，似非古人为学之序也。又云“涵养则其本益明，进学则其智益固，表里相互发也”，此语甚佳。但所引《三传》语，自始学以至成德节次，随处可用，不必以三语分先后也。盖义理、人心之固有，苟得其养而无物欲之昏，则自然发见明著，不待别求。格物致知，亦因其明而明之尔。今乃谓“不先察识端倪，则涵养个甚底”，不亦太急迫乎？②

这表明：首先，心只是一个心，心具有知觉的功能，能随物感通。如果依照识心工夫的进路则是将“一个心把捉一个心”，究其实是以觉求心，以觉用心，就是将心撕裂为二，则是支离之病，而解决此支离之病的药方就是以敬为主，也就是在日用之

① 朱熹：《答林择之》，顾宏义：《朱熹师友门人往还书札汇编》，第3册，第1509页。

② 朱熹：《答林择之》，顾宏义：《朱熹师友门人往还书札汇编》，第3册，第1510~1511页。

间，“以敬为主而勿忘焉，则自然本心不昧，随物感通，不待致觉而无不觉矣”①。孟子所谓的“求放心”，“只是说日用之间收敛整齐，不使心念向外走作，庶几其中许多合做底道理渐次分明，可以体察，亦非捉取此物藏在胸中，然后别分一心出外以应事接物也”②。其次，不以敬为主而以觉求心，心在应事接物时，因为有两心，就会导致一个心应接事物之来，另一个心应接事物之过程中判断是良心还是人欲，不免繁杂，让心无头无绪，不胜其扰。即使能把捉得住，也是大病。最后，是否以敬为主，是儒、释的一个重要分别。之所以如此说，是因为在朱子看来，心只是一个心，不存在另一个心，如果现实之外，还存在一个心，实则是说心有两个主宰，是释氏所言“常见此心光烁烁”。

当然，朱子在自己的理学体系中推论以胡宏为代表的湖湘学派的识心工夫必然会导致心撕裂为二的理论后果。反过来看，我们亦要清楚，这并不一定完全符合胡宏识心工夫的本意。

二、敬贯动静、合内外

无论心之体处在未发的静状态还是处在已发的动状态，都要以“敬”贯之。朱子曰：“‘敬’字通贯动静，但未发时则浑然是敬之体，非是知其未发，方下敬底工夫也。即发而随事省

---

① 朱熹：《答游诚之》，顾宏义：《朱熹师友门人往还书札汇编》，第5册，第3060页。

② 朱熹：《答廖子晦》，顾宏义：《朱熹师友门人往还书札汇编》，第3册，第1446页。

察，而敬之用行焉，然非其体素立，则省察之功亦无自而施也。故敬义非两截事。‘必有事焉而勿正，心勿忘，勿助长’，则此心卓然，贯通动静。敬立义行，无适而非天理之正矣。”① 在“己丑之悟”之后，朱子一个重要的转变就是上文谈到的强调敬的心之自我主宰意，避免陷入湖湘学派的以一个心去把捉另一个心即以心识心的理论谬误。如果用湖湘学派的理论作为工夫指导，在工夫修养的实践中，就只是在心的已发状态时察识心体，如为良心则存养，若为人欲则去之，那么在心之体未发时如何涵养？敬的工夫恰好能弥补此一工夫缺陷。心没有应事接物时，须要存养心之本体，也就是令心提撕唤醒、令其警觉之意。朱子曰：“‘涵养当用敬，进学则在致知。’无事时，且存养在这里，提撕警觉，不要放肆。到那讲习应接，便当思量义理，用义理做将去。”② “敬是个莹彻底物事。……提撕便敬；昏倦便是肆，肆便不敬。”③ “此一个心，须每日提撕，令常惺觉。”④ 敬不仅要在外面表现出庄严肃穆的样子，收敛身心，心里也要坦率正直，内外要保持一致，朱子曰：“敬者，非但是外面恭敬而已，须是要里面无一毫不直处，方是所谓‘敬以直内’者是也。”⑤ “持守之要，大抵只是要得此心常自整顿，惺惺了了，

---

① 朱熹：《答林择之》，顾宏义：《朱熹师友门人往还书札汇编》，第3册，第1510~1511页。

② 黎靖德编：《朱子语类》卷一百一十五，第7册，第2779页。

③ 黎靖德编：《朱子语类》卷十四，第1册，第269页。

④ 黎靖德编：《朱子语类》卷十六，第2册，第334页。

⑤ 黎靖德编：《朱子语类》卷四十四，第3册，第1144~1145页。

即未发时不昏昧，已发时不放纵耳。”①

然而，人心不能无感，常会受到思虑纷扰，此时同样需要持敬的工夫，但在接事应物的心之发时，如何运用持敬的工夫？《语类》载：

> 问：“敬通贯动静而言。然静时少，动时多，恐易得扰乱。”曰：“如何都静得！有事须着应。人在世间，未有无事时节；要无事，除是死也。自早至暮，有许多事。不成说事多挠乱，我且去静坐。敬不是如此。若事至前，而自家却要主静，顽然不应，便是心都死了。无事时敬在里面，有事时敬在事上。有事无事，吾之敬未尝间断也。且如应接宾客，敬便在应接上；宾客去后，敬又在这里。若厌苦宾客，而为之心烦，此却是自挠乱，非所谓敬也。故程子说：‘学到专一时方好。’盖专一，则有事无事皆是如此。程子此段，这一句是紧要处。”
>
> 学者当知孔门所指求仁之方，日用之间，以敬为主。不论感与未感，平日常是如此涵养，则善端之发，自然明著。少有间断，而察识存养，扩而充之，皆不难乎为力矣。造次颠沛，无时不习。此心之全体皆贯乎动静语默之间，而无一息之间断，其所谓仁乎！②

① 朱熹：《答项平父》，顾宏义：《朱熹师友门人往还书札汇编》，第5册，第2848页。该书信名为《答项平父》，约写于1182年冬间。

② 黎靖德编：《朱子语类》卷十二，第1册，第212~213页。

朱子批判了那种试图通过静坐来逃避现实纷扰的做法。他认为，如果事情来了，我们却选择自主静坐，不去积极应对，那么这实际上是一种逃避和放弃，是内心的“死亡”。真正的“敬”不是消极地逃避，而是积极地应对生活中的各种事务。“敬”在不同情境下的体现不同。无事时，“敬”体现在内心的平和与专注上，我们保持一种清醒、警觉的状态，随时准备应对可能到来的事务。有事时，“敬”则体现在对事务的认真处理上，我们全力以赴，尽心尽责，不敷衍了事。无论有事无事，我们的“敬”都未曾间断，它始终贯穿在我们的日常生活中。

另外，关于敬贯动静的理解，朱子的学生陈淳对敬之修养工夫的体悟深得朱子赞同，可以作为我们的重要参考之一：

> 盖敬贯动静，而穷理者又所以栽培其未发，而精明其所已发；克己者又所以提防其未发，而洒落其所已发。平时之穷理克己，所以为今日未发已发之趾。而今日之穷理克己，又所以为后日未发已发之基。理之穷也日益精，则敬之致也日益密，而动静灼然纯天理之公。己之克也日益力，则敬之存也日益固，而动静粹然无人欲之间。夫是以未发之前，全体完莹，而真有大本之中；已发之际，大用通畅，而实得其达道之和矣。此心地上工夫之大概，动静无端，与日周流，至死而后已也。①

① 陈淳：《上晦庵先生问目》，顾宏义：《朱熹师友门人往还书札汇编》，第1册，第190页。

“敬贯动静”指出了“敬”这一修养功夫的普遍性和持续性。无论是在静态的内心世界还是动态的外在行为中，“敬”都应该是贯穿始终的。它要求人在任何时候都保持内心的恭敬与专注，不受外界纷扰的影响。关于“穷理”与“克己”在修养过程中的作用，陈淳认为，“穷理”是栽培内心未发之善，使已发之知更加精明的过程。通过不断学习、思考和领悟，我们能够更深入地理解世界的本质和规律，从而使自己的内心更加明亮、富有智慧。“克己”则是提防内心未发之恶，使已发之情欲得以洒落的过程。它要求我们在面对各种诱惑和欲望时，能够克制自己，保持内心的清明和纯净。“平时之穷理克己”是为今日未发已发之止做准备，而“今日之穷理克己”又是为后日未发已发之基打基础。这意味着修养功夫是一个不断积累、不断提升的过程，每一刻的努力都为未来的成长和进步奠定基础。随着“穷理”日益精深，“敬”的工夫也日益细密，人在动静之间都能灼然体现天理的公正无私。“克己”日益用力，则使“敬”的存养更加坚固，人在动静之间都能粹然无一丝人欲之私。这样，在未发之前，人的内心全体完莹，真有大本之中；在已发之际，人的大用通畅，实得其达道之和。修养是一项终身的事业，需要人不断地努力和实践。

综上所述，我们可看出，朱子强调：其一，敬不是静，因为人总是处在应事接物的过程中，“未有无事时节”，因此纯粹的心之静是不存在的，否则，人就如同一具死尸。其二，心不能刻意地去排斥应事接物，因为敬不只是形式上的静坐，如果事物之来，心不应接，那与死物没什么区别。事物来时，心则顺应，当如何便如何。凡事皆有所当止之地，随其所当止而止之，正如朱子所言“无事时敬在里面”①，即心在没有应事接物时要提撕警觉。这就像骑马一样，“自家常常提掇，及至遇险处，便加些提控。不成谓是大路，便更都不管他，恁地自去之理！”②“有事时敬在事上”③，即顺应事物之来，使理于事上发见。其三，无论有事时还是无事时，敬之工夫都不能间断，因为心体通有无、该动静，相应的工夫自然也应通有无、该动静，“日用而有天理，则于君臣、父子、夫妇、长幼之间，应对、酬酢、食息、视听之顷，无一而非理者，亦无一之可紊。一有所紊，天理丧矣。故君子无所不用其敬”④。即敬贯动静，或者心之体在已发和未发时都须敬，有事时应事——动时顺应，无事时念兹在兹——静时涵养，“未发已发，只是一件工夫，无时不涵养，无时不省察耳”⑤。

三、敬谓主一

所谓主一，就是内心要做到专一、纯一，要做到“主一无适，心无旁骛”。所谓一，“无适之谓一。且欲涵泳主一之义，不一则二三矣”⑥。即使心体保持一种湛然纯明的状态，主一实际上就是发挥主体自我的控制作用，将心放在天理上，以实现

---

① 黎靖德编：《朱子语类》卷十二，第1册，第213页。

② 黎靖德编：《朱子语类》卷六十二，第4册，第1514页。

③ 黎靖德编：《朱子语类》卷十二，第1册，第213页。

④ 朱熹：《答廖子晦》，顾宏义：《朱熹师友门人往还书札汇编》，第3册，第1409～1410页。

⑤ 黎靖德编：《朱子语类》卷六十二，第4册，第1514页。

⑥ 朱熹、吕祖谦编：《近思录》，第173页。

心与理合一的状态。从这个角度上来讲，主敬就是穷理的工夫。伊川曰“主一之谓敬”，“无适之谓一”。① 朱子解释“主一”曰：“心只要主一，不可容两事。一件事了，更加一件，便是贰；一件事了，更加两件，便是叁。‘勿贰以二，勿叁以三’，是不要二三；‘不东以西，不南以北’，是不要走作。”② 当学生问如何做到“主一无适”时，朱子答：“于无事之时这心却只是主一，到遇事之时也是如此。且如这事当治不治，当为不为，便不是主一了。若主一时，坐则心坐，行则心行，身在这里，心亦在这里。若不能主一，如何做得工夫？”③ 朱子主一于心的这一看法与王阳明的看法基本上是一致的，王阳明强调主一就是将心放在天理上，不论是有事无事，都将心放在天理上。阳明曰：“一者天理，主一是一心在天理上。若只知主一，不知一即是理，有事时便是逐物，无事时便是着空。惟其有事无事，一心皆在天理上用功，所以居敬亦即是穷理。就穷理专一处说，便谓之居敬；就居敬精密处说，便谓之穷理；却不是居敬了别有个心穷理，穷理时别有个心居敬。”④ 将阳明的论述和朱子的论述比较而言，朱子的居敬主一强调的是收敛心，发挥心对身的主宰功能，将放失的心收回来，让心体保持一种粲然纯明的

① 程颢、程颐：《河南程氏粹言》卷一，《二程集》，下册，第 1173 页。伊川举例解释“主于一”曰：“有人旁边作事，己不见，而只闻人说善言者，为敬其心也，故视而不见，听而不闻，主于一也。主于内则外不入，敬便心虚故也。”参见程颢、程颐：《河南程氏遗书》卷十五，《二程集》，上册，第 154 页。

② 黎靖德编：《朱子语类》卷一百五，第 7 册，第 2635 页。

③ 黎靖德编：《朱子语类》卷一百一十九，第 7 册，第 2875 页。

④ 王晓昕：《传习录译注》卷十，第 160 页。

状态，即所谓的穷理，居敬是工夫，穷理是工夫修养所达到的层次，即心与理一，不是当下的、直接的同一。也就是说居敬是穷理的工夫，穷理是居敬的目的。当心能够完全实现对欲望的控制时，则心与理是同一的。

而在实际的道德修养实践中，许多人容易将持敬工夫理解为主观上刻意追求一种心的平静状态，似乎心只有在没有杂事纷扰的状态下，才会回归到纯明无私之境。这种对持敬主一工夫的理解是有很大问题的。持敬工夫的关键是要落实到日用之间的行动之中，而南宋时期的儒者，往往是口头上的“说敬”多，落实行动上的“持敬”少。朱子斥曰：“今之言持敬者，只是说敬，非是持敬。”所以他呼吁儒者不要再停留在形式上的“闭眼默坐”，要真正将敬的工夫转化到日用伦常的生活中，包括格物、致知、诚意、正心、修身、齐家、治国、平天下等，“随事致敬”，努力做到“节节常要惺觉执持，令此心常在，方是能持敬”①。

心体清静纯一、无杂念纷扰就是使心向天理靠近，远离不良的欲念。我们不否认，心体未感物而动的平静之时欲念会少一些，但心是个活物，不可能与外物完全隔绝，刻意追求这样一种状态显然是对现实的一种回避，非理之自然。因为既有平静的时候，亦有应事接物、颠沛流离的非平静之时，如果只是追求心体的这样一种平静状态，那么当心体未处平静之时，亦或是人生身处逆境曲折之中，那是不是意味着不用涵养心体呢？因此，持敬是一种贯彻始终的工夫，无论是身处顺境的平静之

① 黎靖德编：《朱子语类》卷十三，第1册，第226页。

时，还是造次颠沛的非平静之时，心都要提撕收敛，努力做到主一无适。正如朱子曰：“所谓齐心致敬于平旦之顷，以求理之所在者，亦恐徒劳而无补也。古人之学欲其造次颠沛之不离，今乃独求之平旦之顷，则其他时节，是勾当甚事耶？”① 这强调了修养功夫的连续性和全面性，提醒我们要时刻保持警觉和自律，不断提升自己的修养水平。只有这样，我们才能真正达到古人所追求的学问和修养的境界。

第三节　“养夜气”的持敬工夫

克制自我的欲念，需要我们在日用之间涵养心体，敬贯动静。孟子以牛山之木被伐为喻提出了“养夜气”的涵养心体工夫，在宋代以前，学者们对此重视并不够，后来在二程等儒者的阐述下，遂引起更多宋儒的关注。朱子的老师李侗十分重视“养夜气”的工夫，他教导朱子曰：“大凡人理义之心何尝无，惟持守之即在尔。若于旦昼间不至牿亡，则夜气存矣，夜气存则平旦之气未与物接之时，湛然虚明气象自可见。此孟子发此夜气之说，于学者极有力。若欲涵养，须于此持守可尔。”② 延平在给朱子的书信中要其重视孟子“养夜气”的工夫，曰：“但常存此心，勿为他事所胜，即欲虑非僻之念自不作矣。孟子有夜气之说，更熟味之，当见涵养用力处也。于涵养处著力，正

① 朱熹：《答刘公度》，顾宏义：《朱熹师友门人往还书札汇编》，第 3 册，第 1714～1715 页。

② 李侗：《李延平集》，上海商务印书馆 1935 年版，第 17 页。

是学者之要，若不如此存养，终不为己物也。”① 这对朱子“养夜气”工夫思想的形成具有重要的影响。

一、“夜气”的内涵

孟子以山之性说人之性，表面上是说养气，实质上是说养心。孟子将人心之欲与理分析得精辟透彻，朱子对此评价曰：“孟子激发人。说放心、良心诸处，说得人都汗流！”②“夜气说”来自《孟子·告子上》：

> 牛山之木尝美矣，以其郊于大国也，斧斤伐之，可以为美乎？是其日夜之所息，雨露之所润，非无萌蘖之生焉，牛羊又从而牧之，是以若彼濯濯也。人见其濯濯也，以为未尝有材焉，此岂山之性也哉？虽存乎人者，岂无仁义之心哉？其所以放其良心者，亦犹斧斤之于木也，旦旦而伐之，可以为美乎？其日夜之所息，平旦之气，其好恶与人相近也者几希，则其旦昼之所为，有梏亡之矣。梏之反覆，则其夜气不足以存；夜气不足以存，则其违禽兽不远矣。人见其禽兽也，而以为未尝有才焉者，是岂人之情也哉？故苟得其养，无物不长；苟失其养，无物不消。孔子曰：“操则存，舍则亡；出入无时，莫知其乡。”惟心之谓与？③

① 朱熹：《延平李先生师弟子答问》，《朱子全书》，第13册，第309页。

② 黎靖德编：《朱子语类》卷五十九，第4册，第1392页。

③ 朱熹：《四书章句集注》，第309~310页。

首句“牛山之木尝美矣”是此章的基本定位，朱子认为“‘牛山之木尝美矣’是喻人仁义之心”的理解是非常正确的。我们从以下几个方面来分析：

首先，怎样理解“夜气”的含义。朱子针对以往儒者对夜气的理解进行了纠正。一种理解以为孟子“夜气”说的就是良心，朱子说：“人多将夜气便做良心说了，非也。”另一种理解是将“夜气”理解为“只是夜气”①，朱子同样进行了否定。朱子认为“夜气”同“平旦之气”一样，是一种与物未接的清明之气②，夜气是存放良心的居所，因为夜气至清，清净无杂，故可以存放清明至澈的良知本心。“夜气不足以存”，虽然孟子在文中未明确说明，但根据前后的文义来看，朱子非常赞同程伊川的看法，“熹尝谓只有程先生‘夜气之所存者，良知也，良能也’，诸家解注，惟此说为当”③，反复表示其暗含的意思是“盖言夜气至清，足以存得此良心尔”。那么，为什么说“夜气不足以存”也就是说不足存此心呢？这就与修养的工夫相关，我们下面将要谈到它。

从另外一个角度来看，“夜气”显然说的不只是一种气，更多是指心灵经过修养所达到一种境界后显示出的清明之气。如只说夜气是清，那平旦之气亦一样。李景林指出：“这个‘夜气’或‘平旦之气’，正是人心未受外界环境左右时，与仁义之心或良心同时俱存的一种存在状态，是为人的实存或‘气’之

---

① 黎靖德编：《朱子语类》卷五十九，第 4 册，第 1395 页。

② 朱熹：《四书章句集注》，第 310 页。

③ 黄宗羲原著，全祖望补修：《晦翁学案》，《宋元学案》，第 2 册，第 1547 页。

本真、本然。”① 正如朱子所说：“且如气，不成夜间方会清，日间都不会清。”② 所以，“日夜之所息”应当是良心。在这里，“息”不是止息之义，而是生息之义。有儒者谓“梏”为梏其“夜气”。汉代以赵岐《孟子正义》为代表的解释曰：“人之平旦之气，尚未有利欲汩之，则气犹静，莫不欲为之善也，而恶为之恶也。但人平旦之气，则其旦昼之所为利欲有以梏亡之矣。”③ 此种理解本质上与梏其夜气没有区别，亦是将“夜气”理解为只是一种气。朱子认为这是不对的，不是“梏亡其夜气”，而是“梏其良心”。④ 良心，亦即仁心、仁性或仁义之心，为人所本来具有，如孟子所说，“此天之所与我者，我固有之”。此良心正如牛山之木美的本性是一样的，木之失去其美，是因为树木刚萌长之时，便有“牛羊又从而牧之”，从而使牛山显示出“濯濯”的样子。但这并不表示树木不具有繁茂之美的本性或能力。这亦如人之良心一样。朱子曰：“人之良心，虽是有梏亡，而彼未尝不生。梏，如被他禁械在那里，更不容他转动。亡，如将自家物失去了。”⑤ 人之良心虽梏亡了，但并没有丧失生长的能力，只要人愿意在存养上用功，良心会在一定的条件下再次焕发生机。

其次，“养夜气”是一种心性修养工夫。程子说：“夜气之

① 李景林：《教化儒学论》，孔学堂书局 2016 年版，第 77 页。

② 黎靖德编：《朱子语类》卷五十九，第 4 册，第 1395 页。

③ 赵岐注，孙奭疏：《孟子注疏》，廖名春、刘佑平整理，李学勤主编：《十三经注疏》，北京大学出版社 1999 年版，第 306 页。

④ 黎靖德编：《朱子语类》卷五十九，第 4 册，第 1395 页。

⑤ 黎靖德编：《朱子语类》卷五十九，第 4 册，第 1392 页。

所存者，良知也，良能也。”① 而这似乎与孟子所说的“夜气不足以存”之语相抵牾。“夜气”是一种清明之气，是能够存放人的良心的，但反过来讲，如果人之旦昼之所为使此心陷溺之甚，那么即使是清明的夜气，亦不足以存此心。所以朱子这样说：“‘夜气不足以存’，先儒解多未是。不足以存此心耳，非谓存夜气也。此心虚明广大，却被他梏亡。日间梏亡既甚，则夜一霎时静亦不存，可见其都坏了。”② “养”为心灵产生道德行为注入一种动力，只有动力俱足，才能产生好的道德行为。养的内在依据在于心灵具有一种不可抗拒的向善生长的力量，当人没有培植它，或放弃它时，便会梏亡，但它向善生长的根基依旧存在，只要人施以操存之功，就会积累向善生长的力量。“养夜气”，就是为良心的生长创造条件和空间，因为夜气是一种清明之气，可以滋润良心的生长，“心之存不存，系乎气之清不清。气清，则良心方存立得；良心既存立得，则事物之来方不惑”③。所谓“夜气不足以存”就是说夜气的清明之度还不够存放良心或安顿良心，需要继续加以存养，就如井里的水一样，如果白天搅动得太浑了，则夜间不够清明。所以“养夜气”就是要醇化人性中的杂质，不断地注入清明之气，让良心能够有萌生的空间。日间良心发动，接事应物，放逸于外，易于为物欲所牵引，如果良心放得多而收得不够，会出现负平衡；放逸得不远，良心可以生长，放逸得太远，为物欲引诱得过甚，则难以收回，

---

① 程颢、程颐：《河南程氏粹言》卷二，《二程集》，下册，第 1260 页。

② 黎靖德编：《朱子语类》卷五十九，第 4 册，第 1397 页。

③ 黎靖德编：《朱子语类》卷五十九，第 4 册，第 1393 页。

最终良心生长的空间和条件彻底失去，则会梏亡。正如朱子所说：“夜间长得三四分，日间所为又放了七八分，却折转来，都消磨了这些子意思，所以至于梏亡也。”①

这里，我们也需要注意，良心虽然是梏亡了，但并非良心彻底失去生长的能力，“梏亡”，并不是真的梏亡，而是一种生长空间与条件的失去，但是良心生长的能力并未失去。就如种子，当外在的气温、空气湿度达不到种子萌芽生长的条件时，种子不会生长，但是种子生长的能力并未失去，一旦达到条件，种子又能生长。这里说的良心、种子不是指某个具体的良心、种子，而是指普遍意义上的良心、种子。也就是说，作为单个的种子，当没有合适的温度和空气湿度等外在条件时，种子不会萌发，会失去生长的机会，会梏亡，但种子所具有的生长能力并未随着消失，良心亦然。所以朱子说：“梏，如被他禁械在那里，更不容他转动。亡，如将自家物失去了。”②

二、“养夜气”的持敬工夫

如何存养夜气，在修养时要注意哪些方面，朱子对“养夜气”的持敬工夫主要强调以下几点：

第一，“养夜气”是一个日渐积累的工夫。夜气的存养不能一蹴而就，其工夫之要不仅在于夜间的存养，而且在于旦昼间的所为。也就是说，涵养心体的工夫不能有间断。人之所以不

① 黎靖德编：《朱子语类》卷五十九，第4册，第1392页。

② 黎靖德编：《朱子语类》卷五十九，第4册，第1392页。

能够存养夜气，一个重要的原因就是旦昼之所为破坏了夜气的清明，朱子曰："不能存得夜气，皆是旦昼所为坏了。"① "夜气"的存养要有足以容纳良心存放的空间，这是靠点滴的积累实现的。关于此，朱子有比较多的强调和论述，曰：

> 今日长得一分，夜气便养得一分；明日又长得一分，明夜又养得两分，便是两日事。日日积累，岁月既久，自是不可御。今若坏了一分，夜气渐薄，明日又坏，便坏成两分，渐渐消，只管无。②

又曰：

> 日间进得一分道理，夜气便添得一分；到第二日更进得一分道理，夜气便添得二分；第三日更进得一分道理，夜气便添得三分。日间只管进，夜间只管添，添来添去，这气便盛。恰似使钱相似，日间使百钱，使去九十钱，留得这十钱这里；第二日百钱中使去九十钱，又积得二十钱；第三日如此，又积得三十钱。积来积去，被自家积得多了，人家便从容。日间悠悠地过，无工夫，不长进，夜间便减了一分气；第二日无工夫，夜间又减了二分气；第三日如此，又减了三分气。如此梏亡转深，夜气转亏损了。夜气

① 黎靖德编：《朱子语类》卷五十九，第4册，第1394页。

② 黎靖德编：《朱子语类》卷五十九，第4册，第1393页。

既亏，愈无根脚，日间愈见作坏。①

朱子以财富的积攒为例，从正反两方面的对比，深刻揭示了道德品质的提升与日常道德修养之间的内在联系。他告诉我们，只有不断地学习、实践、反思和积累，我们才能不断提升自己的内在品质和精神境界；一旦忽视了这些基本的行为准则，我们会陷入一种无法自拔的恶性循环之中，最终导致精神的衰败和道德的沦丧。因此，我们应该珍惜每一个日日夜夜，着力培植良心生长的空间，不让良心梏亡，增强气托举良心不断向上生长的能力，使气清理明，自觉抑制形色世界的各种诱惑，用积极向上的态度去面对生活和学习中的每一次挑战和机遇。

第二，“养夜气”的实质不是养气，而是养心。养夜气，表面上看，似乎是要存养夜气，但其实质是存养心，关键在于发挥心的主宰功能，即“为仁由己”（《论语·颜渊》）、“我欲仁，斯仁至矣”（《论语·述而》）。所以当敬子问：“旦昼不梏亡，则养得夜气清明？”朱子答：“不是靠气为主，盖要此气去养那仁义之心。如水之养鱼，水多则鱼鲜，水涸则鱼病。养得这气，则仁义之心亦好，气少则仁义之心亦微矣。”② 由此看来，主体自我的道德心是完全能发挥对气的主宰作用的，人心要自我主宰运用，控制导引气的发生，剔除气中的杂质。人是气化生命，气禀的厚薄、明暗、精粗、偏正等会客观地对人之道德理性形成遮蔽，这是人所无法去改变的，亦是人之实存的生命形态。

---

① 黎靖德编：《朱子语类》卷五十九，第4册，第1394页。

② 黎靖德编：《朱子语类》卷五十九，第4册，第1395页。

朱子说的“气强理弱”[①] 就是对人之生命实存形态的描述，而怎样从人之实存形态中超拔出来，挺立起人的精神生命，不顺着气禀所自然形成的身体欲望的方向，是人之修养的重要工夫。孟子曰：“口之于味也，目之于色也，耳之于声也，鼻之于臭也，四肢之于安佚也，性也，有命焉，君子不谓性也。”（《孟子·尽心下》）味色声臭是人之自然生命所具有的欲性，是人无法改变的实然形态，即由“命”之必然性所定。然人之为人却不在于“命”的客观实存形态，人并不是完全一味地顺命、认命，而是要力图通过修养的手段来扭转生命的形态，由被动转为主动，“仁之于父子也，义之于君臣也，礼之于宾主也，智之于贤者也，圣人之于天道也，命也，有性焉，君子不谓命也。”（《孟子·尽心下》）朱子引程子的话释曰：“仁义礼智天道，在人则赋于命者，所禀有厚薄清浊，然而性善可学而尽，故不谓之命也。”[②] 也就是说，厚薄清浊的气禀之命虽是客观存在的，人无法改变气之赋与人的生命形态，如天之赋予生命以薄气，人便无法选择气禀的条件，此即所谓的“命”。气禀之决定人之夭寿、长短、贫富、贤愚等，这些都是人无法选择的，说到底，气禀对人之道德理性的遮蔽是必然的，是人不能自主选择的。

---

① 如朱子曰：“气虽是理之所生，然既生出，则理管他不得。如这理寓于气了，日用间运用都由这个气，只是气强理弱。”参见黎靖德编：《朱子语类》卷四，第 1 册，第 71 页。朱子提出“气强理弱”的观点，并不是为了否定理的本体地位和作用，而是为了强调在具体事物和人生实践中气的重要性和复杂性。他认为，要正确地认识和把握事物和人生，就必须深入了解气的特性和变化规律，并在此基础上加强道德修养和实践努力，以克服气质禀性的束缚和局限，实现人的内在本质和价值。

② 朱熹：《四书章句集注》，第 346 页。

但这并非完全由“气强”决定，人之不同于动物，就在于人之气禀并非像动物一样完全阻隔不通，而是具有可通之理，发挥人心的主宰作用，通过修养的手段将被气禀遮蔽的道德理性彰显出来，让心中之理的光芒绽放，恢复它本有的光明。所以，修养就是将“气强理弱”扭转为“理强气弱”的过程，亦即“君子不谓命”，也即张载所说的“养则付命于天，道则责成于己”①。

第三，“养夜气”更强调日间之所为。人心不是一个死物，而是活泼泼的道德发动之源，但人心在日间和夜间的活动强弱是不一样的。相对来讲，日间之时，人心应事接物的活动频度要多，心受物欲牵引的可能性大，心在与物相交的过程中对气的管束相对亦要弱化，“只是日间生底，为物欲梏之，随手又耗散了”，“天地生生之理，本自不息，惟旦昼之所为，有所梏亡”。② 而夜间人体之气相对处于一种虚静的状态，“夜气只是不与物接时”③，气的杂质更易得过滤而变得清明，所以夜间生成的气是一种清明之气，“夜间生底，则聚得在那里，不曾耗散，所以养得那良心”。如果白昼之时存养的工夫不够，“盖心既放，则气必昏，气既昏则心愈亡”④，则平旦之时所具有的清明之气会慢慢消散，就会抵消掉夜间所形成的清明之气，“日间目视耳听，口里说话，手足运动，若不曾操存得，无非是耗散

① 转引自朱熹：《四书章句集注》，第346页。

② 黎靖德编：《朱子语类》卷五十九，第4册，第1397、1398页。

③ 黎靖德编：《朱子语类》卷五十九，第4册，第1398页。

④ 黎靖德编：《朱子语类》卷五十九，第4册，第1397、1400页。

底时节”[1]，“旦昼所为，坏了清明之气。夜气微了，旦昼之气越盛。一个会盛，一个会微。消磨得尽了，便与禽兽不远”[2]。就是说，如果旦昼之时，任由身体欲望而行，而不注重发挥心之理的主宰作用，以理制气，则会耗散夜间所形成的清明之气，如此循环往复，则会梏亡人心，而人心一旦梏亡，便与禽兽没有什么区别了。朱子以贮水与放水来比喻曰：

> 如水之流，夜间则闸得许多水住在这里，这一池水便满，次日又放干了；到夜里，又聚得些小。若从平旦起时，便接续操存而不放，则此气常生而不已。若日间不存得此心，夜间虽聚得些小，又不足以胜其旦昼之梏亡，少间这气都干耗了，便不足以存其仁义之心。[3]

朱子以水流和闸门作为比喻，形象地说明了人的心性和道德修养的积累与消耗过程，意在强调“接续操存而不放”即要不间断地修炼和保持内心的纯净与道德力量，使其像水流一样源源不断地得到补充和增强。只有这样，人的内心才能保持生机勃勃、永不枯竭的状态。相反，如果白天不努力保持这种内心的纯净与道德力量，那么夜晚虽然能聚集起一些微小的力量，但远远不足以抵抗白天的损耗和侵蚀，最终会导致内心的空虚和道德的沦丧。仁义之心虽为人所本有，但它需要得到持续的滋

---

① 黎靖德编：《朱子语类》卷五十九，第 4 册，第 1397 页。

② 黎靖德编：《朱子语类》卷五十九，第 4 册，第 1396 页。

③ 黎靖德编：《朱子语类》卷五十九，第 4 册，第 1397 页。

养和保护才能得以存养。如果人的内心被杂念和欲望所充斥，那么仁义之心会被遮蔽和侵蚀，最终失去其原有的光辉和价值。

第四，气清与存养是一个互相作用的过程。“清”——虽然是夜气的一种属性或特征，但并非只是夜气才具有“清”的属性，它实际上是存养功夫达到一定层次后气的一种外在显现。只要存养工夫下得够，旦昼之时的气同样能显现出“清”之相。如果日用之间我们不注重涵养心体，任由气行事应物，“心为气所动”，则心会日渐梏亡，当积累达到一定程度后，即使是清明的夜气，也不足以存放“陷溺之甚”的心。“养夜气”工夫的要点在于使良心能有一个归宿安顿的清纯之所——清气。朱子提醒时儒曰：“到后面归宿处极有力。今之学者最当于此用功。”正因为如此，故朱子曰：“若存得这个心，则气自清，气清，则养得这个心常存。”① 在朱子看来，发挥心之理对气的主宰作用至关重要。人之存养工夫做得好，则气自然清明，气清明，便又自然能存放仁义之心。

孟子所言之“山之性”就是指山具有使草木生生的本能，也就是天地的生生之道。《中庸》曰：“今夫山，一卷石之多，及其广大，草木生之，禽兽居之，宝藏兴焉。”② 所以，山“日夜之所息”的生生之道，也就是仁道。朱子曰：“日夜之所息，谓气化流行未尝间断，故日夜之间，凡物皆有所生长也。”③ 山的本性虽是如此，但由于牛山位于大国的郊外，砍伐树木的人

① 黎靖德编：《朱子语类》卷五十九，第4册，第1395页。

② 朱熹：《四书章句集注》，第36页。

③ 朱熹：《四书章句集注》，第309页。

众多，树木被砍伐得很多，再加上牛羊又吃掉了山上刚刚长出的草，牛山便因此显现出一片秃废的濯濯之象。当人们见到此濯濯之象后，以为此山本来就不生长木材，这种外在的砍伐和牛羊之牧使山生养草木的生生之道受到严重的损害，弥而不彰。

孟子表面上是说山，其实是说人之心，意为人心亦如山一样本有生生之道，只是受到外在东西遮蔽而隐而不彰，人亦具有仁义的本性，只是人放逸了人之本有的良心。孟子曰："虽存乎人者，岂无仁义之心哉？……梏之反复，则其夜气不足以存；夜气不足以存，则其违禽兽不远矣。人见其禽兽也，而以为未尝有才焉者，是岂人之情也哉？"（《孟子·告子上》）孟子深刻分析人性中的仁义之心及其可能沦丧的过程，批判了那种忽视人性本质、简单将人之不善归咎于人性本身的错误观点。他强调了道德修养和内心纯净对于保持人性中仁义之心的重要性，并呼吁人们要时刻保持警惕和自省，通过不断地修炼和提升来保持内心的纯净和道德力量的充足。只有这样，我们才能真正地理解和尊重人性，成为有道德、有良知的人。

人之所主在心，故人之修养的根源也在于心。然人非不勉而中、不思而得的圣人，心难免会有放失之时。如同牛山之草木有砍伐、放牧之害一样。山之草木虽在白天有砍伐、放牧之害，但草木的生意未尝止息，夜间之时，被伐牧的草木开始萌生，特别是在未有外物砍伐和放牧的清明之时，气之滋养草木生长的意象最为明显，此气就是孟子所说的"平旦之气"。人与山相似，人也具有一种生养仁义之道的平旦之气，此气在朱子看来，就是一种清明之气："平旦之气，谓未与物接之时，清明之气也。”[①] 人的耳目之官没有心之官“思”的功能，只具有自然的感应性能，当遇到外物时，“物交物，则引之而已矣”（《孟子·告子上》）。这种外物的牵引，如果没有心之官的御导，则人的良心就被遮蔽了。人之放失的良心在人心未与物相接的“静”之时，本明的良心会因气的清明发显出来，心之体易得于这种清明之气的滋养而生长，这如山之草木在没有被砍伐和放牧的清明之时亦易生长一样。朱子曰：“人之良心虽已放失，然其日夜之间，亦必有所生长。故平旦未与物接，其气清明之际，良心犹必有发见者。”[②] 良心因外物牵诱而导致的丧失会在清明之时平旦之气的滋养下再次缓慢回归生长，正如草木被伐牧之后慢慢生长一样。但如果白昼的砍伐和放牧行为的破坏程度超过了夜间草木的生长速度时，夜间草木的养长不能克胜白昼的破坏行为，会造成“辗转相害”的危险，日日浸薄，最终夜气之生的部分难以敌过日昼的破坏行为。以此来说人之修养，则人之“夜气之生，日以浸薄，而不足以存其仁义之良心，则平旦之气亦不能清，而所好恶遂与人远矣”[③]。欲望愈长，则心之好好善、恶恶臭的仁性本体日渐梏亡，与人日渐远离，则与禽兽日渐近矣！孟子由此推出，不仅木山失去滋养会造成这样的结果，万物亦然，“苟得其养，无物不长；苟失其养，无物不消”（《孟子·告子上》）。人同样如此，因此人不能不重视修养。

① 朱熹：《四书章句集注》，第310页。

② 朱熹：《四书章句集注》，第310页。

③ 朱熹：《四书章句集注》，第310页。

综上所述，在朱子的思想体系中，“夜气”不只是一种气，而是一种修养达到一定境界后所显现的一种状态——清明之气。“养夜气”是一种心性修养工夫，就是发挥人所本有的道德觉知能力，为良心的生长创造条件和空间，使人本有的善性之光能绽放出来。朱子继承伊川的“涵养须用敬”的思想，将持敬与涵养统一起来，持敬工夫就其实质来讲，就是所谓“养夜气”的工夫。敬即敬畏、主一，贯动静、合内外，其目的是使人发挥心之良知、良能的自主作用，在自己的内心深处建立起一道遏制人欲的防火墙，并且时刻反省自己的行为（包括意识、念头）是否合乎“天理”，由此做到随时处中。“养夜气”工夫是一个持续不已的过程。人之所养的关键在心，如果人心失去其养，则人日趋近于禽兽，孟子引用孔子的话曰：“‘操则存，舍则亡；出入无时，莫知其乡。’惟心之谓与？”（《孟子·告子上》）朱子认为孟子引用孔子之言意在表明“以明心之神明不测，得失之易，而保守之难，不可顷刻失其养。”① 人要在心静之时做好存养工夫，由静入敬，积聚人之抵御使生命向下堕落的向上力量。朱子闻其延平师曰：“人，理义之心未尝无，惟持守之即在尔。若于旦昼之间，不至梏亡，则夜气愈清。夜气清，则平旦未与物接之时，湛然虚明气象，自可见矣。”由此观之，孟子的夜气之说，实则为人心由静而敬的持敬工夫，意在表明存养心体对于人的重要性。朱子认为：“（此）于学者极有力，宜熟玩而深省之也。”②

---

① 朱熹：《四书章句集注》，第 310 页。

② 朱熹：《四书章句集注》，第 310 页。

第四章　知行相须

——朱子之知行工夫

知行关系在中国传统哲学思想里是一个重要问题。早在《尚书·商书·说命中》里就有“知之匪艰，行之惟艰”的记述，尽管清人从考据学的角度认为此为伪托，但知、行关系作为一个问题开始进入中国人的视野，并深深地扎根于中国人的精神里。对此一对关系，学者们大部分是在西方哲学认识论视角下，将其置换成知识论和实践论的关系进行讨论的。中国传统哲学素有重行的传统。宋代是儒学创新发展的新时期，力图将天道性命之理打通，建构修德成圣的思想基础和工夫体系，对传统的知行关系又予以新的审视，形成了不同的观点。朱子充分汲取和运用《大学》的思想资源，以及张载、程伊川等人的观点，从修身工夫的角度，对知行关系做了创新性的阐释①，提出了颇具特色的格物致知论，认为人心之灵皆有知，天下之

① 朱汉民从工夫论的角度来理解朱子的知行关系，避免了从知识论角度审视朱子知行关系所带来的种种抵牾。参见朱汉民：《朱熹工夫论的知行关系》，载《湖南大学学报（社会科学版）》2005 年第 4 期。

物皆有理，通过即物穷理，可以豁然贯通，达到认知的极致。这一思想不仅关注自然之理，也重视人伦道德，体现了朱子对于知识和道德的双重追求。朱子的格物致知论后来遭到王阳明的大力批判。王阳明批评朱子的格物工夫，指出其析心与理为二、物理与心性割裂，过分倾向知识论而忽视内在修养；同时，批评其理论中理与事脱节，缺乏实践验证，体系内部存在矛盾。王阳明推崇心学，强调心即理，主张通过内在体悟和实践来达成道德自觉。王阳明的批评推动了心学思潮的兴起，其直指本心的工夫看似简易，却遗落人的现实性，值得我们认真反思。

第一节　知的分类与朱子的知行关系

宋明时期的儒者通常将“知”分为闻见之知与德性之知。这一划分始于张载，二程做了进一步的发挥。如此划分的一个重要目的在于强调“德性所知，不萌于见闻”，凸显“德性之知”对“闻见之知”的超越性和绝对性。朱子则并不太赞同将知这样二分，在朱子看来，无论是闻见，还是德性，最终都是为了提升人的德性修养，不应当将知割裂为二。

一、知的分类

关于“知”的类别，张载首先明确提出：“大其心则能体天下之物，物有未体，则心为有外。世人之心，止于闻见之狭。圣人尽性，不以见闻梏其心，其视天下无一物非我，孟子谓尽心则知性知天以此。天大无外，故有外之心不足以合天心。见闻之知，乃物交而知，非德性所知；德性所知，不萌于见闻。”①在张载看来，心体虚明广大，只要扩充本心，就能体知天下万事万物，宇宙乃是我心扩充的存在。然而在形下的生活世界之中，人心往往受闻见等知识的蔽固，不能扩充本心。如果发挥本心的灵明知觉功能，做孟子的尽心知性知天的工夫，去掉闻见之知对人之德性本体的遮蔽，就能达到天人合一的境界。张载闻见之知的提法，当源自孟子的“耳目之官不思，而蔽于物，物交物，则引之而已矣”（《孟子·告子上》）。程颐对此做了进一步发挥：“闻见之知，非德性之知。物交物则知之，非内也，今之所谓博物多能者是也。德性之知，不假闻见。”②闻见之知，是我们接触形下经验世界所获得的知识，是靠后天经验积累而获得的。德性之知是超越形下世界而获得的关于道德理性的觉知，是“天之所与我者，我固有之”（《孟子·告子上》）的，是先天本有，与生俱来的，不是靠经验而获得的。“闻见之知”属于人自然生命本有的功能，具有客观必然性，这在孟子和张载来讲，都是一种生命实存意义上的小体。而“心之官则思”的大体对身之活动具有主宰作用，这个“天之所与我者，我固有之”的大体能够通达天道性命，完全由心做主，“思则得之，不思则不得”（《孟子·告子上》）。从形下气化生命的角度来说，人亦是一物，而“闻见之知”正是由人感触于物而产生的，

① 张载：《正蒙·大心篇·第七》，《张载集》，第24页。闻见之知与德性之知的划分，据学者的考察，“始于张载，定于程颐，盛于阳明”。参见韦政通主编：《中国哲学大辞典》，“闻见之知与德性之知”条。

② 程颢、程颐：《河南程氏遗书》卷十五，《二程集》，上册，第317页。

与天之所与的德性之知在本源上是不同的，天道流行贯注形成人之生命的过程中，会对心之性体的发显产生遮蔽。对于孟子这句话，朱子解释曰："耳司听，目司视，各有所职而不能思，是以蔽于外物。既不能思而蔽于外物，则亦一物而已。又以外物交于此物，其引之而去不难矣。"① 前一物是外在的物，后一物是耳目之物。在实存生命的活动中，人亦是一物，耳目亦是一物，闻见之知是"外物交于此物"产生的。人之不同于事物之处在于人心能与天道相通，能够守住自我的精神本性，不让外物的利欲牵引本心，"不以见闻梏其心"。这个"知"人和动物均有，区别在于："物之间有知者，不过只通得一路。"如"如乌之知孝，獭之知祭，犬但能守御，牛但能耕而已。人则无不知，无不能。人所以与物异者，所争者此耳。"② 朱子更强调"知"的真实性，即真知，曰："闻见之知与德性之知，皆知也。只是要知得到，信得及。如君之仁，子之孝之类，人所共知而多不能尽者，非真知故也。"③ "心之官则思"，是要发挥心对身的主宰作用，让心中的"德性之知"为身之视听言动做主。人心自有"思"（明觉）的功能，但不能放任人心之动，而是思则得之，不思则不得："视其所当视，不视其所不当视，则不为他所蔽矣。"④ 心之思是人之大体，耳目只是一物，是小体，小体从其大体则君子，否则就是小人。人之修养的一个重要目的

---

① 朱熹：《四书章句集注》，第 314 页。

② 黎靖德编：《朱子语类》卷四，第 1 册，第 66 页。

③ 黎靖德编：《朱子语类》卷六十四，第 4 册，第 1560 页。

④ 黎靖德编：《朱子语类》卷五十九，第 4 册，第 1415 页。

就在唤醒人沉睡的德性之知，让心之官“思”除蔽复明。

然而，对于张载的知之二分，朱子并不是完全赞同①。朱子认为“闻见之知”是“差了”，因为圣贤之事不在于“闻见之知”上。《语类》载：

> 问：“闻见之知，非德性之知。他便把博物多能作闻见之知。若如学者穷理，岂不由此至德性之知？”曰：“自有不由闻见而知者。”
>
> 问横渠“耳目知，德性知”。曰：“便是差了。虽在闻见，亦同此理，不知他资质如此，何故如此差！”②

从对话中不难看出，朱子认为存在一种“不由闻见而知”的知识，即不依赖于感官经验和外界信息而直接获得的内在觉悟。这种知识更加接近“德性之知”，是更高层次的认知境界。真正的知识和智慧不仅来自外在的感官经验和学习积累，更重要的是内心的觉悟和修养。通过不断的学习和实践，人们可以将外在的“闻见之知”转化为内在的“德性之知”，实现自我完善和提升。

对于儒家经典《大学》“格物、致知、正心、诚意、修身、齐家、治国、平天下”之八条目，朱子将“格物、致知”视为知的工夫，就是要“知得分明”，将“正心、诚意、修身”视

---

① 关于朱子对闻见之知与德性之知的讨论，可参见向世陵：《闻见与德性——朱子、阳明“知”论辨析》，载《复旦大学学报（社会科学版）》2019 年第 1 期。

② 黎靖德编：《朱子语类》卷九十九，第 7 册，第 2537 页。

为行的工夫，就是要“行得分明”。[①]《中庸》提出“博学之、审问之、慎思之、明辨之、笃行之”，朱子统括为知、行两个方面，曰：“学、问、思、辨，所以择善而为知，学而知也。笃行，所以固执而为仁，利而行也。”[②] 孔子提出人生六段论，即“吾十有五而志于学，三十而立，四十而不惑，五十而知天命，六十而耳顺，七十而从心所欲，不逾矩。”（《论语·为政》）朱子从知、行两个方面对其进行了阐述，认为：“志学是知，立与不惑是行；知天命、耳顺是知，从心所欲又是行。下面知得小，上面知得较大；下面行得小，上面又行得较大。”[③] 所谓“下面知得小，上面知得较大”是从价值判断上来讲的，也就是说不惑是从“事上知”，知天命是从“理上知”。在价值等级上，从“理上知”要高于从“事上知”，从“事上知”是知其然，从“理上知”是知其所以然。“如父之慈，子之孝，不惑者知其如此而为之。知天命者，谓因甚教我恁地，不恁地不得是如何，似觉得皆天命天理。”[④] 还将《孟子》中“尽性、知性、知天”

---

① 黎靖德编：《朱子语类》卷十四，第1册，第264页。

② 朱熹：《四书章句集注》，第32~33页。王阳明不同意朱子将学、问、思、辨、行分为知、行两个方面，他认为这五者其实就是一个学，学就是行。阳明曰：“尽天下之学，无有不行而可以言学者，则学之始固已即是行矣。笃者，敦实笃厚之意，已行矣，而敦笃其行，不息其功之谓尔。盖学之不能以无疑，则有问，问即学也，即行也；又不能无疑，则有思，思即学也，即行也；又不能无疑，则有辨，辨即学也，即行也。辨既明矣，思既慎矣，问既审矣，学既能矣，又从而不息其功焉，斯之谓笃行。非谓学、问、思、辨之后而始措之于行也。”见王晓昕：《传习录译注》，第208页。

③ 黎靖德编：《朱子语类》卷二十三，第2册，第556页。

④ 黎靖德编：《朱子语类》卷二十三，第2册，第556页。

视为“致知”，“存心、养性、事天”是“力行”。此外，朱子将讲学视为知的工夫，“讲学属知”；将道德修养视为行的工夫，“修德属行”。朱子曰：“讲学自是讲学，修德自是修德。如致知、格物是讲学，诚意、正心、修身是修德；博学、审问、慎思、明辨是讲学，笃行是修德。”①

二、朱子的知行关系论

朱子对于知、行关系，有一个总括性的表述，即：“知、行常相须，如目无足不行，足无目不见。论先后，知为先；论轻重，行为重。”② 朱子常常将知行关系转化为操存与穷格、居敬与穷理及涵养与穷理等几对关系。

除了上面所说的闻见之知和德性之知的区分，对于知的理解，还有一个重要问题就是，知在朱子而言有一个层次问题，即有一般的知和真正的知之别，前者可称之为常知，后者可称之为真知。仅举以下几例便不难知晓。

> 且如这一件事知得不当如此做，末梢又却如此做，便是知得也未至。若知得至时，便决不如此。如人既知乌喙之不可食，水火之不可蹈，岂肯更试去食乌喙，蹈水火！③
>
> 人于道理不能行，只是在我之道理有未尽耳。不当咎

---

① 黎靖德编：《朱子语类》卷三十四，第3册，第858页。

② 黎靖德编：《朱子语类》卷九，第1册，第148页。

③ 黎靖德编：《朱子语类》卷十五，第1册，第311页。

其不可行，当反而求尽其道。①

欲知知之真不真，意之诚不诚，只看做不做如何。真个如此做底，便是知至、意诚。②

真知，是要彻骨都见得透。③

当一个人对某件事情有清晰且正确的认识，即“知得至时”，他的行为会自然而然地与这种认识保持一致。反之，如果一个人的行为与他所知道的是相悖的，那么说明他的认识还不够深刻或全面，即“知得也未至”。朱子通过“如人既知乌喙之不可食，水火之不可蹈，岂肯更试去食乌喙，蹈水火”的比喻，生动地说明了深刻的认识如何指导人们避免危险或不当的行为。这种认识不仅仅停留在表面，而是深入到人的内心深处，成为不可动摇的信念，从而指导人的行动。道理没有得到贯彻和践行，根源不在于道理本身不可行，而在于个体自身对道理的体悟和践行有所欠缺。如果有“彻骨见得透”的真知，则知、行不会脱节。知之真不真，亦需将知放在道德实践（行）中检验。如此而言，朱子亦认同知行合一的观念。

致知工夫的一个重要目的就是要达到知至，亦是真知。朱子对此一层次知的描述是：“知至，谓天下事物之理知无不到之谓。若知一而不知二，知大而不知细，知高远而不知幽深，皆

① 黎靖德编：《朱子语类》卷十三，第1册，第223页。

② 黎靖德编：《朱子语类》卷十五，第1册，第302页。

③ 黎靖德编：《朱子语类》卷十五，第1册，第283页。

非知之至也。要须四至八到，无所不知，乃谓至耳。”① 怎样理解知至，就是说要内外合一，“亲其所亲，长其所长，而不能推之天下，则是不能尽之于外；欲亲其所亲，欲长其所长，而自家里面有所不到，则是不能尽之于内。须是其外无不周，内无不具，方是知至”。大学所谓知止和知至，本质上是没有区别的，只不过是针对不同对象来讲的，“知止就事上说，知至就心上说”②。朱子十分强调真知。知行本身是不存在相互脱离的问题的，之所以会出现知而不行的情况，那是因为知得不真、不切，“人于道理不能行，只是在我之道理有未尽耳。不当咎其不可行，当反而求尽其道。”③ 朱子常引程子的话以知虎可畏为例来说知行关系，曰：“昔尝见有谈虎伤人者，众莫不闻，而其间一人神色独变，问其所以，乃尝伤于虎者也。夫虎能伤人，人孰不知，然闻之有惧有不惧者，知之有真有不真也。学者之知道，必如此人之知虎，然后为至耳。若曰知不善之不可为而犹或为之，则亦未尝真知而已矣。”④ 人人知道老虎能伤人，这只是一般的常识（常知），然有的人并不觉得老虎是真的可怕、能伤人，如果有的人有遭到老虎伤害的实际经历，那么这个人对老虎的认知肯定会不同，会真的知道老虎可怕，下次再遇到老虎的时候，一定会采取安全防御措施。所以，行做得不好，要进行自我反思，要从知上找原因。朱子关于知行关系的论述，

① 黎靖德编：《朱子语类》卷十五，第1册，第296页。

② 黎靖德编：《朱子语类》卷十五，第1册，第296页。

③ 黎靖德编：《朱子语类》卷十三，第1册，第223页。

④ 朱熹：《四书或问·大学或问下》，《朱子全书》，第6册，第524页。

有以下几个方面需注意：

首先，知、行常相须。“相须”亦作“相需”，意为相互依存、相互配合。《诗·小雅·谷风》曰：“习习谷风，维风及雨。”《毛传》谓：“风雨相感，朋友相须。”汉代王充《论衡·无形》曰：“人禀气于天，气成而形立，形命相须，以致终死。”南朝梁刘勰《文心雕龙·丽辞》曰：“夫心生文辞，运裁百虑，高下相须，自然成对。”《后汉书·刘陶传》曰：“夫天之与帝，帝之与人，犹头之与足，相须而行也。”《明史·李自成传》曰：“自成善攻，汝才善战，两人相须若左右手。”知、行相互依存，不可相离，就像人走路，有眼睛看但没有脚是走不了路的，有脚但没有眼睛是看不见路的。

作为修身的工夫，“致知、力行，用功不可偏。偏过一边，则一边受病。”① 意在表明在修德成性的作圣工夫进程中，精神因素的“知”和实践因素的“行”都是非常重要的，知行相互依靠、相互连接，两者不能分离，缺一不可。如只注重“知”的涵养，而忽略“行”的实践，容易走入虚无空泛，陷入佛、老之境，“若欲高明而不道中庸，则将流入佛、老之学”②。如果只注重“行”的实践而不注重“知”的涵养，就容易为外物的形色利益迷惑而失去本心，“若有上面一截（按：尊德性之知），而无下面一截（按：道问学之行），只管道是我浑沦，更不务致知，如此则茫然无觉”③。为了强调知行关系的重要性，

① 黎靖德编：《朱子语类》卷九，第1册，第148页。

② 黎靖德编：《朱子语类》卷六十四，第4册，第1586页。

③ 黎靖德编：《朱子语类》卷六十四，第4册，第1590页。

朱子运用《论语》中子贡与孔子的一段对话进行阐发。《论语》载：“子曰：‘赐也，女以予为多学而识之者与?’对曰：‘然，非与?’曰：‘非也，予一以贯之。’”朱子释曰：“子贡之学，多而能识矣。夫子欲其知所本也，故问以发之。方信而忽疑，盖其积学功至，而亦将有得也。然彼以行言，而此以知言也。”① 朱子的解释就是说，子贡博学多识，在学问实践方面（行）做得很不错，但在涵养本心方面（知）还做得不够，孔子教导子贡要从学问的实践中多反省内求，同时告诉子贡，尽管自己是一个善于博学多识的人，但是一个知行统一的人是一以贯之的人。朱子以知行相统一的思想对“一以贯之”的问题与学生进行了讨论，意在告诉弟子，知、行不可分离。“若不是多学，却贯个甚底！且如钱贯谓之贯，须是有钱，方贯得；若无钱，却贯个甚！孔子实是多学，无一事不理会过。若不是许大精神，亦吞不得许多。只是于多学中有一以贯之耳。”② “一贯”不是空的“一贯”，而是在学习实践的活动中理会其中的道理，假若没有在学习的实践工夫中理会的已知的道理，所谓的“贯”会落空，只是悬想，知没有行做基础，就是空中楼阁。就像用一根线贯铜钱一样，没有铜钱，自然贯不出。同样，若没有一根主线，钱就是散乱的，行没有知的贯穿，就会盲乱。

朱子强调知行相统一，亦是针对当时儒者知、行分离的偏弊而发出的议论。一方面，只做求学的实践，忽略知本的工夫，对实践是有害的。朱子批评说：“只管去考制度，却都不曾理会

① 朱熹：《四书章句集注》，第151页。

② 黎靖德编：《朱子语类》卷四十五，第3册，第1148~1149页。

个根本。一旦临利害，那个都未有用处，却都不将事。”另一方面，只求理会心之本体而不务实事，则易入佛、老之虚无，违背圣学经世大意。朱子又批评陆子静的虚静修养之法，曰：

> 如陆子静又只说个虚静，云：“全无许多事。颜子不会学，‘择乎中庸，得一善则拳拳勿失’。善则一矣，何用更择？‘子路有闻，未之能行，唯恐有闻’。一闻之外，何用再闻？”便都与禅家说话一般了。①

朱子还以雨水蒸发的形象比喻来阐明知行两者的统一关系，指出知的工夫主要就是涵养本心，就如雨水滋润土地一样，践行义理，就如雨水蒸发一样。地上的雨水充足，气才易得蒸郁，否则，涵养工夫未足，就像地上雨水不充足一样，心体滋润得不够，欲望易滋生，那么行得就不得力，就像“亢旱不能得雨相似”。朱子还说：“涵养、穷索，二者不可废一，如车两轮，如鸟两翼。”“学者工夫，唯在居敬、穷理二事。此二事互相发。能穷理，则居敬工夫日益进；能居敬，则穷理工夫日益密。譬如人之两足，左足行，则右足止；右足行，则左足止。又如一物悬空中，右抑则左昂，左抑则右昂，其实只是一事。”“主敬、穷理虽二端，其实一本。”② “行得到恰好处，无些过与不及，乃是知得分明，事事件件理会得到一个恰好处，方能如此。此

---

① 黎靖德编：《朱子语类》卷四十五，第3册，第1149页。

② 黎靖德编：《朱子语类》卷九，第1册，第150页。

足以见知与行互相发明滋养处。”①

朱子没有像阳明那样明确提出知行合一，但并没有否认知行合一，因为在朱子而言，知行合一是一种道德修养的境界，当修养工夫达到一定的层次后，即孔子所说的“从心所欲不逾矩”的境界，人对道理的体认和把握会到位，知、行会达到同一。知是人生而本有的道德觉知，但如果没有做好涵养、问学、格物、穷理、集义等工夫，那么由心所发施的行为不会动容周旋、符合天理。如果知之不真、不切，那么行的也会不周全。朱子曰：“力行而不学文，则无以考圣贤之成法，识事理之当然，而所行或出于私意，非但失之于野而已。”② 实际上人的生活中处处是知行的工夫，知即在行中，知的活动中有行，行即在知中，行的活动中有知。人各有各的职分（位），人随着自己本有的职分而行自己的事业，即为知行同一。

其次，知先行后。程颐首先提出知先行后，为何知在先，行在后呢？程颐以一个简单的生活事例作喻，譬如有人要去京师，必须知道出什么门，走什么路，否则便去不了。由此则可曰“须是识在所行之先”③，“须是知了方行得”④。朱子继承和发展了这一观点，认为学问不外乎致知、力行两件事，曰：“论先后，当以致知为先。”⑤ “问致知涵养先后。曰：‘须先致知而

① 黎靖德编：《朱子语类》卷六十四，第4册，第1589页。

② 朱熹：《四书章句集注》，第51页。

③ 程颢、程颐：《河南程氏遗书》卷三，《二程集》，上册，第67页。

④ 程颢、程颐：《河南程氏遗书》卷十八，《二程集》，上册，第187页。

⑤ 黎靖德编：《朱子语类》卷九，第1册，第148页。

后涵养。’ ”[1] 朱子在《答吴晦叔》中对知先行后的关系有比较详尽的阐述。书云：

> 夫泛论知行之理而就一事之中以观之，则知之为先，行之为后，无可疑者。然合夫知之浅深、行之大小而言，则非有以先成乎其小，亦将何以驯致乎其大者哉？盖古人之教，自其孩幼而教之以孝悌诚敬之实；及其少长，而博之以《诗》《书》《礼》《乐》之文，皆所以使之即夫一事一物之间，各有以知其义理之所在，而致涵养践履之功也。……今就其一事之中而论之，则先知后行，固各有其序矣，诚欲因夫小学之成以进乎大学之始，则非涵养履践之有素，亦岂能居然以夫杂乱纷纠之心而格物以致其知哉？
>
> ……故《大学》之书，虽以格物致知为用力之始，然非谓初不涵养履践而直从事于此也，又非谓物未格、知未至则意可以不诚、心可以不正、身可以不修、家可以不齐也。但以为必知之至，然后所以治己、治人者始有以尽其道耳。若曰必俟知至而后可行，则夫事亲从兄、承上接下，乃人生之所不能一日废者，岂可谓吾知未至而暂辍，以俟其至而后行哉？
>
> 抑圣贤所谓知者，虽有浅深，然不过如前所论二端而已。但至于廓然贯通，则内外精粗自无二致，非如来教及前后所论观过知仁者，乃于方寸之间设为机械，欲因观彼而反识乎此也。又来谕所谓端谨以致知，所谓克己私、集

① 黎靖德编：《朱子语类》卷九，第1册，第152页。

众理者，又似有以行为先之意；而所谓在乎兼进者，又若致知力行初无先后之分也。①

这里，我们需要注意：第一，朱子所说的“知先行后”是有一定条件的，就是“就一事之中以观之”，这是从实存的现实生活中来说的，如孝亲、忠君，都是先有了孝和忠的意识后，然后才有了孝和忠的实践行动。如果没有正确的道德观念做指导，道德行动就会盲目。然而并不是所有的“知”都能转化为“行”，现实生活中也存在知而不行的情况，如人人虽有知孝亲的观念，但并不是人人有此观念后都能付诸行动。为了弥补知先行后的理论缺陷，程颐和朱子又提出真知的问题，分析了知而不行的原因，认为知了以后之所以不能行，那是因为知得不真、不切，如果对某一事的道德伦理有了真切的理会，有了“信得及”的真知，自然就会以此知作为道德行动的指导。

如果是真知，就不会发生知而不行的情况。前面我们说过，真知就是知至，所谓“物格而后知至”，最是要知得至。朱子曰：“人有知不善之不当为，及临事又为之，只是知之未至。人知乌喙之杀人不可食，断然不食，是真知之也。知不善之不当为，而犹或为之，是特未能真知之也。所以未能真知者，缘于道理上只就外面理会得许多，里面却未理会得十分莹净，所以有此一点黑。这不是外面理会不得，只是里面骨子有些见未破。”② 真

① 朱熹：《答吴晦叔》，顾宏义：《朱熹师友门人往还书札汇编》，第5册，第2816~2818页。

② 黎靖德编：《朱子语类》卷四十六，第3册，第1173页。

知在现实生活中的表现就是知道有些事不可做坚决不做，如我们知道偷窃是不可做的恶行为，就坚决不做。如果有一天看见他人的好东西，一心想占为己有，虽然知道偷窃可耻不可为却抵御不了贪心而偷窃，这不是真知。朱子认为人之所以无真知，关键原因在于人只理会得事物外面的道理，只知道事物之所当然，而在“里面骨子有些见未破”，即不知道事物之所以然。程颐以虎伤人的例子亦经常被朱子用来阐述真知，曰：“真知与常知异。常见一田夫，曾被虎伤，有人说虎伤人，众莫不惊，独田夫色动异于众。若虎能伤人，虽三尺童子莫不知之，然未尝真知。真知须如田夫乃是。故人知不善而犹为不善，是亦未尝真知。若真知，决不为矣。”① 在程颐看来，人人都知道老虎伤人，不应当去接近老虎，而在实际的行动中，有些人并不会以此观念作为行动的指导，比如没有与老虎保持安全的距离，随意向老虎抛食物，引来老虎的攻击并造成伤害。为什么明明知道老虎可畏、伤人，却还不能在实际行动中采取避开的措施呢？原因就在于未受到虎伤的人虽然知老虎可畏，但并不是真知，“里面骨子有些见未破”，而是一般的常知，常知就可能不会产生相应的行动。相反，对于受到虎伤的人，亲身经历了，对虎之可畏有了真切的体会和认知，那么在下一次见到老虎后必定能采取有效措施以避免受到老虎的伤害。这就是真知必能行，之所以知而不行，是因为那个“知”还不是“真知”。也就是说，真知和行不会发生冲突。

朱子的知先行后常被理解为一种时间上的先后关系。王阳

① 程颢、程颐：《河南程氏遗书》卷二，《二程集》，上册，第16页。

明曾在这个意义上对朱子知先行后提出批评，他的一个学生来信说：“所喻知行并进，不宜分别前后，即《中庸》‘尊德性而道问学’之功，交养互发、内外本末一以贯之之道，然工夫次第不能无先后之差。如知食乃食，知汤乃饮，知衣乃服，知路乃行，未有不见是物，先有是事。此亦毫厘倏忽之间，非谓有等今日知之而明日乃行也。”① 显然学生是从“工夫次第不能无先后之差”来理解知先行后的，这自然又与其师说的“交养互发、内外本末一以贯之之道”在逻辑上存在矛盾。针对此一问题，王阳明又做了更进一步的阐述，以帮助学生正确理解知行合一之说，曰：

> 既云“交养互发、内外本末一以贯之”，则知行并进之说无复可疑矣。又云“工夫次第不能无先后之差”，无乃自相矛盾已乎？“知食乃食”等说，此尤明白易见，但吾子为近闻②障蔽，自不察耳。夫人必有欲食之心然后知食，欲食之心即是意，即是行之始矣。食味之美恶必待入口而后知，岂有不待入口而已先知食味之美恶者邪？必有欲行之心然后知路，欲行之心即是意，即是行之始矣。路岐之险夷必待身亲履历而后知，岂有不待身亲履历而已先知路岐之险夷者邪？“知汤乃饮”“知衣乃服”，以此例之，皆无可疑。若如吾子之喻，是乃所谓不见是物而先有是事者矣。吾子又谓“此亦毫厘倏忽之间，非谓截然有等今日知之而明日

① 王晓昕：《传习录译注》，第196页。

② 此处当指朱子的知先行后说。

> 乃行也”，是亦察之尚有未精。然就如吾子之说，则知行之为合一并进，亦自断无可疑矣。①

王阳明以意为行之始，避开了朱子知先行后的矛盾，心之所发就是意，如饥而欲食、寒而欲衣等，此欲食、欲衣之心就是意，欲要知道食物是否美味，需要在此欲食之心的驱动下品尝食物之后才能知道食物的味道，如果从这个角度来说，则是先有意（欲食），然后有行（品尝），最后知味。换句话讲，知是行之后产生的结果，这与朱子所说的知先行后有很大不同。阳明批评学生的理解“乃所谓不见是物而先有是事者矣”，即不见到这个物事而先有这个物事的意向了，就像没有见到这个食物而先有关于这个食物的味道，这显然不符合现实生活的实际情况，也不合逻辑，这样的知是不可能产生行之结果的，这实际上也是对朱子知先行后观的批评。

王阳明认为朱子的知先行后容易在道德实践中产生知行分离的后果，知而不行，如有时知得父当孝，却在实践中不能做到孝。王阳明以有了欲食之心然后才能知道食物的美味，并不是说行在知之前，而是说知是行的知，不是时间上的先行后知，而是一种融合意义的行的知。反过来，行则是知之成，如知道此食物是美是恶，即有了欲食之心经过品尝后产生的结果。就知孝与行孝的相互关系来说，知孝是此人必定有了行孝的行为后方可称他为知孝，不是说只是晓得孝的言语便可谓知孝。而行孝就是知孝的意念在人实践之后的结果。这样，朱子的知先

① 王晓昕：《传习录译注》，第196页。

行后关系就被王阳明转换为一种知行合一的关系，即：知是行的主意，行是知的工夫；知是行之始，行是知之成。圣学只一个工夫，知行不可分作两事。王阳明的知行观是建立在心即理基础上的，在阳明的心学思想体系中，心、仁、义、理都是一，所不同的是，它们是从不同的角度来看的，“心一而已，以其全体恻怛而言谓之仁，以其得宜而言谓之义，以其条理而言谓之理。不可外心以求仁，不可外心以求义，独可外心以求理乎？外心以求理，此知行之所以二也。求理于吾心，此圣门知行合一之教，吾子又何疑乎？”①

王阳明将朱子的知先行后简单地理解为知是脱离行的一种独立的知，这显然也是有问题的。朱子早些时候的知行观容易导致这种倾向，但后来朱子意识到这一问题带来的困惑，就在程子的基础上进一步修正了原来的“知”观念，提出了“真知”，以避免出现知而不行的道德实践问题，因为真知就如同王阳明所说的那样，是在行的过程中产生的知。畏虎之喻虽然有些不太现实，因为人并不可能都会在受到虎害之后才真知虎之可畏，但此畏虎之喻意在强调人只有在道德实践中产生的知才是真知。如同说知孝一样，人在孝的实践中产生的对孝的认识，才能真正说是知孝。这样的真知如同前面所述，不会产生知行矛盾或知而不行的情况。正如阳明所说：“知之真切笃实处，即是行；行之明觉精察处，即是知，知行工夫不可离。只为后世学者分作两截用功，失却知行本体，故有合一并进之说。‘真知

① 王晓昕：《传习录译注》，第199页。

即所以为行，不行不足谓之知’。”① 不难看出，阳明的这一论断是针对知行分离易导致的工夫困境而言，这种对知行合一的强调无疑是正确的，亦与朱子后来强调真知的理路是不异的。

阳明所说的“知行合一”，在朱子而言，实是本然层面或本体视域下的自然合一，是圣人之为。“圣人之生，其禀受浑然，气质清明纯粹，全是此理，更不待修为，而自然与天为一”②，即圣人之知是真知，圣人之行没有私欲阻隔，不存在知、行间的矛盾，可一般人并非如此，须是力行，须要有“诚之”的工夫，努力达到天理那真实无妄的境地，才有至仁的可能。就其工夫实现的等次来说，可以将《中庸》曰“或生而知之，或学而知之，或困而知之，及其知一也；或安而行之，或利而行之，或勉强而行之，及其成功一也”，分为生知安行者、学知利行者、困知勉行者。生知安行者对圣人而言，知、行是同一的，“不用着力”，其所行的就是知，生知必能安行，但也要“须是知得，方能行得”③。既然圣人是生知安行者，为何还说知先行后呢？以圣人行孝为例，其所行的孝必定是先有个孝的知，此是天之所与，有此知发于父母之事上，便能行孝，其所行之孝与其所知之孝便自然合一，朱子以“生知安行”为“知”也正是从这个意义上来讲的。对于生活在现实世界的一般人来说，则是学知利行或困知勉行者，因为一般人虽然有孝的良知，但有私欲的阻隔，其知并不是真知，不能当下即转化为行，正是

① 王晓昕：《传习录译注》，第198页。

② 黎靖德编：《朱子语类》卷六十四，第4册，第1563页。

③ 黎靖德编：《朱子语类》卷六十四，第4册，第1560页。

因为如此，才要“学而知得，然须是著意力行，则所学而知得者不为徒知也”，即一般人虽有孝的良知，但因有私欲阻隔，本有之知并不能完全显发出来，须要用学之力行工夫来缩小所行实然之孝与本然之孝的距离，困知者更是亦然。所以朱子才说“学知利行主于行而言”①。

如果我们从“知之深浅、行之大小”而言，知、行的关系亦会发生变化，即行先知后。就工夫践履的阶段来说，有小学工夫和大学工夫之分，小学工夫主要在八到十五岁之间，是以主敬工夫为主，主要是在洒扫应对之间、礼乐射御的事物上体会义理，致“涵养践履”之功，也就是说小学阶段，主要是在洒扫应对的日用之间培养道德意识的涵养践履工夫。朱子曰：

> 古者初年入小学，只是教之以事，如礼乐射御书数及孝弟忠信之事。自十六七入大学，然后教之以理，如致知、格物及所以为忠信孝弟者。
>
> ……
>
> 小学是直理会那事；大学是穷究那理，因甚恁地。
>
> 小学者，学其事；大学者，学其小学所学之事之所以。②

到了大学阶段，基于小学阶段的“所学之事”而“教之以理”，不仅知其然，更要知其所以然。如果没有小学涵养之行，就不会有大学的致知之知，“非涵养履践之有素，亦岂能居然以夫杂

① 黎靖德编：《朱子语类》卷六十四，第4册，第1560页。

② 黎靖德编：《朱子语类》卷七，第1册，第124页。

乱纷纠之心而格物以致其知哉？”① 也正是在这种意义上，朱子才讲“然合夫知之浅深、行之大小而言，则非有以先成乎其小，亦将何以驯致乎其大者哉？”②

大学阶段是以“知之至”为主要修养目标。人人皆有“知”（道德意识），《易》所谓“知至至之”就是当我们对某一事物的认知达到一定的程度时（知至）会采取行动（至之），行动了之后反求自己的内心，对本有的道德良知会有更深刻的体会，即知之深者。“知终终之”就是当我们对某一事物的认知达到了理想的程度后（知终）就停止行动（终之）。也就是说，在道德践履中，我们要知止而止、知行而行，而要达到这样的修养目标，没有小学阶段“涵养履践”是不能的。《大学》工夫的八个条目虽以格物致知为先、为基础，但这只是一个逻辑上的大致顺序，并不是在现实生活中实际如此，“非谓物未格、知未至则意可以不诚、心可以不正、身可以不修、家可以不齐也”③。如果执着于知至而后可行，则“夫事亲从兄、承上接下，乃人生之所不能一日废者，岂可谓吾知未至而暂辍，以俟其至而后行哉？”④ 因此，要将“知先行后”放在现世的生活世

① 朱熹：《答吴晦叔》，顾宏义：《朱熹师友门人往还书札汇编》，第5册，第2817页。

② 朱熹：《答吴晦叔》，顾宏义：《朱熹师友门人往还书札汇编》，第5册，第2816页。

③ 朱熹：《答吴晦叔》，顾宏义：《朱熹师友门人往还书札汇编》，第5册，第2817页。

④ 朱熹：《答吴晦叔》，顾宏义：《朱熹师友门人往还书札汇编》，第5册，第2817~2818页。

界中来理解，不可拘执于一偏。

所以我们要辩证地看，就工夫次第来讲，虽然知先行后是一个基本原则，就小学阶段和大学阶段而言，又各有不同，小学阶段主要是侧重于“行”，涵养以事，知得相对较浅，行得也相对较浅，故小学工夫是小。大学阶段则是要发明事理，侧重于“知”，是要知得深、要行得真，故大学工夫是大。大学工夫是以小学工夫为基础的，“然合夫知之浅深、行之大小而言，则非有以先成乎其小，亦将何以驯致乎其大者哉？”①

最后，知轻行重。前述的“知先”是从工夫的次第上来说的，道德行为的动力源在心上，心是一个“我欲仁斯仁至”的道德器官，而不是一个认识的知识性器官——大脑。性即理，是人心所本自具足的，人的道德行为（行）是在性体的发动下做出的，必定是建立在心本有之知的基础上的，如人之孝亲的活动，如果心中没有孝的道德意识，是不可能做出孝的行为的，所以从这个角度来说，知先行后，知是先在的。尽管知为人所本有，但是知的道理在人心还是潜在的，并不能当下直接地转换为“行”。“知”是人生而本有的道德觉知，不需假借外物，人人都具有“不虑而知”的能力，既然人人都有知、都能知，那么知在人而言，就不是奇有的外来之物。朱子所说的“知轻”正是从这种意义上来讲的。但是每人都有的良知，并不能都转化在道德行动上，“圣贤千言万语，只是教人做人而已”②。朱

① 朱熹：《答吴晦叔》，顾宏义：《朱熹师友门人往还书札汇编》，第5册，第2816页。

② 黎靖德编：《朱子语类》卷十三，第1册，第243页。

子还在很多地方强调知轻行重，这里仅举几例便可看出，曰："论先后，知为先；论轻重，行为重。""论先后，当以致知为先；论轻重，当以力行为重。"① "学之之博，未若知之之要；知之之要，未若行之之实。"② 为什么要强调行重于知，朱子分析曰：

> 讲学固不可无，须是更去自己分上做工夫。若只管说，不过一两日都说尽了。只是工夫难。且如人虽知此事不是，不可为，忽然无事又自起此念。又如临事时虽知其不义，不要做，又却不知不觉自去做了，是如何？又如好事，初心本自要做，又却终不肯做，是如何？盖人心本善，方其见善欲为之时，此是真心发见之端。然才发，便被气禀物欲随即蔽锢之，不教它发。此须自去体察存养，看得此最是一件大工夫。③

在朱子看来，知不能落实于行，一个根本的原因在于：人心本来是善的，生而有知，心体感物而动就会产生相应的道德行为，但是在心体向外发施、心由理转化为现实的道德活动时，人所禀得的气即对心体产生蔽固，这是一种客观的现象。而工夫的一个要点就在于人要克服气禀的蔽固以实现符合心之本善的行为，这往往是很难的，所以朱子要人明白"此最是一件大工夫"。

此外，朱子之所以强调"行"的工夫，亦是针对南宋空疏

---

① 黎靖德编：《朱子语类》卷九，第1册，第148页。
② 黎靖德编：《朱子语类》卷十三，第1册，第222页。
③ 黎靖德编：《朱子语类》卷十三，第1册，第228~229页。

的学风而发。时儒空谈心性，不务实际，专求在心上体悟，“徒知不行”，朱子在给两位好友汪太初和王子充的书信中无不忧虑地曰：“近世学者不知圣门实学之根本次第，而溺于老、佛之说，无致知之功，无力行之实，而常妄意天地万物、人伦日用之外别有一物空虚玄妙、不可测度。”① “大抵今日之弊，务讲学者多阙于践履，而专践履者又遂以讲学为无益，殊不知因践履之实以致讲学之功，使所知益明，则所守日固，与彼区区口耳之间者固不可同日而语矣。”② 知的道理如果不能转化为自我的行动，知就不会发挥作用，就是空的。力行、践履、实行是实的，如果知而不行，跟不学、不知没什么区别。“为学之实固在践履，苟徒知而不行，诚与不学无异。”③ “既知得，若不真实去做，那个道理也只悬空在这里，无个安泊处。”④ 当时，以陆九渊为代表的心学一派，提倡以尊德性为先，以心即理为基本依据，强调工夫要在心上用，引得社会上很多士人的笃信，但很多人因此而走向佛、老之空无，忘记了自身的责任与使命，朱子在反思与陆九渊工夫的差别时指出：“大抵子思以来，教人之法惟以尊德性、道问学两事为用力之要。今子静所说，专是尊德性事，而熹平日所论，却是问学上多了。……今当反身用

---

① 朱熹：《答汪太初》，顾宏义：《朱熹师友门人往还书札汇编》，第 5 册，第 2547 页。该封书信约作于 1180 年。

② 朱熹：《答王子充》，顾宏义：《朱熹师友门人往还书札汇编》，第 5 册，第 2716 页。该封书信约作于 1186 年，待考。

③ 朱熹：《答曹元可》，顾宏义：《朱熹师友门人往还书札汇编》，第 1 册，第 156 页。

④ 黎靖德编：《朱子语类》卷六十九，第 5 册，第 1721 页。

力，去短集长，庶几不堕一边耳。”①

再者，道德意识的真实与否，仅仅诉诸自我的良知判断是不够的。朱子曰：“欲知知之真不真，意之诚不诚，只看做不做如何。真个如此做底，便是知至、意诚。”② 关于这一点，我们在相关章节已有较详细的讨论。

综上所论，我们对朱子的知行观可以做如下总结。首先，知行相须。这是在本体上强调知行相互依存。这种依存关系某种程度上也是知行合一，即在修养工夫达到一定的层次后，心中的本有之知就会完全转化为行，做当做之事，当孝则孝，当忠则忠，凡事都做到恰到好处，从容中道，不多一分，也不少一分，天理完全显现在人的行为之中。其次，知先行后。这是强调在现实的生活实践中，人在做某一具体的事情时，当先知其可为与不可为，然后再采取相应的行动。如遇见掉在井里的小孩子，人会顿生恻隐之心，心之仁体会有良知的发动，外显为恻隐之情，既而会采取相应的施救行动。最后，知轻行重。就知行的范围来说，知为人人所本有，但并不是人人都能将知转化为自我的道德行动，知的道德最终要落实在人的行动当中，心体发施于外表现为人的行动时又不可避免地受到气

---

① 朱熹：《答项平父》，顾宏义：《朱熹师友门人往还书札汇编》，第 5 册，第 2849 页。该封信约作于 1183 年春间或稍晚。关于此，陆九渊《语录》亦有记载，曰：“朱元晦曾作书与学者云：‘陆子静专以尊德性诲人，故游其门者多践履之士，然于道问学处欠了。某教人岂不是道问学处多了些子？故游某之门者践履多不及之。’观此，则是元晦欲去两短，合两长。然吾以为不可，既不知尊德性，焉有所谓道问学？”见陆九渊：《陆九渊集》，钟哲点校，第 400 页。

② 黎靖德编：《朱子语类》卷十五，第 1 册，第 302 页。

禀的遮蔽，这是修养工夫最难做到的，所以从此一角度来说，知为轻，行为重。总之，如果不是从知识论的角度即以知识的本质、来源和范围来审视朱子的知行观，而是从工夫论即人如何通过修养来成就圣贤德性的角度来看，朱子所谓的知行相须、知先行后、知轻行重就不会抵牾，而是一个自相圆融的修养体系。

第二节　读书以求圣贤之心

食物能填饱我们的肚子，书籍则能滋润我们的心灵。中国自古就有悠久的读书传统，在中国人的观念里，读书不仅是一种索取知识的途径，更是一种人性修养的工夫。朱子认为研读“四书”等经典著作的目的在于实现“格物致知”，即通过对经典的研读和思考，提升自己的品德修养，达到明理达理的境地。这里的“理”既包括道德规范和价值观念，也包括宇宙万物的规律和道理。通过读书，人们可以明晰道德的本质和意义，理解世界和自然的规律，从而顺应天理，实现自我完善。钱穆指出：“读书即是一种日用工夫，浸灌培养，可以变化气质。”① 李景林指出：“孔子所言‘学’，其核心是人的修养，其目的是立身成德，由此而成就人生的智慧。”② 在读书过程中，通过深入理解圣贤之言，人们可以管摄内心，使心灵得到宁静与平和。这种修炼不仅能够帮助人们去除浮躁，平心静气，还能够培养

① 钱穆：《朱子论读书法》，《朱子新学案》，第3册，第664页。

② 李景林：《教化儒学论》，第83页。

关爱他人、关爱天地的大爱精神，实现心灵的净化与升华。

一、读书是一种心性修养工夫

对于朱子来讲，读书不仅仅是一种知性活动，更重要的是一种修身养性的工夫，他还劝为官者在行政之余尽可能抽出时间读书，虽然道理不全写在书册上，有时还靠人的实践体悟，但如果离开书册上的学问，我们在做许多事情时则思考得不彻底，不从书本汲取一些历史经验和人生智慧，有时会丧失重要人生机遇。朱子在《答刘仲则》中曰：

> 示喻学问之道不专在书册，而在持身接物之间，理固如此，然便全舍去书册，不复以讲学问辨为事，则恐所以持身接物之际，未必皆能识其本源而中于机会，此子路人民社稷何必读书之论所以见恶于圣人也。试以治民理事之余力益取圣贤之言而读之、而思之，当自觉有进步处，然后知此言之不妄也。①

朱子为什么反复强调人要读书，其最大的原由在于吾心与书中所显现的圣贤之心是一致的，书中所讲的道理只不过是圣人写在书册上的言语，究其实，人心虚灵洞澈，“人生道理合下完具”，既然如此，为何还要读书呢？按照朱子的说法，道理虽为人心之所本有，是“自家合下元有底，不是外面旋添得

① 朱熹：《答刘仲则》，顾宏义：《朱熹师友门人往还书札汇编》，第3册，第1705页。

来”，但没有发显出来，要使道理发显出来，使人接事应物符合天理，则需要修养的工夫，而读书正是这样一种工夫。正是从这种意义上讲，朱子强调“读书乃学者第二事”或“第二义”①，正是要表明读书并不能为人添加新知识，而是激发心之本有理性的一种方式和手段。朱子说：“盖道之本在于修身，而后及于治人，其说具于方册，读而知之，然后能行。何可以不读书也？”② 我们的心与圣人的心没太多不同。圣人做人做事的道理都记载在书册上，如何求做圣贤，当然要通过读书，才能知晓其中的道理，然后再将知晓的道理转化为实践，这样的“行”才不会迷茫。正如钱穆所说：“此书乃朱子教人读书最大理据所在。我心与圣贤心本无二致，圣贤之心见于方策，我之读书，正为由书以求圣贤之心，亦不啻自求我心也。”③ 读书可以使心不放纵，存善性，通过与圣贤进行心灵的无声交流，反思自己的不足，见贤思齐，见不贤而内省，“人常读书，庶几可以管摄此心，使之常存”④。学界对于朱子的读书法比较重视，但一般是在诠释学的视角下进行的。我国台湾有学者从修养工夫的角度来关注朱子的读书法⑤，这是一个尊重儒学传统的视角。

---

① 黎靖德编：《朱子语类》卷十，第1册，第161页。

② 朱熹：《四书章句集注》，第123页。

③ 钱穆：《朱子论读书法》，《朱子新学案》，第3册，第651页。

④ 黎靖德编：《朱子语类》卷十，第1册，第176页。

⑤ 王雪卿：《读书如何成为一种工夫——朱子读书法的工夫论研究》，载《清华中文学报》（中国台湾）2015年第13期。

钱穆曾提出，朱子读书法其实是一种成德之学的工夫进路。①亦有学者认为朱子读书法的真实意蕴是一种工夫。② 站在南宋儒学知识分子的角度来看，朱子的读书法的确具有特殊性，虽有客观认知的一面，但绝不仅仅如此，儒者作为知识分子所呈现出的精神风貌，便不能仅以一般学者视之而已，而应注意到其中可能有的宗教性情怀的承担。澄清这一点，对于讨论朱子读书法相当重要。因为，朱子虽然是中古世界思想家中，较具有客观知识倾向的儒者，然而，其学术生命的基底依然是由实践性格所组成，进而构成其一生行事的基本原则。掌握这个实践性格的宗教性情怀，我们才能戡破其追求客观知识的背后，其实仍然是隐含着某种热切的主观情感，而非等同于近代追求客观真实性的学术性格。③ 读书为何能成为一种修养工夫，朱子曰："所以古人设教，自洒扫、应对、进退之节，礼、乐、射、御、书、数之文，必皆使之抑心下首以从事于其间而不敢忽，然后可以消磨其飞扬倔强之气，而为入德之阶。今既皆无此矣，则唯有读书一事，尚可以为摄伏身心之助。……如此积累，做得三五年工夫，庶几心意渐驯，根本粗立，而有可据之地。"④ 朱子认为，古人设教，不仅注重知识的传授，更重视品德的

---

① 参见钱穆：《朱子论读书法》，《朱子新学案》，第 3 册，第 649 页。

② 王雪卿：《读书如何成为一种工夫——朱子读书法的工夫论研究》，载《清华中文学报》（中国台湾）2015 年第 13 期。

③ 林启屏：《朱子读书法与经典诠释：一种信念分析的进路》，载《中正汉学研究》（中国台湾）2014 年第 1 期。

④ 朱熹：《答孙仁甫》，顾宏义：《朱熹师友门人往还书札汇编》，第 4 册，第 2477~2478 页。该封书信约作于 1197 年。

修养与行为习惯的养成，从日常生活的洒扫、应对、进退之节，到礼、乐、射、御、书、数六艺的学习，都旨在通过具体的实践活动，让学生在实际操作中学会谦逊、专注与尊重。这些活动要求学生“抑心下首”，即保持谦逊的态度，全身心地投入其中，不敢有丝毫的疏忽。通过这样的教育方式，学生的飞扬倔强之气得以消磨，逐渐培养出沉稳、内敛的品格，为进一步的道德修养打下坚实的基础。读书不仅能够传授知识，更能够陶冶性情，培养人的气质与品格。在读书的过程中，人们需要静下心来，深入思考，这有助于摄伏身心，使心灵得到净化与升华。

朱子重视读书并亲身践行，提出非常宝贵的读书方法，在中国传统读书法方面具有十分重要的地位。朱子本身也给我们树立了刻苦读书的榜样，他曾回忆自己以前读书非常刻苦，反复思考其中的道理。读书要反复思考其中的道理，就如走在危险的木桥上，险情就在毫发之间，一旦踩不稳，就会跌到桥下。所以用心极苦。如果到了五十岁，因为记忆力减退，读书就会觉得有些吃力，因此朱子曰：“五十岁已后，觉得心力短，看见道理只争丝发之间，只是心力把不上。所以《大学》《中庸》《语》《孟》诸文字，皆是五十岁已前做了。五十已后，长进得甚不多。”① 朱子的读书法和一般意义的西方诠释学是有重要区别的，因为朱子所倡导的读书，不是一种知性的活动，不是一种知识的诠释活动，而是一种重要的心性修养工夫，是人在成

① 黎靖德编：《朱子语类》卷一百四，第7册，第2621页。

圣成贤过程中的一个重要功夫手段，我国学者已注意到这一点。① 在朱子言，“道问学”是大事，读书是人在成圣贤道路上的一项最重要的活动，不读书，而一味求诸内心以求顿悟成圣贤，是不可取的。朱子批评陆象山不教人读书曰：

若陆氏之学，只是要寻这一条索，却不知道都无可得穿。且其为说，吃紧是不肯教人读书，只恁地摸索悟处。譬如前面有一个关，才跳得过这一个关，便是了。此煞坏学者。某老矣，日月无多。方待不说破来，又恐后人错以某之学亦与他相似。今不奈何，苦口说破。某道他断然是异端！断然是曲学！断然非圣人之道！但学者稍肯低心向平实处下工夫，那病痛亦不难见。②

从语气上判断，这应是朱子晚年对陆象山的批评。这个批评严厉指出陆象山“不肯教人读书，只恁地摸索悟处”。显然，这里朱子批评陆象山不读书并非指陆象山真的不教人读书，而是“当朱子时，理学风气率多高谈心悟，轻视读书，朱子力矫其弊”③。根据陆象山年谱的记载，陆也是个很用功的、勤奋的读书人，“从幼读书便着意，未尝放过。外视虽若闲暇，实勤考

① 彭国翔曾写文章探讨此一问题，见《身心修炼：朱子经典诠释的宗教学意涵》，载林维杰、邱黄海主编：《理解、诠释与儒家传统：中国观点》，“中研院”中国文哲研究所 2010 年版，第 195~196 页。

② 黎靖德编：《朱子语类》卷二十七，第 2 册，第 684 页。按：这当是朱子晚年的语录，如果这样的话，似与王阳明的《朱子晚年定论》不合。

③ 钱穆：《朱子论读书法》，《朱子新学案》，第 3 册，第 649 页。

索。伯兄总家务，尝夜分起，见先生观书，或秉烛检书”①。陆象山后来亦知有此批评，便反驳道：“人谓某不教人读书，如敏求前日来问某下手处，某教他读《旅獒》《太甲》《告子》‘牛山之木以下’，何尝不读书来？只是比他人读得别些子。”②“某何尝不教人读书，不知此后煞有甚事。”③ 那为什么朱子批评象山不教人读书？原因在于象山以“子夏、子游、宰我、子贡，虽不遇圣人，亦足号名学者”为据，不认同读书学知识是成圣贤的必然途径。朱学与陆学的一个重要区别在于儒学的修养工夫方面，即心性的涵养与追求圣贤境界是否需要通过读书的方式达成？“道问学”是否可能？在朱子看来，书是对圣贤人生经验、智慧的高度总结，通过读书能够将圣贤的生命智慧融入自我的道德践履中，“须是下学，方能上达”④，“读书是格物一事”⑤。在陆象山看来，心性的修养工夫要先立其大，发明本心，“宇宙便是吾心，吾心即是宇宙”⑥，读书是一个获取知识的知性活动，与道德修养没有必然的关系，“若某则不识一个字，亦须还我堂堂地做个人”⑦。在《答汪尚书》中，朱子就儒门工夫究竟是应“下学上达”还是“先上达而后下学”阐述了自己的看法：

① 陆九渊：《陆九渊集》，第 482 页。

② 陆九渊：《陆九渊集》，第 446 页。

③ 陆九渊：《陆九渊集》，第 470 页。

④ 黎靖德编：《朱子语类》卷四十四，第 3 册，第 1140 页。

⑤ 黎靖德编：《朱子语类》卷十，第 1 册，第 167 页。

⑥ 陆九渊：《陆九渊集》，第 273 页。

⑦ 陆九渊：《陆九渊集》，第 447 页。

圣门之教，下学上达，自平易处讲究讨论，积虑潜心，优柔餍饫，久而渐有得焉，则日见其高深远大而不可穷矣。程夫子所谓善学者求言必自近，易于近者，非知言者也，亦谓此耳。今曰此事非言语臆度所及，必先有见，然后有以造夫平易，则是欲先上达而后下学，譬之是犹先察秋豪而后睹山岳，先举万石而后胜匹雏也。夫道固有非言语臆度所及者，然非颜、曾以上几于化者，不能与也。今日为学用力之初，正当学问思辨而力行之，乃可以变化气质而入于道。①

对于陆学一脉坚持先立其大、求顿悟“先有见”之法，朱子是完全不赞成的。朱子坚持认为，圣学功夫的真谛是下学上达，没有下学之功，是入不了圣门的。如果走相反的路径，即“先上达而后下学”是很危险的，朱子在《答刘公度》和《答汪尚书》中亦曰：

今闻废书不讲，而反以持守之事为讲说之资，是乃两失其宜，下梢弄得无收杀，只成得杜撰捏合而已。②

顾乃先自禁切，不学不思，以坐待其无故忽然而有见，无乃溺心于无用之地，玩岁愒日则卒不见其成功乎？就使

① 朱熹：《晦庵先生朱文公文集》卷三十，《朱子全书》，第 21 册，第 1307 页。

② 朱熹：《答刘公度》，顾宏义：《朱熹师友门人往还书札汇编》，第 3 册，第 1710 页。

> 侥幸于恍惚之间，亦与天理人心、叙秩命讨之实了无交涉，其所自谓有得者，适足为自私自利之资而已。此则释氏之祸横流稽天而不可遏者，有志之士所以隐忧浩叹而欲火其书也。①

朱子认为，圣门之教的工夫在于“下学上达”，如果相反，“先上达而后下学”则误入歧途，即使偶然侥幸有所得，“亦与天理人心、叙秩命讨之实了无交涉，其所自谓有得者，适足为自私自利之资而已”。在朱子看来，这些都受释氏学说的不良影响，求顿悟心法，束书不读，不切实际。此外，有的人虽肯读书，但不会将书本上的道理放在自家身上体认，因此对道理的领会和体悟不深，这也是很有问题的。在学生问读书工夫时，朱子曰：“如世上一等人说道不须就书册上理会，此固是不得。然一向只就书册上理会，不曾体认着自家身已，也不济事。……如世上一等说话，谓不消得读书，不消理会，别自有个觉处，有个悟处，这个是不得。”② 在儒学的修养工夫中，读书与实践是相辅相成的两个方面。我们不能完全摒弃读书学习而仅凭个人直觉或顿悟来追求心性之学或圣贤之道，也不能只停留在书本知识的层面上而忽视实践体验的重要性。只有将读书与实践有机地结合起来，既注重知识的积累和学习又注重实践体验和内心修炼，才能真正实现心性的提升和圣贤之道的达成。

---

① 朱熹：《晦庵先生朱文公文集》卷三十，《朱子全书》，第21册，第1307~1308页。

② 黎靖德编：《朱子语类》卷十一，第1册，第182页。

读书的目的不是为了应付考试、博取功名。为了考试而读书，博取功名，会误入歧途。南宋时期，真正的读书人很少，其中的一个重要原因就是将读书作为升官进爵的一种手段，是为了在考试中取得好成绩，读书是“才讨得新奇，便准拟作时文使，下梢弄得熟，只是这个将来使”①。针对时弊，朱子不无忧虑地警示曰：“学须做自家底看，便见切己。今人读书，只要科举用；已及第，则为杂文用；其高者，则为古人用，皆做外面看。”②“有为己而读书者，有为名而读者，有为利而读者。”③今天，仍有很多人将读书视为应试的法宝，社会上的各种浮躁之见，对读书人的影响很大，各种各样五花八门的考试，已毁掉了读书的本来面目。读书是心灵的一道开关，它让人心中的许多道理通过读书而激发出来，转化为有效的生命实践。读书如果不将德性融入自己的生命实践中，便和书中的道理有隔裂，正如程颐说读《论语》之书一样，“旧时未读是这个人，及读了后又只是这个人，便是不曾读也”④。读和没读是一个样，对提高自我的德性没有丝毫益处，这样的读书在儒家看来是没有任何意义的。

人自禀有上天赋予的善性，其最主要的内容是父子有亲、君臣有义、夫妇有别、长幼有序、朋友有信。朱子曰：“这个道理，本是天之所以与我者，不为圣贤而有余，不为愚不肖而不

---

① 黎靖德编：《朱子语类》卷十，第1册，第175页。

② 黎靖德编：《朱子语类》卷十一，第1册，第182页。

③ 黎靖德编：《朱子语类》卷二十四，第2册，第572页。

④ 程颢、程颐：《河南程氏粹言》卷十九，《二程集》，上册，第261页。

足。但其间节目，须当讲学以明之，此所以读圣贤之书，须当知他下工夫处。”① 也就是说，无论贤愚，在天赋道德理性的本然方面，没有什么不同，圣贤之所以为圣贤不是因为它的善性比我们多，而是圣贤的气禀正、通、薄，对德性的遮蔽很少，另一方面，圣贤又善于学习，下学而上达。“为学不可以不读书”②，而我们一般的凡夫俗子，自身的气禀不好，如果再不能做到困而好学，勉而行之，那么与圣贤的距离将越来越大。读书讲学的目的就是让我们本自具有的光明德性恢复本有的光明，此亦是支撑宋代读书人最根本的信念。“读书以观圣贤之意；因圣贤之意，以观自然之理。”③ 对于读书，朱子有一个说法，前面我们已提到，即“读书乃学者第二事”。我们都知道，朱子十分强调读书的作用，“‘道问学’是大事”，那为什么又说读书是学者第二事呢？那第一事是什么？朱子曰：“学问，就自家身己上切要处理会方是，那读书底已是第二义。”④ “就自家身己上切要处理会”的切己是第一，就是密切联系自己，就是追求圣贤之德的生命实践、性命之学，脱离这个目的的读书是无意义的，“且如为学，决定是要做圣贤，这是第一义”⑤。

读书最重要的目的是“识得道理去做人”。朱子曰：“大抵学者读书，务要穷究。‘道问学’是大事。要识得道理去做人。

---

① 黎靖德编：《朱子语类》卷十四，第 1 册，第 269 页。

② 朱熹：《答江端伯》，顾宏义：《朱熹师友门人往还书札汇编》，第 2 册，第 1144 页。

③ 黎靖德编：《朱子语类》卷十，第 1 册，第 162 页。

④ 黎靖德编：《朱子语类》卷十，第 1 册，第 161 页。

⑤ 黎靖德编：《朱子语类》卷十五，第 1 册，第 282 页。

大凡看书，要看了又看，逐段、逐句、逐字理会，仍参诸解、传，说教通透，使道理与自家心相肯，方得。”① 读书就是将圣人积累的道德知识转化为我们的有效生命实践，“今读书紧要，是要看圣人教人做工夫处是如何。如用药治病，须看这病是如何发，合用何方治之；方中使何药材，何者几两，何者几分，如何炮，如何炙，如何制，如何切，如何煎，如何吃，只如此而已。”② 我们要通过读书，找到医治心灵弊病的良方，让心灵回归善端。“大凡看文字：少看熟读，一也；不要钻研立说，但要反覆体验，二也；埋头理会，不要求效，三也。三者，学者当守此。”③ 第一条较好理解，但对第二条，多有疑义，我们通常理解，读书就是为了著书立说，以教后人，但朱子说“不要钻研立说，但要反复体验”呢？其实这需要结合第一条来理解，如果书没有熟读，对书中道理理解不透彻，就轻易著书立说，也必然不会讲出好道理，以此示人，也必会贻误后人。反思今人，动不动就著书立说，数量可观，但细细思来，又能有多少书经得住历史的大浪淘沙而能延续呢？书只有读熟之后，并经过自己反复体验，埋头理会，才能真正透彻理解其中的道理。不要盲目地追求所谓的表面效果。

二、朱子读书法掇要

作为一种心性修养和思考创作的工夫，朱子的读书法，内

---

① 黎靖德编：《朱子语类》卷十，第 1 册，第 162 页。

② 黎靖德编：《朱子语类》卷十，第 1 册，第 162 页。

③ 黎靖德编：《朱子语类》卷十，第 1 册，第 165 页。

容十分丰富，这里我们掇其要者加以阐述。

第一，熟读精思。朱子曰：“泛观博取，不若熟读而精思。”① 观书熟读也就是读者和作者之间不断互动思考的过程，文字里蕴含的意思往往会在这个过程中显现出来，《孟子·告子》上曾讲到“夜气”，朱子跟弟子讲了自己通过熟读之后才理解的过程：“某因将《孟子》反覆熟读，每一段三五十过，至此方看得出。后看程子却说：‘夜气之所存者，良知良能也。’与臆见合。以此知观书不可苟，须熟读深思，道理自见。”② 读书不要贪多，要少看，要读得烂熟。朱子还以小孩读书为例说，为什么小孩子读书能记得，大人反而记不得呢？这里的原因在于小孩子往往专注于某一板文字，一天学一百字，则只是一百字；二百字，则只是二百字。大人往往做不到这一点，总是想多看，只求多，不求专精，这样泛泛而读就不会取得好的效果。

对于时人读书一味地贪多之病，朱子批评曰：“读书，只恁逐段子细看，积累去，则一生读多少书！若务贪多，则反不曾读得。”③ “今人读书，只衮衮读去。假饶读得十遍，是读得十遍不曾理会得底书耳。”④ 这种熟读精思的技巧，用朱子的话说就要“小作课程，大施功力”。具体说来，就如能读得二百字，就不要读那么多，只读得一百字，即所谓“小作课程”，但就这一百字要熟读精思、仔细理会，即所谓“大施功力”。如果能做

---

① 黎靖德编：《朱子语类》卷十，第1册，第168页。

② 黎靖德编：《朱子语类》卷五十九，第4册，第1396~1397页。

③ 黎靖德编：《朱子语类》卷十，第1册，第166页。

④ 黎靖德编：《朱子语类》卷十，第1册，第165页。

到这一点，“不会记性人自记得，无识性人亦理会得”①。对于读书不要贪多，朱子还有很多告诫：

> 读书，只看一个册子，每日只读一段，方始是自家底。若看此又看彼，虽从眼边过得一遍，终是不熟。
>
> ……
>
> 某最不要人摘撮。看文字，须是逐一段、一句理会。
>
> 读书是格物一事。今且须逐段子细玩味，反来覆去，或一日，或两日，只看一段，则这一段便是我底。脚踏这一段了，又看第二段。如此逐旋捱去，捱得多后，却见头头道理都到。这工夫须用行思坐想，或将已晓得者再三思省，却自有一个晓悟处出，不容安排也。书之句法义理，虽只是如此解说，但一次看，有一次见识。所以某书，一番看，有一番改。亦有已说定，一番看，一番见得稳当，愈加分晓。故某说读书不贵多，只贵熟尔。然用工亦须是勇做进前去，莫思退转，始得。②

这一点也是朱子自己读书著书的真实写照。朱子从 33 岁到 71 岁，用了将近 40 年的时间来撰写修订《四书集注》，日读《大学》《中庸》《论语》《孟子》无间断，特别是对《大学》一书的修订，更是倾注了最多精力，历经千百次。少年时从父学习《大学》，临终前仍在病床上修改《大学章句》。针对宋

---

① 黎靖德编：《朱子语类》卷十，第 1 册，第 165 页。

② 黎靖德编：《朱子语类》卷十，第 1 册，第 166~167 页。

代学人读书贪多缺乏精思的弊病，宋代黄庭坚《与李几仲帖》云：“不审诸经、诸史，何者最熟。大率学者喜博，而常病不精。泛滥百书，不若精于一也。”① 对此朱子深以为然，并就当时的学风批评曰：“学者贪做工夫，便看得义理不精。”② 书的熟读法，要注意及时巩固已学、已读的内容，而这一点，往往为很多读书人所忽略，有的人为了贪多，读这些内容时，还兼看一些未读的内容，却忽略了已读的内容。关于熟读，朱子还曰：

> 大凡读书，须是熟读。熟读了，自精熟；精熟后，理自见得。如吃果子一般，劈头方咬开，未见滋味，便吃了。须是细嚼教烂，则滋味自出，方始识得这个是甜是苦是甘是辛，始为知味。又云：“园夫灌园，善灌之夫，随其蔬果，株株而灌之。少间灌溉既足，则泥水相和，而物得其润，自然生长。不善灌者，忙急而治之，担一担之水，浇满园之蔬。人见其治园矣，而物未尝沾足也。”又云：“读书之道，用力愈多，收功愈远。先难而后获，先事而后得，皆是此理。”又云：“读书之法，须是用工去看。先一书费许多工夫，后则无许多矣。始初一书费十分工夫，后一书费八九分，后则费六七分，又后则费四五分矣。”
>
> ……
>
> 今日看了，明日又看；早上看了，晚间又看；饭前看了，饭后又看。久之，自见得开，一个字都有一个大缝罅。

① 转引自黎靖德编：《朱子语类》卷十，第1册，第169页。

② 黎靖德编：《朱子语类》卷十，第1册，第169页。

今常说见得，又岂是悬空见得！亦只是玩味之久，自见得。文字只是旧时文字，只是见得开，如织锦上用青丝，用红丝，用白丝。若见不得，只是一片皂布。①

读书没有捷径可走，非要下一番苦读工夫不可。书中的道理是需要读者通过层层的剥离来显现的，朱子曰："为学读书，须是耐烦细意去理会，切不可粗心。若曰自有个捷径法，便是误人底深坑也。未见得道理时，似数重物包裹在里许，无缘可以便见。须是今日去了一重，又见得一重，明日又去了一重，又见得一重。去尽皮，方见肉；去尽肉，方见骨；去尽骨，方见髓。使粗心大气不得。"② 《语类》中朱子给我们分享了他读《中庸》的经验和体会，曰：

某旧年读《中庸》，都心烦，看不得，且是不知是谁做。若以为子思做，又却时复有个"子曰"字，更没理会处。贺录云："汉卿看文字忒快。如今理会得了，更要熟读，方有汁水。某初看《中庸》，都理会不得云云。只管读来读去，方见得许多章段分明。"盖某僻性，读书须先理会得这样分晓了，方去涵泳它义理。后来读得熟后，方见得是子思参取夫子之说，著为此书。自是沉潜反覆，逐渐得其旨趣，定得今《章句》（按：指《中庸章句》）一篇。其

① 黎靖德编：《朱子语类》卷十，第1册，第167～168页。

② 朱熹著，张洪、齐熙编：《朱子读书法》，何雪燕、杜均译注，中国致公出版社2018年版，第71页。

摆布得来，直恁么细密！①

朱子分享的这段研读《中庸》的经验和体会非常重要，对我们阅读圣贤经典具有重要的指导意义。正所谓“书读百遍，其义自见”，正是能通过熟读，朱子理会《中庸》的义理，将其分为三十三章，阐发每章的义理，遂成章句。他的高足黄榦曾回忆朱子写《四书集注》刻苦钻研、精思熟读的情景：

> 先师之用意于《集注》一书，愚尝亲见之。一字未安，一语未顺，覃思静虑，更易不置。或一二日而未已，夜坐或至三四更。如此章，乃亲见其更改之劳。对坐至四鼓，先生曰：“此心已孤，且休矣。”退而就寝，目未交睫，复见遣小吏持版牌改数字以见示，则是退而未寐也。未几而天明矣。用心之苦如此，而学者顾以易心读之，安能得圣贤之意哉。追念往事，着之于此，以为世戒。②

对于时人读书不精的弊病，在《答吕子约》中，朱子批评曰：

> 大抵今人读书务广而不求精，是以刻苦者迫切而无从容之乐，平易者泛滥而无精约之功，两者之病虽殊，然其

① 黎靖德：《朱子语类》卷六十四，第4册，第1591页。朱子认为《中庸》中的“子曰：‘好学近乎知，力行近乎仁，知耻近乎勇。’”前面的“子曰”二字为衍文，参见朱熹：《四书章句集注》，第30页。

② 朱熹著，张洪、齐熙编：《朱子读书法》，第81页。

> 所以受病之源则一而已。今观来喻，虽云数书之外有所未暇，然只此已是多少功夫！又《论》《孟》《中庸》《大学》乃学问根本，尤当专一致思，以求其指意之所在。今乃或此或彼，泛然读之，此则尤非所以审思明辨而究圣学之渊源也。愚意此四书者当以序进，每毕一书，首尾通贯，意味浃洽，然后又易一书，乃能有益。其余亦损其半，然后可以研味从容，深控其立言之旨，而无迫切泛滥之累。①

针对时人读书务广不精的毛病，朱子给出解决的办法就是：书太多了，我们有限的精力不可能读完，要把精力放在一些能代表圣贤之意的经典书目上，即四书是根本，要认真读懂读透。

第二，虚心切己。虚心，虚是心的一种“空”的状态，就是不将自己的主观见解带进来，为正确理解圣贤意见留下适当的空间，以虚受实，“虚心，方能得圣贤意”②，即以书观书，以物观物，不先立己见，不牵强附会来理解文意，不着私意。着私意是读书的一大忌讳，因为圣贤著书立说的目的就是教人除去心中的私意，使心保持一种湛然虚明的状态。读书一旦有了私意，就会遮蔽心性的显现，此为读书要努力克服的弊病。可这么讲，与其有私意，宁可不要六经，因为着私意违背了六经传承的求道宗旨，“圣贤所以留千言万语，以扫涤人私意，使

① 朱熹：《答吕子约》，顾宏义：《朱熹师友门人往还书札汇编》，第4册，第1876页。

② 黎靖德编：《朱子语类》卷十一，第1册，第179页。

人人全得恻隐、羞恶之心。六经不作可也，里面着一点私意不得”①。朱子在解释《孟子·万章上》所载孟子针对弟子咸丘蒙误读《诗·小雅·北山》而提出的“以意逆志”命题时，将其作为一种读书方法，以“前去追迎之之意，盖是将自家意思去前面等候诗人之志来”释“逆”，“以意逆志”就是“自家虚心在这里，看他书道理如何来，自家便迎接将来”。而时人读书的一大弊病就是以私意去捕捉，“今人读书，都是去捉他，不是逆志”。② 所以，虚心读书的首要原则就是不着私意，“读六经时，如未有六经”。朱子曰：“圣人言语，皆天理自然，本坦易明白在那里。只被人不虚心去看，只管外面捉摸。及看不得，便将自己身上一般意思说出，把做圣人意思。”③ “不可用己意迁就圣贤之言。”④ 读书中文字，应顺着文字本来的意思来看。

读书“以私意去捕捉”的一个表现就是“先入己见”，在读书的过程中，遇见用自己意思无法理解的字句时，硬穿凿使其与己意相合，“先自立了意后方观，尽率古人语言入做自家意思中来。如此，只是推广得自家意思，如何见得古人意思！”在朱子看来，这不是“以意逆志”，而是“以意捉志也”⑤。如何做到虚心呢？朱子提出“退步法”，就是“退一步思量”。所谓“退步”，就是“不要自作意思”，即要给心里留下空间来接纳

---

① 黎靖德编：《朱子语类》卷十一，第1册，第188页。

② 黎靖德编：《朱子语类》卷五十八，第4册，第1359页。

③ 黎靖德编：《朱子语类》卷十一，第1册，第179页。

④ 黎靖德编：《朱子语类》卷十一，第1册，第185页。

⑤ 黎靖德编：《朱子语类》卷十一，第1册，第180页。

圣贤的言语，这样才能很好地理解“古人意”。[1] 孔子曰：“不逆诈，不亿不信，亦抑先觉者，是贤乎?”（《论语·宪问》）在日常交往中，不以己意凭空妄加猜测别人的意思，但又对别人的意见保持警觉，同时，能对别人的毛病事先有所察觉，这样的人就算得上贤人了。这对于读书亦适用，读书实为与圣贤心灵的对话交流，不着自家意思亦非常重要。孟子曰“以意逆志”，就是以“古人意”为标准，来反思查找自己的不足，不断纠正自我，就是逆志，达到“古人意”亦是“自家意”的层次，方才能有大长进，实际上这样的读书方法就是以退为进。

如反过来，先立“自家意”，以“自家意”去求“古人意”，就如在路上等人一样，本来只须耐心地等，人会该来自来，但是有些人缺乏耐心，急于求成，以“自家意”去追寻，不是“以意逆志”，而是“以意捉志”，这个“捉”字带有很强的自我主观性，十分传神地表达了朱子时代读书人的大弊病。朱子告诫曰：“只是牵率古人言语，入做自家意中来，终无进益。”[2] 读书要有自己的所见，但不可过于执着自己的所见，在朱子看来，读书就是新旧意见交替的过程，执着于旧的意见，占实于心，“此心便被此遮蔽了”，新见便很难进入我们的心，因此读书不固执于所见，要将所见“放在一边，益更读书”[3]，亦是一种“虚心”的读书态度。此即如横渠所云“濯去旧见以

① 黎靖德编：《朱子语类》卷十一，第1册，第180页。

② 黎靖德编：《朱子语类》卷十一，第1册，第180页。

③ 黎靖德编：《朱子语类》卷十一，第1册，第184页。

来新意”①，就像除掉水中的污泥一样，除去了污泥，才能见得清水。我们也要特别注意的是，这种“不着自家意思”的读书法，实际上就要求读者在阅读时尽可能少地掺杂自己的私意，保持一种客观中立的立场，要放开心胸。朱子曰：

> 大抵不论看书与日用功夫，皆要放开心胸，令其平易广阔，方可徐徐旋看道理，浸灌培养。切忌合下便立己意，把捉得太紧了，即气象急迫，田地狭隘，无处著功夫也。此非独是读书法，亦是仁卿分上变化气质底道理也。②

所谓读书的“公心”，就是让心能保持“虚”的状态，这种“虚”不是真虚。这里需要强调的是，不掺杂自己的意见并不是要读者放弃怀疑和批判的立场，儒家自古就有“尽信书则不如无书”的批判传统，而且朱子十分强调读书的独立批判精神。读书如果不批判，人云亦云实际上是读者没有真正理会书中的意思。对于一些歪曲圣贤言语的曲解、错解和误解，要大胆批判。朱子曰：“看人文字，不可随声迁就。我见得是处，方可信。须沉潜玩绎，方有见处。不然，人说沙可做饭，我也说沙可做饭，如何可吃！”③“读书无疑者，须教有疑；有疑者，

---

① 张载：《张载集》，第321页。

② 朱熹：《答黄仁卿》，顾宏义：《朱熹师友门人往还书札汇编》，第2册，第955页。

③ 黎靖德编：《朱子语类》卷十一，第1册，第185页。

却要无疑，到这里方是长进。”①

而所谓“切已”，就是将书中所说的圣贤言语与道理放在自家身上理会，“以圣贤之言反求诸身”。读书只在书本上求得理义，而不注重结合书中的义理放在自己身上体察，对此，朱子在《记婺源藏书阁》中不无忧虑地感叹自秦汉以来，学风衰落不正，一些人读书只是牢记背诵，为了捞取功名利禄，并不是以追求真理（天理）、修养身心为目的。还有一些人受释氏影响极深，不肯用功于平常，忽略铢积寸累之功，追求顿悟之法。朱子曰：“然自秦汉以来，士之所求乎书者，类以记诵剽掠为功，而不及乎穷理修身之要。其过之者则遂绝学捐书，而相与驰骛乎荒虚浮诞之域。盖二者之蔽不同，而于古人之意则胥失之矣。”②“只是一向去书册上求，不就自家身上理会。”③ 读书之切己体察，就像用药治病一样，不就自己身上理会，就不知道病痛在哪里，如此盲目地用药，怎么能达到治病的目的呢？人生道理虽为我所本有，然如不将圣贤的道理放在自家身上理会，便不会有真正深刻的领悟。书册文字只是圣贤意思的载体，领会圣贤的意思自然离不开书册，但如果只是一味地就书册上理会，不就自身体察反思，则终无所得。朱子说：

> 人之为学，也是难。若不从文字上做工夫，又茫然不知下手处；若是字字而求，句句而论，不于身心上著切体

---

① 黎靖德编：《朱子语类》卷十一，第1册，第186页。

② 朱熹著，张洪、齐熙编：《朱子读书法》，第6页。

③ 黎靖德编：《朱子语类》卷十一，第1册，第181页。

> 认，则又无所益。且如说“我欲仁，斯仁至矣”，何故孔门许多弟子，圣人竟不曾以仁许之？虽以颜子之贤，而尚不违于三月之后，圣人乃曰“我欲斯至”！盍亦于日用体验，我若欲仁，其心如何？仁之至不至，其意又如何？又如说非礼勿视听言动，盍亦每事省察何者为非礼，而吾又何以能勿视勿听？若每日如此读书，庶几看得道理自我心而得，不为徒言也。①

读书不只是在文字上做工夫，更重要的是，要理解文字中所表达的真实意义，离不开我们生活的日用体验。只有将圣贤言语和我们生活的日用体验相结合，才能理会其中的真意，才会“看得道理自我心而得”。所以圣人说的“学而时习之”，在朱子看来，这也是表明读书是一个不断反思体察的过程。读书是提高心性修养的一种工夫，而不是追名逐利、升官发财的手段，针对时人读书的功利主义思想，朱子斥曰：“今人读书，只要科举用；已及第，则为杂文用；其高者，则为古文用，皆做外面看。”② 读书要特别警惕下面两种走向：一是“舍去册子，却欲于一言半句上便要见道理”，释、老门下的学者，不求在事物上理会，舍弃册子，只求顿悟之法，这是很危险的，易走向虚空；一是“一向泛滥不知归着处，此皆非知学者”③，这是只求博取，一味追求数量，而不求甚解，如出了远门的游骑散勇，

① 黎靖德编：《朱子语类》卷十九，第2册，第435~436页。

② 黎靖德编：《朱子语类》卷十一，第1册，第182页。

③ 黎靖德编：《朱子语类》卷十一，第1册，第182页。

茫茫无边，不知归着。读书要有一个“主脑”，不可悠悠荡荡而无归着。另外，我们也要注意，读书之切己的理会，不仅仅是将圣贤的言语放在自己身上理会，更要将理会的所得转化为现实的道德实践，从这一角度看，“读书便是做事”①。朱子反复强调读书要“真理会得”，这个“真理会得”就是要将自己所理会的书中的道理转化为道德实践。只有在现实的道德实践中，我们才更好理解道理之是非、得失、轻重，如书册中所言的“为人子当孝”，我们一般人都知晓，但是并不一定真正地理解“孝”，只有在现实的孝亲实践中，才会有更好的体悟。读书只是将其中的道理转化为自己的道德实践，“真理会得底，便道真理会得；真理会不得底，便道真理会不得”②。

第三，循序渐进。对于读书的顺序，要分清楚两种情况：一种是“群书先后缓急之序”，一是“每书诵读、考索之序”。对于群书之先后次序，朱子倡导的次第是四书、六经、史。四书依《大学》《论语》《孟子》《中庸》之顺序。这和二程倡导的《论语》《孟子》《大学》《中庸》之四书阅读顺序不同。在朱子看来，群经各自承担不同的功能，“观《论》《孟》《大学》《中庸》，以考圣贤之意；读史，以考存亡治乱之迹；读诸子百家，以见其驳杂之病”③。朱子强调的读书次序并非人为的规定，而是遵循事物所自有的原则，“其节目自有次序，不可逾越”④。

① 黎靖德编：《朱子语类》卷十一，第1册，第183页。

② 黎靖德编：《朱子语类》卷十一，第1册，第183页。

③ 黎靖德编：《朱子语类》卷十一，第1册，第188页。

④ 黎靖德编：《朱子语类》卷十一，第1册，第188页。

读书自有其内在的逻辑，读书的次序是不能随意更改的。“大抵读书唯虚心专意、循次渐进为可得之。如百牢九鼎，非可以一嘬而尽其味也。”① “不循其序而遽责其全，则为自罔；但求精晓而不期贯通，则为自画。”② 自罔和自画都是读书的大毛病，亦是很多人在读书进学中常犯的错误。

为什么先读经书后看史书呢？朱子的解释是：“史是皮外物事，没紧要，可以札记问人。若是经书有疑，这个是切己病痛。”③ 显然，在朱子看来，经书是圣人道德价值的凝结，蕴含着人生的智慧，是做人的根本，其价值和作用要大于记载治乱兴替的史书，“六经是三代以上之书，曾经圣人手，全是天理”④。史书所记载的事例可以作为经书中推求义理的验证，“读史当观大伦理、大机会、大治乱得失”⑤。为何像朱子这样的理学家重经轻史，根本原因与他们“理一分殊”的理学思想是分不开的。⑥

读书不能一味地贪多求快。欲速则不达，表面上读得快，但是不了解其中的义理，这样的读书还不如读慢一点，细细品嚼、理会。朱子在屏山书堂时，有一天和学生一起出去攀登高

① 朱熹：《答刘仲则》，顾宏义：《朱熹师友门人往还书札汇编》，第3册，第1705页。

② 朱熹：《答黄商伯》，顾宏义：《朱熹师友门人往还书札汇编》，第2册，第1096页。

③ 黎靖德编：《朱子语类》卷十一，第1册，第189页。

④ 黎靖德编：《朱子语类》卷十一，《朱子全书》，第14册，第347页。

⑤ 黎靖德编：《朱子语类》卷十一，第1册，第196页。

⑥ 向燕南：《从“荣经陋史”到“六经皆史”——宋明经史关系说的演化及意义之探讨》，载《史学理论研究》2001年第4期。

台，见到台上杂草丛生，便令几个士兵除草，台子共有四个角落，让每个人分别除一个角落。有一个士兵除草时连根拔起，其他三个都干完了，他还没有干完。先生见到这种情况就问他的学生："你们认为他们除草哪个快?"学生都认为是那三个士兵快，那一个士兵慢。最后因为那三个人除草除得不干净，还得重新再来。此时，朱子又对学生曰："那一兵虽不甚快，看他甚子细，逐根去令尽。虽一时之难，然却是一番工夫便了。这个又着从头用工夫，只缘其初欲速苟简，故致得费力如此。"① 朱子借这个生动形象的例子向弟子表达一种观点，即读书就如除草，只想快速做完，就必然会忽略读书的质量，往往是做了无用功，这也跟我们传统上经常讲的龟兔赛跑的故事一样，龟虽然跑得慢但从不停息，一步一个脚印，踏实前进，最终赢了表面上跑得很快但实际上懒惰的兔子。四个士兵除草，虽然有一个做得慢，但除草连根拔起，除得干净彻底，不需要再返回重新除，那三个士兵虽然除得快，但为了追求快，除得敷衍，还得重新除，其实是慢。读书何不是如此呢？朱子最后对弟子说："看这处（士兵除草的台子)，便是学者读书之法。"② 显然，朱子主张读书在于理解精义，而不是为了追求速度。

第三节　朱子的格物致知工夫

格物致知工夫在朱子的思想体系中占有十分重要的地位，

① 朱熹著，张洪、齐熙编：《朱子读书法》，第55页。

② 朱熹著，张洪、齐熙编：《朱子读书法》，第55页。

朱子视其为进入圣贤的入门工夫，是“梦觉关”和“凡圣关”的重要关口，《语类》在有关《大学》的讨论中，围绕“格物致知”的讨论也是最多的。钱穆视其为“理学思想中之最独特亦最伟大处”①。然而，朱子的格物致知工夫自提出以来，除了遭到同时代陆九渊“支离”和明代王阳明“离心与理为二、向外驰求、玩物丧志”等激烈批评，在现代亦有以牟宗三为代表的学者基于心学、理学的分际，在西方理性主义思想的影响下，认为朱子的格物工夫是一种以知识为进路的外向型工夫，背离了儒学“反身而诚”的工夫脉络大旨。冯友兰虽对朱子有同情之了解，但亦认为朱子的格物致知论是一种知识论取向的工夫，将“为学”与“为道”混为一谈。② 通过对朱子文本的详细审读，不难发现人们对朱子存在着严重误读。究其实，在朱子言，本心之知璀璨光明，但受气禀、物欲遮蔽，存在知之不明、不真、不切的问题，而心性本体无形影，工夫无下手处，须是从心之所发为下手处。心之发必然会触及于物，而心之理即为万物之理，为避免理落入佛氏之悬空，将心之理放在事物上理会，再反求诸心，以获得真知，并转化为“自信得及”的真行。这一工夫路径不仅完全没有脱离儒家之“心学”工夫意旨，反而是对儒学工夫的一种创新性的坚守。近年来，学者们多在王阳明批评朱子在“专去知识才能上求圣人”的知识与道德的关系下关注朱子的格物致知说，主要以《大学章句》

① 钱穆：《朱子学提纲》，第122页。

② 冯友兰：《中国哲学史新编》，《三松堂全集》第10卷，河南人民出版社2000年版，第5册，第169页。

中《格物致知补传》为依据，对《语类》中有关格物致知的讨论重视不够，加上朱子本人对格物致知说诠释的复杂性、隐蔽性，不仅没有使朱子格物致知说的迷障解开，反而愈加彰而难显。究其原因，是对朱子“就这形而下之器，穷得那形而上之道理”① 的工夫路子理会不透，认真审视此一工夫路径，对于我们准确把握朱子思想及其格致工夫的精神实质，具有重大的理论意义。鉴于后人对朱子格物致知说的误读大体上没有脱离王阳明的致思框架，因此文中的分析讨论亦主要以王阳明为对象展开。

一、朱子和王阳明对格物致知的不同理解

相对于《大学》的治国、平天下而言，朱子曰：“格物、致知，比治国、平天下，其事似小。然打不透，则病痛却大，无进步处。”② 将格物致知工夫视为人之“凡圣关”③，朱子认为《大学》的工夫有一个次第，但这种次第只是代表一个为学的大概路径，并不是严格意义上的不先做到此就不能达到彼的刚性次第，如说致知、格物而后意诚，并不是说一定要等物格、知至之后才诚意，否则就不能诚意，“圣人说得宽，不说道能此即能彼，亦不说道能此而后可学彼。只是如此宽说，后面逐段节节更说，只待人自看得如何”④。“许多事虽是节次如此，须要

① 黎靖德编：《朱子语类》卷六十二，第 4 册，第 1496 页。

② 黎靖德编：《朱子语类》卷十五，第 1 册，第 312 页。

③ 朱子曰：“《大学》物格、知至处，便是凡圣之关。”“知至、意诚，是凡圣界分关隘。”参见黎靖德编：《朱子语类》，第 1 册，第 298、299 页。

④ 黎靖德编：《朱子语类》卷十五，第 1 册，第 310 页。

一齐理会。”“圣人亦是略分个先后与人知，不是做一件净尽无余，方做一件。若如此做，何时得成！”① 王阳明不同意朱子的这种看法，认为格物是贯通圣学的一贯工夫，“《大学》之实下手处，彻首彻尾，自始学至圣人，只此工夫而已，非但入门之际有此一段也”②。

在朱子看来，格物致知虽包含格物和致知两个方面，但实则为一个，“致知、格物只是一个”，“致知、格物，一胯底事”③。同时，亦应看到两者又不是完全没有分别。从不同的角度来说，格物是以理言，“格”就是“至”的意思，即达到事物所当止而止处，亦是事物之“极至处”或“至善处”，如为君止于仁、为臣止于敬等，皆是所当止而止，最根本的就是仁、义、礼、智，亦是心之全德，此四者亦为心所本有。致知是以心言。知乃心所本有，不须假借，知之不明，为气禀、物欲所昏蔽，就像镜子一样，本来是光明映照的，却被灰尘所遮蔽了。因此不难看出，致知是格物的目的，格物是致知的工夫，两者既相互统一，又略有所别。既然“知”为心所本有，要成就人之德性，工夫直接作用于本心就可以了，为何还要格物呢？这是王阳明所无法理解的一个问题。朱子认为天理是形上之道，无形无象，抽象而难以把握，“无形而难知”，但是天理并没有脱离形下之物而独立存在，这是朱子致知为何要格物的基本依据。万事万物皆有理，“物有迹而易睹”，蕴含着天理的万事万

① 黎靖德编：《朱子语类》卷十五，第1册，第311页。

② 王晓昕：《传习录译注》，第316页。

③ 黎靖德编：《朱子语类》卷十五，第1册，第290页。

物是天理的显现，必须“因是物而求之”，通过对事物的穷究理会，则能体认天理，这便是格物求理的基本路径，也就是所谓“就这形而下之器，穷得那形而上之道理而已”①。

何为知？朱子与王阳明的看法基本一致，都将“知”作为心之本体，是人的一种与生俱来的道德觉知。朱子曰：“良知、良能，本自有之，只为私欲所蔽，故暗而不明。”② 王阳明亦曰：“知是理之灵处。……只是这个灵能不为私欲遮隔，充拓得尽，便完完是他本体，便与天地合德。自圣人以下不能无蔽，故须格物以致其知。”③ 王阳明认为朱子的“物”包括草木等自然事物，一草一木亦皆有理，他经历了“格竹子”的惨痛失败经历之后更无法理解，这种包括穷格自然事物知识在内的格物工夫何以能提升心性的修养呢？即“纵格得草木来，如何反来诚得自家意？”④ 王阳明认为“格”应当训为“正”，心之本体就是善，心即理，《大学》格物的工夫就是正心的工夫，并对朱子训“格”为“至”提出批评，曰：

> 如以“至”字为义者，必曰穷至事物之理，而后其说始通。是其用功之要全在一“穷”字，用力之地全在一“理”字也。若上去一“穷”、下去一“理”字，而直曰“致知在至物”，其可通乎？夫穷理尽性，圣人之成训，见

① 黎靖德编：《朱子语类》卷六十二，第4册，第1496页。

② 黎靖德编：《朱子语类》卷十四，第1册，第267页。

③ 王晓昕：《传习录译注》，第164页。

④ 王晓昕：《传习录译注》，第494页。

> 于《系辞》者也。苟格物之说而果即穷理之义，则圣人何不直曰“致知在穷理”，而必为此转折不完之语，以启后世之弊邪?①

王阳明认为，修身工夫的出发点在心，心即理，往往为人欲所蔽，使心之发不得其正。身之视、听、言、动是由心之主宰而发施，修身工夫直接作用于心，“常令（心体）廓然大公，无有些子不正处”② 就足矣。只要心之主宰是正，发施作用于目、耳、口、四肢，自然就会无非礼之视、无非礼之听、无非礼之言动。求道，不须从心外来求，如果从自然事物、文义等知识上来求道，道离我们不是更近了，而是更远了，这是舍近求远，不是简易工夫。不可说我们见到的日月风雷是天，但也不能说人物草木不是天。天就是道，道就是天。道之所以有不同，是因为人的“一隅之见”，如果人理解了自己的心体，就会明白求道只需向我们心的深处探求即可，在心中体会认识，从这一角度说，“心即道，道即天，知心则知道、知天”③。因此，修身只要使心体保持善的状态——正就可以了。

心体虚明广大。朱子认为格物就是将心之本有之知放在事物上来理会。为什么要将本有之知放在事物上来理会呢？这与朱子对“知”的理解有关系。“知”虽为人心所本有，但知如此和做如此还是有很大不同的。如为人子知当孝，这是知孝。

---

① 王晓昕：《传习录译注》，第 213 页。

② 王晓昕：《传习录译注》，第 495 页。

③ 王晓昕：《传习录译注》，第 103 页。

但仅仅有这样的道德意识，并不一定能转化为实际的道德行动，换句话来讲，知和行常常会脱节，知孝如何转化为行孝？朱子认为，只有在事物上理会的“知”，也就是说只有真正经过道德实践的“知”，才是真知，要“彻骨都见得透”，“要真见得如此”，如人皆知道老虎可畏，但还只是一种浅显的认知，那些被咬伤过的人或见过老虎的人，才对虎之可畏有真正切己的体会和认知，这种经过实践体认的知对于修养很重要。但是，我们也要明白，虽然知的道理经过亲身的实践后再反求诸心，会理会得更深刻，可朱子也并不是说所有的道理都需要我们在实践中理会一番，一是我们没有这么大的精力，不可能做到这样。二是也没有必要。如知虎可畏，对被虎伤着的人来说，对虎畏当然知得更真切，这种真知必然使受虎伤的人在遇见老虎时会保持安全的距离。而我们一般的人虽然知道老虎可畏，但肯定不如被虎伤者理会得真切。如何让我们心中之知变得更真切？朱子给出的方法是：“未曾被虎伤底，须逐旋思量个被伤底道理，见得与被伤者一般，方是。”① 这告诉我们，并非事事都要我们亲自实践，也并非人人都要亲自实践，像知虎可畏，人当然不可能都进行被虎伤的实践。对我们无法或很难从实践中去理会的道理或知识，要尽可能以一种“换位”的方式将自己置于某种实践的场景中来间接理会，以求见得道理更真切。

二、王阳明对朱子格致工夫的批评

朱子尤为强调“知”之切己体会的内涵，指出不仅要知得

---

① 黎靖德编：《朱子语类》卷十五，第 1 册，第 309 页。

尽，更要知得亲切，“致知者，须是知得尽，尤要亲切”，并对只以“尽”释“知至”之“至”的说法提出了批评：“寻常只将‘知至’之‘至’作‘尽’字说，近来看得合是作‘切至’之‘至’。知之者切，然后贯通得诚意底意思。”① 只有在自我的生命实践中，有了切己的体会，诚意才能更好地融贯于心。为人子当孝，如不在事父母的孝亲实践上来理会，便不会理解什么才是真正的孝，而在事父母的实践行动中理会孝，产生真正能转化为孝亲实践（真行）的孝道意识，这才是格物之真义所在。朱子的格物工夫并不像王阳明所批评的那样，“且如事父，不成去父上求个孝的理；事君，不成去君上求个忠的理……”② 依王阳明的理解，孝之理不在父母身上，因为父母只是个有限的生命存在，若父母之身不在之后，当然无法求得具有超越性和永恒性的孝之理，王阳明提出“求孝之理于其亲，则孝之理其果在于吾之心邪？抑果在于亲之身邪？”③ 的反问，以“有孝亲之心，即有孝之理；无孝亲之心，即无孝之理”④ 的反证来逆向证实“心即理”的命题。

不难看出，王阳明之格物工夫，强调所谓的“只是有个头脑，只是就此心去人欲、存天理上讲求”⑤。在阳明看来，朱子的格物工夫则是向外求理的方式，会导致心与理的分裂。显然，

① 黎靖德编：《朱子语类》卷一百一十七，第7册，第2810页。

② 王晓昕：《传习录译注》，第14页。

③ 王晓昕：《传习录译注》，第205页。

④ 王晓昕：《传习录译注》，第198页。

⑤ 王晓昕：《传习录译注》，第14页。

王阳明对朱子有误读。之所以要格物，是因为仁、义、礼、智等事物的理虽为人心所本有，但在朱子言，以仁、义、礼、智等为主要内容的天理在实存的生命中还是一个潜存于心、未展开的天理。“理”要转化流行于人的生命实存过程之中，也就是说，理在由心中之潜存状态向人接事应物的生活实存形态转化的过程中，不能离开事物而独立存在，并且在流行于生命的实存过程中，“理”受到了气质、欲望等的遮蔽，不能得到完全显现。圣贤作为理想人格的化身，心体之发能使身之视、听、言、动皆自然符合天理，不勉而中，理当下具足，“心即理”是完全没有问题的。但作为一般人，思虑营为等心之所发，并不必然是天理的显现。在这一点上，王阳明也承认“常人不能无私意障碍，所以须用致知格物之功胜私复理”①，“自圣人以下不能无蔽，故须格物以致其知”②。也就是说，朱子和王阳明都认同格物工夫是去心之蔽的必要工夫。而在“复理”的工夫路径上，王阳明认为他的格物工夫与朱子在“入门下手处有毫厘千里之分”③。王阳明以直接作用于本心为工夫之要，强调直接在心体上用功，让“心之良知更无障碍，得以充塞流行”④，“圣人到‘位天地，育万物’，也只从‘喜怒哀乐未发之中’上养来”⑤。此工夫犹如种树一样，如果忽略根芽，总想着让枝长得叶茂花

① 王晓昕：《传习录译注》，第 31 页。
② 王晓昕：《传习录译注》，第 164 页。
③ 王晓昕：《传习录译注》，第 133 页。
④ 王晓昕：《传习录译注》，第 31 页。
⑤ 王晓昕：《传习录译注》，第 69 页。

实，那只是空想，对树的生长没有任何益处。相反，如精心栽培灌溉树根，枝、叶自然会繁茂。王阳明对包括读书等专去知识上求做圣人的工夫持激烈的批评态度，认为人与人在才力资质上虽然有很大不同，但并不影响做圣贤，圣贤与凡人的差别不在于才力资质上，而在心体的精纯上，犹如一两金与万镒金的区别，两者的分量虽有巨大的差异，但两者的成色并没有差别，“人到纯乎天理方是圣，金到足色方是精”①。成圣的工夫犹如金之成色的工夫，炼金要求成其足色，才能抓住工夫的根本，如果金的成色相差不大，炼成精金就比较容易，反之，就很难。但不要在分量上用工，否则，分量愈重，成色愈差。人之为人，气质清浊粹驳，才力自然不同，有中人以上之资质，亦有中人以下之资质，在求道成圣的工夫道路上，有生知安行之人，有学之利行之人，工夫亦因资质不同而自然有别，但工夫的根本旨归都是纯乎天理。

王阳明批评朱子及之后的儒者在工夫的根本上误入歧途，不在纯乎天理上用功，而在知识才能上用功，“徒弊精竭力，从册子上钻研，名物上考索，形迹上比拟”，这是用功在根本的方向上出了差错，结果“知识愈广而人欲愈滋，才力愈多而天理愈蔽”②。这好比炼金一样，不在成色上锻炼用工，求“无愧于彼之精纯”，而只求在分量上增加，因根本上出错了，导致很多锡铅铜铁等杂质杂入其中，虽然金在分量上增加了许多，成色却差了很多，离精金之色愈来愈远。这就是专在知识上求做圣

① 王晓昕：《传习录译注》，第134页。

② 王晓昕：《传习录译注》，第135页。

人工夫的支离之病。心之天理因人欲之遮蔽而不能显现，王阳明认为解决这一病痛的药方就是直接在天理上用功，也就是在心上用功，做减法而不做加法，即克治人欲，“减得一分人欲，便是复得一分天理”①。

第四节 对王阳明批评朱子格物致知工夫的反思

王阳明直指本心的工夫看似非常简易，对于当时务外遗内、追求功名的学风是一个十分有益的矫正，却遗落了人的现实性。这在朱子看来不仅没有实现“复理”之“心即理”的修养目标，反而使心与理隔离了。为什么呢？在朱子看来，人是一个气化生命的存在，人心虽具存天道理性，但心与性只是一种形而上的同一，是人生命完成形态即修养境界层面上的统一，在形下的生命世界中，人心受到气质、欲望等的遮蔽，心中之理并没有完全开显出来，是以气质之性的形态展现出来的。

一、“心即理”是格物工夫达到的境界

朱子的气质之性虽承接张载、二程之说法，但其最大的不同就是包含有仁、义、礼、智的内容。② 朱子以气质之性来解释善恶的问题，在他看来，本然之性是无不善的，但是由于气禀

① 王晓昕：《传习录译注》，第135页。

② 张凯作：《论朱子哲学中的气质之性》，载《东方论坛》2012年第1期。

的不同，现实中的人性是有善有恶的，没有工夫的修养过程，不达到圣贤的层次，心不会有纯一如理的显现。正是因为如此，人才要充分发挥心之“为仁由己”（《论语·颜渊》）的主宰作用，在心体发用而穷究事物的过程中，始终不要脱离理的引导和制约，否则，心与理会分裂为二，故朱子曰：“（圣贤）千言万语，只是欲学者此心常在道理上穷究。若此心不在道理上穷究，则心自心，理自理，邈然更不相干。”[①] 显然，从本体上讲，朱子并不否认“心即理”的命题，“圣人便是一片赤骨立底天理”[②]，但这是圣人理想人格的体现。在现实的实存生命中，心对理必然是有隔蔽的，这是客观的实存，不是个体能自由选择的，心并不完全显现为理。关于这一点，王阳明也是认同的：“常人之心既有所昏蔽，则其本体虽亦时时发见，终是暂明暂灭，非其全体大用矣。”[③] 所不同的是，朱子认为“心即理”是经过“格物”的工夫不断积累后而达到的一个修养层次，并不是心体当下的直接呈现。那种所谓以“心即理”作为工夫的指导，看似简易，实则违离孔孟思想的意旨。朱子批评曰：

> 大抵天人初无间隔，而人以私意自为障碍，故孔、孟教人，使之克尽己私，即天理不期复而自复。惟日用之间所以用力循循有序，不凌不躐，则至于日至之时，廓然贯通，天人之际不待认而合矣。今于古人所以下学之序，则

① 黎靖德编：《朱子语类》卷十八，第 2 册，第 408 页。

② 黎靖德编：《朱子语类》卷三十一，第 3 册，第 798 页。

③ 王晓昕：《传习录译注》，第 114 页。

以为近于傀儡而鄙厌之，遂欲由径而捷出，以为简易，反谓孔、孟未尝有分明指诀，殊不知认而后合，揠苗助长，其不简易而为傀儡亦已大矣。①

朱子始终没有放弃对心与理完全同一的理想人格的追求，也正因此而挺立起了人高贵的道德价值。“今日明日积累既多，则胸中自然贯通。如此，则心即理，理即心，动容周旋，无不中理矣”②，此亦是致知之“所至处”。朱子承续原始儒家的心论思想，认为心是身的主宰，是所有道德行为的根源，亦是道德工夫的作用点。朱子在“中和之悟”以后，对原有的“性体心用”的心性结构进行修正，结合《中庸》的中和观，融合小程子“性即理”和张载“心统性情”的理论，给予“情”以充分的地位，提出了新的“心统性情”论。心是一个该载形上、形下的存在。性即理，是心之体。情是性之发，乃心之用。心体未发时，寂然不动，但此种不动，并非真的静止不动，而是能动未动者。当心体已发时，性体触物而动，感而遂通，从而有情，情则有善有恶。心的活动是以情为主而展开的，亦是人之生命的实存活动，由情见性，即情显性。孟子所谓由“四端”见仁义礼智之性是此一路径。心之本体是通过心之活动——情来显现的。

王阳明的认识正好相反，阳明虽然认为人心有昏蔽，但去蔽可以直接借助于心之自身的作用来实现，心之知可以实现自

① 朱熹：《答江元适》，顾宏义：《朱熹师友门人往还书札汇编》，第2册，第1176页。

② 黎靖德编：《朱子语类》卷十八，第2册，第408页。

我去蔽，复性明理，如当心有恶欲时，直接格除恶欲即可，直接在“心上”用功，并以镜子为喻批评朱子及后儒的格物工夫是“有心求异”：“是有心求异即不是。吾说与晦庵时有不同者，为入门下手处有毫厘千里之分，不得不辩。”① 针对世儒的格物之学，阳明又批评曰：“舍心逐物，将格物之学错看了，终日驰求于外，只做得个义袭而取，终身行不著，习不察。”② 正如前面所述，这犹如在金之分量上用功，是没有“头脑”的工夫，其弟子徐爱亦曰：“近世格物之说，如以镜照物，照上用功，不知镜尚昏在，何能照？先生之格物，如磨镜而使之明，磨上用功，明了后亦未尝废照。”③ 显然，在王阳明和徐爱看来，朱子的格物工夫是在心之镜的“照”上用功，脱离了根本。可吊诡的是，朱子同样以镜为喻强调格物致知是要有“头脑”的工夫，要在镜上打磨，而不是在“照”上用功：“致知乃本心之知。如一面镜子，本全体通明，只被昏翳了，而今逐旋磨去，使四边皆照见，其明无所不到。”④ 要发挥心之灵明知觉的主宰功能，心要循理而动，身就会循理而行：“常提撕他起，莫为物欲所蔽，便将这个做本领，然后去格物、致知。”⑤ 因此，朱子的格物工夫并非像王阳明所批评的那样，是“务外遗内，博而寡要”的一种向外求知的方式。当学生担心朱子的格物工夫有外驰之

---

① 王晓昕：《传习录译注》，第 133 页。

② 王晓昕：《传习录译注》，第 141 页。

③ 王晓昕：《传习录译注》，第 100 页。

④ 黎靖德编：《朱子语类》卷十五，第 1 册，第 283 页。

⑤ 黎靖德编：《朱子语类》卷十五，第 1 册，第 292 页。

病时，朱子曰："若合做，则虽治国平天下之事，亦是己事。"①并以周公思兼三王为例来说明格物不当有内外之分，周公全心全意辅佐他的侄子成王执政，学着夏、商、周三代开国君主的贤德治理国家，他结合现实情况白天思考，晚上继续思考，一旦有了正确答案，就会坐到天明，然后立即去实施。这些事都是周公在当时的情景下合当做的事。当主体有了事物之当做与不当做的是非判断和觉知时，就会决定当做或不当做。因此，格物无内外之分，只有合为与不合为之说。

既然"知"为人心所本有，自我完足，那么朱子为何要经过格物这一中间环节由外至内地做工夫呢？这还要从人的生命实存性说起。朱子认为，人心具有"不能不感物而动"的必然性，心体在向外显发，展露自我的过程中，在以圣人为代表的理想人格层面上，心之发皆是循理而发，"从心所欲不逾矩"（《论语·为政》），思虑营为、视听言动皆符合中节，心的当下呈现就是理。而人皆非圣人，在现实生活中，主体对自我心体的把握往往会出现"气强理弱"② 的情况，心之发所依存的情

① 黎靖德编：《朱子语类》卷十五，第1册，第288页。

② 朱子"气强理弱"的问题在《朱子语类》直接的相关材料仅见两条，却是朱子修养工夫的一个重要问题，自明代以来，曹端、薛瑄、罗钦顺、陆世仪等朱子后学等都非常重视。以薛瑄为例，他说："气强理弱，故昏明善恶皆随气之所为，而理有不得制焉。至或理有时而发见，随复为气所掩，终不能长久开通。所谓为学者正欲变此不美之气质，使理常发见流行耳。然非加百倍之功，亦莫能致也。"（见薛瑄：《读书录》卷五，文渊阁《四库全书》本。）董金裕、赵金刚也专门研究了这一问题（见董金裕：《朱熹的气强理弱说及其地位》，载钟彩钧主编：《国际朱子学会议论文集》，"中研院"中国文哲研究所筹备处1993年版，第390~401页。赵金刚：《朱熹的历史观：天理视域下的历史世界》，三联书店2018年版，第33~53页）。

则往往会偏离心体之中正，此时心对情的主宰会有两种情况：一是“心宰则情得正，率乎性之常，而不可以欲言矣”。二是“心不宰则情流而陷溺其性，专为人欲矣”①。前者是合乎性理的欲，我们可称之为常欲，后者是偏于性理的欲，我们可称之为人欲或恶欲。由此看，欲并不都是恶的，心主宰而符合性理的常欲既是理与欲的统一，亦是性与情的统一，而恶欲则对性理有遮蔽，是心之主宰要克治的对象，亦是一种格物的工夫。

朱子所谓“格物”，究其实，就是解除心体的蔽隔。人的本心之知受到各种遮蔽，格物工夫的目的就是解除本心的遮蔽，使它恢复本来的光明。犹如屋子的灯一样，本来是光明的，但为外物所蔽隔，光照便有不到处，若将遮蔽亮光的东西除掉，光就会通透而无所不到。致知，就是要穷究事物的“至当”处，当有学生将“格物”理解为“致知在格物”时，朱子批评这种理解是“胡说”：“若作致知在格物论，只是胡说！既知人与物异后，待作甚合杀。”② 因为“知”不在物，为人心所本有，格物就是使心之知复明，受到遮蔽的心体就像受到灰尘沾染的镜子一样，一部分明、一部分暗，格物就是将镜子的灰尘除掉，恢复镜子的本明。心之体易受物欲的陷溺，不能自明。“格物”之“物”不能理解为一种外在的东西，格物工夫的着力点在“致知”处，如果人能常常提撕此心，使心体保持湛然虚明，

① 朱熹：《晦庵先生朱文公文集》卷六十四，《朱子全书》，第23册，第3115~3116页。

② 黎靖德编：《朱子语类》卷十五，第1册，第295页。

“外来底物欲皆不足以动我，内中发出底又不陷了”①。依此角度来看，朱子的“格物”工夫就是明明德的工夫。②

二、格物工夫不分内外

朱子对于学者对“格物”工夫理解可能出现的偏差，保持着相当敏锐的理论警觉。一方面要警觉只是一味地在“心上”用功，在现实的道德实践上却不能顺着本心，“有一般人专要就寂然不动上理会，及其应事，却七颠八倒，到了，又牵动他寂然底”③。对此，工夫就要由内向外拉展，“若是人专只去里面理会，则教之以‘求之情性，固切于身，然一草一木，亦皆有理’”④。另一方面也要警觉只是一味地在“事上”用功，而遗失了心之本体：“又有人专要理会事，却于根本上全无工夫。”⑤“徒欲泛然以观万物之理，则吾恐其如大军之游骑，出太远而无所归。”⑥也就是说，格物工夫既要防止仅向外致知而遗失本心的趋向，又要防止只专注本心而不能应事的趋向，“‘敬以直内’，便能‘义以方外’；能‘义以方外’，便是‘敬

---

① 黎靖德编：《朱子语类》卷十五，第1册，第307页。

② 朱子曰：“譬之明德却是材料，格物、致知、诚意、正心、修身，却是下工夫以明其明德耳。……明德如明珠，常自光明，但要时加拂拭耳。若为物欲所蔽，即是珠为泥涴，然光明之性依旧自在。”参见黎靖德编：《朱子语类》卷十五，第1册，第308页。

③ 黎靖德编：《朱子语类》卷十五，第1册，第287页。

④ 黎靖德编：《朱子语类》卷十八，第2册，第406页。

⑤ 黎靖德编：《朱子语类》卷十五，第1册，第287页。

⑥ 黎靖德编：《朱子语类》卷十八，第2册，第406页。

以直内’”①。格物，不应当分内外，只有合当为与不当为。朱子又曰：“内事外事，皆是自己合当理会底，但须是六七分去里面理会，三四分去外面理会方可。若是工夫中半时，已自不可。况在外工夫多，在内工夫少耶！此尤不可也。”②

朱子之所以反复强调在物上格，除了“道不可须臾离”的理论依据，更是针对宋代佛老盛行、儒学式微的时弊而发。朱子以天理之实辟佛理之空，指出理不离物，离开了事物，理就变得空泛。释氏亦强调理，但释氏脱离具体的事物而谈理，所谓明心见性，顿悟成佛，很多儒者受此影响，不闻世事，束书不读，丢弃儒学积极入世的精神。而《大学》之格物工夫所体现的实理精神，是对治释氏此一弊病的良方。只有将道理放在事物上理会，才会有切己的体会。朱子经常强调，吾儒与释氏的一个重要区别在于吾儒之理实、释氏之理空：

> 人多把这道理作一个悬空底物。《大学》不说穷理，只说个格物，便是要人就事物上理会，如此方见得实体。所谓实体，非就事物上见不得。且如作舟以行水，作车以行陆。今试以众人之力共推一舟于陆，必不能行，方见得舟果不能以行陆也，此之谓实体。③

心之性体的存在，是在接事应物的活动过程中来显现的，

① 黎靖德编：《朱子语类》卷十五，第1册，第287页。

② 黎靖德编：《朱子语类》卷十八，第2册，第406页。

③ 黎靖德编：《朱子语类》卷十五，第1册，第288页。

是依情而展开的生命活动。这一点在孟子的思想中体现得非常明显。孟子曰："仁之实，事亲是也；义之实，从兄是也；智之实，知斯二者弗去是也；礼之实，节文斯二者是也。"（《孟子·离娄上》）如孝之理，皆为人心所本有："孩提之童，无不知爱其亲。"只有在孝亲的现实实践中，人们才会对孝之理有更真切的体会，离开了孝亲之事，孝之理就只是一种悬空的存在，朱子反复强调格物要将"理"放在事物上来理会，以情之生命的实存活动来显现性理的存在，也正是接续了孟子的思想。王阳明在批评朱子格物致知之论是在向外求理、析心与理为二时指出：

> 朱子所谓"格物"云者，在即物而穷其理也。即物穷理，是就事事物物上求其所谓定理者也。是以吾心而求理于事事物物之中，析"心"与"理"为二矣。夫求理于事事物物者，如求孝之理于其亲之谓也。求孝之理于其亲，则孝之理其果在于吾之心邪？抑果在于亲之身邪？假而果在于亲之身，则亲没之后，吾心遂无孝之理欤？……以是例之，万事万物之理，莫不皆然。是可以知析心与理为二之非矣。①

王阳明对朱子明显存在误读：其一，朱子所谓格物，并不是"就事事物物上求其所谓定理"，而是"要人就事物上理会，如此方见得实体"。万物不过是心中天理的显现而已，朱子并未

---

① 王晓昕：《传习录译注》，第205~206页。

说过让人们于事物上去“求”理的观点，这只是王阳明错误的理解。朱子说“即物穷理”，即物就是理与事物相即不离，穷理不是求理，而是达到事物的“是处”，即事物要如此这般的状态，并以此知来决定行之合做与不合做。他认为《大学》只说格物，不说穷理，就是担心人们在修养时脱离事物而穷理，一味地追求心灵的顿悟之法，迷茫而不切实际，误入歧途。“格物，不说穷理，却言格物。盖言理，则无可捉摸，物有时而离；言物，则理自在，自是离不得。释氏只说见性，下梢寻得一个空洞无稽底性，亦由他说，于事上更动不得。”① “今说求放心，说来说去，却似释、老说入定一般。但彼到此便死了；吾辈却要得此心主宰得定，方赖此做事业，所以不同也。”②

其二，王阳明以“求孝之理于其亲”的例子来反驳朱子亦不恰当。类似的反驳还有：“且如事父，不成去父上求个孝的理；事君，不成去君上求个忠的理；交友治民，不成去友上、民上求个信与仁的理。都只在此心，心即理也。此心无私欲之蔽，即是天理，不须外面添一分。以此纯乎天理之心，发之事父便是孝，发之事君便是忠，发之交友治民便是信与仁。只在此心去人欲、存天理上用功便是。”③ “求”具有很强的向外索求的意味，显然是杂有私意在里面，违背了天理的公共性。实际上，朱子很反对这种向外求理的方式：“大凡道理皆是我自有之物，非从外得。所谓知者，便只是知得我底道理，非是以我

---

① 黎靖德编：《朱子语类》卷十五，第1册，第289页。

② 黎靖德编：《朱子语类》卷十二，第1册，第202页。

③ 王晓昕：《传习录译注》，第14页。

之知去知彼道理也。道理固本有，用知，方发得出来。若无知，道理何从而见！"[①] "知"的活动是唤醒人心之道德理性，让心中之理显现的方式，亦是让心保持一种活泼泼气象的方式。朱子当然认为孝之理存在于吾心，理是一个超越的形上存在，不随事物的生灭变化而变化。忠孝之理要在事亲、事君等道德的实存活动中才能显现："穷理格物，如读经看史，应接事物，理会个是处，皆是格物。只是常教此心存，莫教他闲没勾当处。"[②]

从实存的生命活动过程来说，理不离事物，但就实存的本体来说，理又超越于事物，"万一山河大地都陷了，毕竟理却只在这里"[③]。依此，亲之理、忠之理、信与仁之理等殊理，当然不随亲之身、君之身、友民之身等形下事物的存在而存在，故亲、君、友民之身没有之后，孝之理、忠之理、信与仁之理依然还在，这在朱子的理学体系中是毫无疑问的。朱子晚年反复强调理在气先，以突显主体价值抉择的优先性。而这一强调往往被当作朱子思想体系中的矛盾，加上朱子文本中存在的大量从存在之然角度出发来说明生命价值的文字，遮蔽了朱子生命价值的超越性立场。明清气学从气化宇宙生成论的角度来诠释生命价值的超越性，将朱子特别是其晚年所反复强调的理在气先的价值抉择立场抽离掉，将理先气后变为理气不离。理在气中，用于分析人伦社会，就又成了理在事中，这实际上又走回到汉唐儒学的老路上去了。冯友兰更是运用西方逻辑学的成果，

---

① 黎靖德编：《朱子语类》卷十七，第2册，第382页。

② 黎靖德编：《朱子语类》卷十五，第1册，第284页。

③ 黎靖德编：《朱子语类》卷一，第1册，第4页。

更加突出了朱子所担心的脱离生命价值之根本目的的格物之路径，将理诠释为类的规定性，使理变成纯粹的形式之理，使价值失去活泼泼的生命气象，变成“只存有不活动”的死理。牟宗三则从道德形上学角度出发，以形上之道德价值直贯形下现象世界，但是他没看到存在与价值的互补性，因而，只注意到即体即用的本体世界，忽视对客观世界的认知和探索，很容易流入佛、老之异端。“格物”之“物”，在朱子言，是反照心之理是否真切的一面镜子，只有见得理真切了，才会“信得及”，道德之行才会真实。朱子曰：

> 致知、格物，固是合下工夫，到后亦离这意思不得。学者要紧在求其放心。若收拾得此心存在，已自看得七八分了。如此，则本领处是非善恶，已自分晓。惟是到那变处方难处，到那里便用子细研究。若那分晓底道理却不难见，只是学者见不亲切，故信不及，如漆雕开所谓“吾斯之未能信”。若见得亲切，自然信得及。看得《大学》了，闲时把史传来看，见得古人所以处事变处，尽有短长。①

由此可见，“见得亲切”是“信得及”的重要基础，而“信得及”自然强化了道德行动的力量。

朱子生活在佛教盛行的南宋时代，儒学的发展面临着很大的挑战。许多儒者都被佛教形上超越的生命修养方式所吸引，日渐脱离现实的生活世界，远离尘世之扰，追求自我生命的圆

① 黎靖德编：《朱子语类》卷十五，第1册，第292页。

融与超越，违背了儒学经世致用的思想宗旨。在此背景下，以朱子为代表的新儒学一方面要汲取佛教的形上思维智慧，一方面又不能背离儒学的入世风格。《大学》的格物工夫恰好能为融合佛教思想，为发挥儒学的入世特长提供重要手段，对于防范儒者的工夫修养走向佛、老虚无的方向发挥重要的纠偏作用，这也是朱子如此重视《大学》的一个重要原因。理之实与不实成为体现儒、释各自思想风格的一条重要界线。

三、格物工夫不能脱离事物

王阳明的致良知强调在心上用功，但往往不好把握，稍微理解不透，就容易走向虚无，落入佛、老之境，这样就会背离儒家修养的宗旨。王阳明的学生在实际的修养中常常会遇到这样的问题，如有学生来信说致良知工夫“但恐立说太高，用功太捷，后生师传，影响谬误，未免坠于佛氏明心见性、定慧顿悟之机”①，在把握孟子的“勿忘勿助”的工夫时有学生就遇到“才着意便是助，才不着意便是忘”的难题。

王阳明也明显地意识到在心上用功的确容易陷入佛、老虚无。为了避免此问题的产生，王阳明强调用功与事物接合起来。因此，王阳明在讲学中对此进行了纠偏，只说“必有事焉”，不说“勿忘勿助”，主要就是担心工夫务于内而略于外的问题。要使工夫内外一贯，王阳明曰：

> 必有事焉者，只是时时去集义。若时时去用必有事的

① 王晓昕：《传习录译注》，第 194 页。

工夫，而或有时间断，此便是忘了，即须勿忘。时时去用必有事的工夫，而或有时欲速求效，此便是助了，即须勿助。……今却不去必有事上用工，而乃悬空守着一个勿忘勿助，此正如烧锅煮饭，锅内不曾渍水下米，而乃专去添柴放火，不知毕竟煮出个甚么物来。①

工夫如果不在事物上用，就像烧锅煮饭一样，只是知添柴放火而不在锅里渍水下米，工夫脱离事物，就没有下手处，是悬空去做“勿忘勿助”，其结果必然是“只做得个沉空守寂，学成一个痴呆汉”②。为了避免致良知的工夫走向空寂虚无，王阳明常强调“随时就事上致其良知，便是格物”③。王阳明还指出：“致知在实事上格。如意在于为善，便就这件事上去为；意在于去恶，便就这件事上去不为。”④ 这与朱子所强调的“理须就事上理会”的格物思想是完全一致的。

朱子格物非常强调在修养工夫中“决定著恁地，不恁地便不得”之自主性的重要性，如“为人君，止于仁”，“为人臣，止于敬”，“为人子，止于孝”等，就是说人处事接物当以事物之所当然处为“至处”，这是第一义。以为学工夫来说，如果没有“做圣贤”的第一义的“头脑”工夫，便很难有真正的进步。人皆有本善的良知，如果不以此心为身之主宰，常为自己

① 王晓昕：《传习录译注》，第 341 页。

② 王晓昕：《传习录译注》，第 341 页。

③ 王晓昕：《传习录译注》，第 342 页。

④ 王晓昕：《传习录译注》，第 495 页。

堕落找各种借口，说“自家做不得”，便是“自贼”，朱子曰：“‘不以舜之所以事尧事君，贼其君者也；不以尧之所以治民治民，贼其民者也。’谓吾身不能者，自贼者也。”① 关于如何治国修身，上古时期的贤明君主已为我们确立了行事的规范，树立了榜样。如果我们认为自己无法做到像舜那样忠诚事君，或者像尧那样英明治民，那么这种自我否定和放弃努力的态度，实际上是在自我损害（自贼）。

王阳明强调格物工夫只作用于本心即可，事物的知识与心中之理是不相关涉的，不须以向外求知识的方式来成就德性，意念发于事亲，即事亲为一物；意念发于忠君，即忠君为一物。格物就是致良知，此种工夫简易，修养工夫一旦剥除了辞书章句等各种知识的外在藩篱之后，则“愚夫愚妇可与及者”。依王阳明的看法，时儒不知此种简易工夫的大旨要义，以知识进路的工夫求成性成德，是舍近求远、弃易求难。圣人与愚夫愚妇的区别不在于心性本体，而在于致良知的工夫。以温清定省的孝之仪节为例，人人都知道作为子女应当如此，但何以将应当如此的仪节转化为自我的道德实践？对此，朱子和王阳明均认为，只是知道应当如此而没有做到如此，不是致知的完成，当然也不是格物知至。心是身的主宰，身之视、听、言、动皆由心体所发。德性工夫的根本点是心亦没有问题，可问题在于：致知工夫过程的完成，心之所发是否能成就事物之宜？是求诸主体自我的良知判断，还是求诸别的标准？这在王阳明看来，本体即工夫，工夫的发用处是心之良知，其标识事物之宜的因

① 黎靖德编：《朱子语类》卷十五，第1册，第282页。

应成就之完成也要求诸心之良知，“良知之在人心，亘万古，塞宇宙，而无不同。不虑而知，恒易以知险，不学而能，恒简以知阻，先天而天不违”①。王阳明以历史上的舜之不告而娶和武王不葬而兴师为例表明人依良知而行即可，舜和武王所做之事是否当做、是否合适在当时不能从前人的书本中和求问其他人中找到合做的是处（知识），只能求诸一念之良知，以我之良知应对事物之酬酢万变，“以精察义理于此心感应酬酢之间”，即自我之良知能自然判断事物之合当处，曲尽事物之宜，不须以“顾欲悬空讨论此等变常之事”② 的外在方式来解决，只须叩问自我之良知即可，事物因应之宜皆以自我的良知为标准。但良知是否能作为因应事物之宜的规矩尺度呢？良知虽然是每个人都有的，具有普遍性，而在现实的气化生命中，每个人的良知会受到气禀物欲的遮蔽，良知的展现亦有偏全，这亦是客观的事实，否则格物致知即为无稽。

道德行为的发动当然要诉诸良知，不需假借于外的良知为我们每个人成为圣贤提供了可能，从这个意义来说，“满街都是圣人”为甚至是愚夫愚妇的普通人创造了可以期许的愿景，让成圣成贤变得不再遥不可及。但我们亦需要明白，这并不等于说道德行为的结果也要完全诉诸良知自身来判断。恶人虽有良知，但恶人在表现出某一种坏的道德行为之后，往往并不一定都会有良心的发现，反而会在社会生活的现实中，可能通过社会公众的谴责来唤醒他的良知。同样，好人虽有良知，但好人

① 王晓昕：《传习录译注》，第 308 页。

② 王晓昕：《传习录译注》，第 221 页。

表现出的道德行为虽然为自我的良知当下肯认，如孝敬父母，但孝行的结果是否为父母所受肯，是否符合当时社会的孝礼则不能完全诉诸自我的良知来判断。如果社会生活中群体的道德活动都交由个体自我的良知法庭来判准，那对社会的发展是十分危险的，很容易形成以恶充善、以虚代实的不良社会风气，阳明心学后期的发展亦确实出现了这样的现象，这亦是一个值得我们警惕的重要问题。朱子之格物强调将心之理放在事物上理会，再返诸心，既有天理的纵向贯注流行，亦有心之理与事物之理横向的互馈交流，在因应比照中权衡，曲成事物之宜，以达"至知"之境。《中庸》曰："大哉圣人之道……待其人而后行，故曰：苟不至德，至道不凝焉"①，如不将心之"知"放在事物上来"格"，表现为"至道"之"凝"，即使心"诚"，亦是"无物"，这样的"心"必定是虚幻的。因此，朱子之格物工夫对只求在心上用功的格物工夫所出现的偏弊的确是一种必要的矫正，不仅没有偏离孔孟儒学的心性工夫意旨，反而创新性地坚守了儒学的"心学"阵地。

四、知识在道德修养中的作用不可忽略

朱子强调格物之第一义是要知得事物皆有所当然之则，用朱子的话讲，就是穷个事物的"是处"，就是我们接事应物应该如何，此可以使我们的道德行为不会迷茫而无所措，即知道道德行为应该这样，还需要更深入一步，知得究竟该如何做到这样。"格物，是穷得这事当如此，那事当如彼。如为人君，便当

① 劳思光：《大学中庸译注新编》，香港中文大学出版社 2001 年版，第 88 页。

止于仁；为人臣，便当止于敬。又更上一著，便要穷究得为人君，如何要止于仁；为人臣，如何要止于敬，乃是。”① 所以，简言之，格物既要知道我们的道德行为应该这样，还要思考该如何要这样。所谓“格得尽”，就是既要知道应该这样，也要知道如何要这样，并能做到恰到好处：“事父母，则当尽其孝，处兄弟，则当尽其友”，如此等等。而使道德行为如何要这样，也就是为了使我们发自本心的道德行为能够实现一种理想的状态，要从心上用功是没有问题的。但问题是，如前面所述，仅仅诉诸自我之本心还不够，还需一定的知识作为辅助，虽然格物的目的不在于获取事物的知识，而是成就德性，但没有知识的辅助，则很难实现。譬如我们见到一个倒地的老人，此为事之来，因为我们本心是善良的，心之发自然而应，会不假思索地去救治倒地的老人。人当救扶老人为此一事之“是处”，救扶老人是心体之善发用于事物的过程，当然是格物，但如何使救扶老人的善义之举能够获得一种理想的结果，却是一个不得不引起我们思考的重要问题。比如此时老人是一个患有心脏病的老人，如果实施救治的人懂得救治心脏病老人的急救知识，这在危急时刻能发挥道德本心的最大力量，否则有时可能会出现违背道德目的的结果，可能会因为我们掌握的急救知识不够，致使老人错过最佳救助时机而丧失生命，好心做了坏事。古代圣人格物为何能做到恰当好处，除了知道应该这样，也知道如何要这样，“范围天地之化而不过，曲成万物而不遗”（《周易·系辞传》）。朱子曰：“古人爱物，而伐木亦有时，无一些子不到处，

① 黎靖德编：《朱子语类》卷十五，第1册，第284页。

无一物不被其泽。盖缘是格物得尽，所以如此。”① 爱护树木，是我们每个人都知道应该这样的道德仪则，但如何更好地实现爱护树木的目的，使树木的生长之宜与我们的心中之理相统一，使心发而中节，则应对树木的生长规律有所了解。“仲冬斩阳木，仲夏斩阴木”便是我们对树木的生长规律、知识有了透彻的了解后所能做到的一种恰到好处的道德行为，是知其所当然与知其何以所当然的行为方式。知识虽然并不影响我们做一个好人，但它可以帮助我们成为一个好人。朱子强调“理”之基本含义包括所当然之则与所以然之故，将自然名物的知识亦加入格物的行列，一个重要目的就是发挥知识在道德行为中的作用。

在人具有天赋的道德理性和能力方面，朱子和王阳明的观点是相同的，但王阳明既反对知识在主体的道德活动中发挥作用，也主张不应该让知识介入到主体的道德活动中，认为这会影响天理的纯粹性。道德的修养工夫应该直接向内作用于本心。在关于《论语》“生而知之”的讨论中，朱子认为，“生而知之”是圣人，知的对象是义理，而不是一般的名物知识，但主体做出符合事物之宜的道德行为也须借助于知识的作用，正如古人伐木能尽伐木之宜也正是借助于对树木生长知识的了解和掌握一样。可王阳明反对知识有助于作圣之功：“夫礼乐名物之类，果有关于作圣之功也？”② 他认为如果圣人也要借助于知识来成就德性，那么就是“学而知之”，因为知识是要通过

---

① 黎靖德编：《朱子语类》卷十五，第 1 册，第 284 页。

② 王晓昕：《传习录译注》，第 233 页。

不断地学习来掌握的，即使圣人亦是如此。显然“生而知之”与礼乐名物等知识无关，当然也无关作圣之功。对于时人务求知识来成就圣贤之德的修养工夫，王阳明批评曰：“今学者之学圣人，于圣人之所能知者，未能学而知之，而顾汲汲焉求知圣人之所不能知者以为学，无乃失其所以希圣之方欤？”① 王阳明认为时儒追求圣人之道，却往往忽略了圣人智慧的核心即其已知之识与道德准则。他们未能深入领悟圣人所能知者，反而急切地探寻圣人或许未知的领域，视此为学识之巅。这种偏颇的求学态度，实则是偏离了成为圣人的正确路径。圣人之学，重在修身齐家治国平天下之道，以及高尚的品德修养。学者当以此为重，扎实根基，方能渐入圣境。否则，即便知晓万般学问，若无圣人之德，亦难称真学。而在朱子看来，知识虽然在人的道德修养工夫中不能发挥根本作用，成就德性主要靠主体自我的道德觉知，但不能忽略知识在道德修养中的重要作用。

格物是个渐磨的修养工夫，“决定著恁地，不恁地便不得”是格物工夫的第一义，也是格物工夫的精神支撑。如为人君止于仁之类，不仅要知道应该这样，更应该坚决做到这样。格物工夫不能一蹴而就，当弟子就格物工夫的难处向朱子发问道：“格物最难。日用间应事处，平直者却易见。如交错疑似处，要如此则彼碍，要如彼则此碍，不审何以穷之？”朱子曰：

> 如何一顿便要格得恁地！且要见得大纲，且看个大胚模

① 王晓昕：《传习录译注》，第233页。

是恁地，方就里面旋旋做细。如树，初间且先斫倒在这里，逐旋去皮，方始出细。若难晓易晓底，一齐都要理会得，也不解恁地。但不失了大纲，理会一重了，里面又见一重；一重了，又见一重。以事之详略言，理会一件又一件；以理之浅深言，理会一重又一重。只管理会，须有极尽时。“博学之，审问之，慎思之，明辨之”，成四节次第，恁地方是。①

人们之所以觉得格物工夫难，就在于忽视了格物工夫的渐进过程，这在《大学章句》的《补格物致知传》中朱子就已经明确强调过。想要一下子理会事物的“是处”，是很难做到的，先要立个大纲，也就是明白个大方向，然后在一些细节中做得精致一些。如子女当尽孝，这是个根本处，但如何能做到孝呢？不同的父母、不同的家庭、不同的情境，都有不同的做法，如果父母年老且体弱多病，此时的尽孝方式自然与父母身体好时的尽孝方式有所区别。

格物工夫需要坚定的信念支撑，要以成圣成贤为目的和追求，持之以恒，坚持不懈。当弟子求问“格物工夫未到得贯通，亦未害否”的问题时，朱子严厉地批评曰：“这是甚说话！而今学者所以学，便须是到圣贤地位，不到不肯休，方是。但用工做向前去，但见前路茫茫地白，莫问程途，少间自能到。如何先立一个不解做得便休底规模放这里了，如何做事！且下手要做十分，到了只做得五六分；下手做五六分，到了只做得三四分；下手做三四分，便无了。且诸公自家里来到建阳，直到建

① 黎靖德编：《朱子语类》卷十五，第1册，第285~286页。

阳方休。未到建阳，半路归去，便是不到建阳。圣贤所为，必不如此。”① “穷理之初，如攻坚物，必寻其罅隙可入之处，乃从而击之，则用力为不难矣。孟子论四端，便各自有个柄靶，仁义礼智皆有头绪可寻。即其所发之端，而求其可见之体，莫非可穷之理也。”② 穷理如攻坚物，物坚须觅隙而入，此喻道出穷理之要诀。孟子四端之说，为理解人性与道德之门户，犹如寻罅隙而攻坚物，仁义礼智各有其独特的切入点，如钥匙开锁，引领学者深入探索。循此四端之发端，探求其本质所在，犹如拨云见日，万物之理皆可得而穷尽。朱子意在强调学习应善于把握关键，由易入难，逐步深入，方能真正领悟知识之精髓，达到穷理之境界。

怎样格物？依照朱子的说法，遇事接物之间，大的、小的、粗的、精的，皆须一一理会过。但是格物不能只是为了获得知识，获得知识并不能保证提升自家的修养，朱子对此有十分清醒的认识。门人在格物时就曾遇到类似明代王阳明遇到的格竹子的问题：“世间有一种小有才底人，于事物上亦能考究得仔细，如何却无益于己？”当学生就此求问时，朱子答曰：“他理会底，圣人亦理会，但他理会底意思不是。彼所为者，他欲人说，‘他人理会不得者，我理会得；他人不能者，我能之’，却不切己也。”③ 从朱子的答话中可以看出，这个人显然误入了歧途，他理会的应该是事物一般意义上的知识，并非德性之知，

① 黎靖德编：《朱子语类》卷十五，第1册，第288页。

② 黎靖德编：《朱子语类》卷十五，第1册，第289页。

③ 黎靖德编：《朱子语类》卷十五，第1册，第286页。

因为“德性所知，不萌于见闻”[①]，所以说他“理会底意思不是”。我们可以试想，如果当时王阳明不误读朱子，以为可以通过增加知识的路径进入圣贤之域，格竹子不是为探究竹子自然生长的知识——物之理，而是像明道那样从周茂叔的“窗前草不除”中“观天地生物气象”、体会宇宙生生之意，那么格竹子或许就不会格出大病，也自会感觉“与自家意思一般”。王阳明的格竹子虽然错误理解了朱子的本意，但这个错误并不影响王阳明的伟大创新，格竹子的失败不仅表明了徒以增加知识的方式来提升道德是不通之途，同时，也启发了王阳明的智慧，掘发出了原本蕴藏在朱子理学中的心学宝藏[②]，让朱子理学的大树在心学的一大枝干上生长出了繁茂的枝叶，而另外的一大枝干则在反思心学易走向佛老虚无的不足中，在时代条件的催生下于明清之际结出了实学的硕果，为对接西方自然科学的传入奠定了思想基础。

朱子虽强调格物要把心中之知放在事物上理会，但也确易造成一些误解，如前面所提到的朱子的学生就有“格物则恐有外驰之病”的疑问。事物之理本来就是心之理，不存在内外的问题，说“外驰”，就是将我心之理与事物之理隔断了，心是身

---

① 张载：《张载集》，第 24 页。

② 按照学界一般的看法，将朱子学作为理学，阳明学当作心学。当代一些学者则提出了不同的看法，认为朱子之学亦是心学，如钱穆认为：“最能发挥心与理之异同分合及其相互间之密切关系者盖莫如朱子。故纵谓朱子之学彻头彻尾乃是一项圆密宏大之心学，亦无不可。”参见钱穆：《朱子新学案》，第 2 册，第 89 页。日本垣内景子认为，阳明学是狭义的“心学”，朱子学是广义的心学。称朱子学为心学“是表明心的问题是朱子思想体系的核心”，“心 = 理学是朱子哲学的核心”。参见垣内景子：《朱熹思想构造的研究》，汲古书院 2006 年版，第 9 页。

的主宰，当遇事接物时，只要是当做的，就应该决定去做，不存在内外之别，合做的事，都是主体自我的事。事物之当做与不做的行为完全取决于自我的心之知，当做而没去做，或不当做而去做，都不是正确的格物方法，外物只不过是心中天理的安顿处，格物只是使此心“常惺惺”的一种方式。如我们将格物理解为向外驰求，那就违背了朱子格物工夫的本意。简言之，格物不分内外，只有事物之合为与不合为之说，合做的事物我们去做到恰到好处，就是物格知至了。

要之，王阳明的格物工夫与朱子的格物工夫并无本质区别。在王阳明的格物工夫路径中，心即理，是工夫的依据和旨归，工夫与本体合而为一，工夫就是本体，本体就是工夫。而在朱子言，心即理，则是工夫修养所要达到的一个层次。在本体论上，朱子并不否认心即理，工夫与本体亦是统一的。对于人心本有的德性之知来讲，不能离开事物而存在，否则，所谓的“致知”将虚而不实。心具有超越性，但并不是一个完全超越的存在，孟子讲“万物皆备于我”而不是讲“万物皆源于我”，其微妙之处自不难体会。在现实的生命实存中，心是一个依情而发显的活动过程，心具理，理在心中是一个潜在的存在。心即理是一个通过不断的修养工夫所要达到的至诚境界。于此，则物我的界限消失而融为一体，如《中庸》所谓的“诚者，物之始终，不诚无物”，是“性之德也，合内外之道也”。在朱子的格物工夫中，既要知其所止，又要知如何止其所止，只有真知才能成为扣动人之真行的扳机，知得真切，才能行得有力，知行并不发生矛盾，也正是在此一层面上，朱子才谓知先行后，并非分为两截。

第五章　儒家天理观的现代价值

“天理”是儒家诉诸道德价值的最高存在，亦是儒家道德行为的最高判准。即使是现在，当人的行为挑战社会公众所普遍接受的道德准则时，我们仍常说“天理不容”，显现出“天理”在千年历史长河中沉淀在中国人心中的道德力量。虽然程颐、朱熹将人性归为天理，陆九渊、王阳明将心归为天理，但都为人确立了人之何以为人的道德价值根基，为人实现形气生命的超越提供了形上基础。朱子以“天理为善，人欲为恶”确立了天理的道德意义。儒家的“天理”观，在人的异化日益严重、道德理想严重缺失、人们信仰难以安顿、人与自然关系日益紧张的时代，能为重建人的道德理想，增强人的道德行动的内生动力，发挥积极作用。

第一节　儒家的“以理制欲”是道德修养的基本原则

儒学思想在发展的过程中，无论是强调理、欲的对立，还是强调理、欲的统一，都有一个共同的特点，那就是都强调理对情欲的引导、制约。即使是明清时期的王夫之、戴震等思想家，虽然指出“天理”不能脱离事物、情欲而独立存在，大力倡导人之情欲的合理性，但也不是让人纵欲。究其实，理、欲之间的关系是一种张力关系，在人的道德修养中，使情欲发展在合理的限度内，是人们进行道德修养时应当遵循的基本原则。

一、正确理解“以理制欲”的内涵

“以理制欲”之“制”不是制服、压制，而是克制、限制，即以天理来克制、限制不合理的欲望。“以理制欲”，不是禁欲，是在道德理性的制约下，让人的欲望得到合理的满足。人是欲望与理性的矛盾结合体，在宋儒看来，人是阴阳二气运化而生，具有生理性的欲望，口欲味、寒思衣、饥欲食等，是生而即有的，但同时人也具有本能的道德价值自觉意识，能够自发对人的行为做出判断，这就是人先天即有的道德本心或曰道德本性。人虽具有先天的道德本能，但它能否发挥作用以及在多大程度上发挥作用，与人的修养、社会环境等各种因素密切相关。因此道德本性在现实的社会生活中，会因不同的人而产生很大的区别。面对同一个倒地的老人，有的人路过会主动扶，有的人路过则视而不见，这就是道德本性在现实的社会生活中因人而异最明显的例证。为何会有这种差别？一个重要的因素就是道德本性既是普遍的，每个人都具有天之所与的善良本性，但又是特殊的，即因不同的物而有不同的显现。用朱熹的话来讲就是“理一分殊”。“分”不是对道德理性的割分，而是对道德理性的显分。之所以会如此，最重要的原因就是人禀得的气质不齐。气质有厚薄、多少、明暗的差别，使现实的人性表现为气质之性，气质之性是夹杂着善恶的。“显分”强调的是气质之性和社会环境、习俗对人性中所本有的天理的遮蔽，使天理在实际的道德实践中难以全部彰显。

而这种善恶夹杂的气质之性同人的欲望有着密切的关系。朱熹一方面认为人的欲望是合理的，“饮食者，天理也”，另一方面又认为欲望具有无限的扩张性，“要求美味，人欲也”①，如果不加节制，人心中那个本有的道德理性就难以彰显出来，这样人就会做出违背道德的行为。朱熹生活在经济比较发达的南宋社会，相对发达的经济，使人们的欲望得到了更大的释放。但以朱熹为代表的宋代理学家，十分清醒地认识到人生而即有的欲望具有无限的扩张性，人们对物质的欲望是不断膨胀的，任由此发展下去，必然会破坏社会的道德秩序，因此，超过正常生理需求的欲望是要限制的。正是在这样的背景下，朱熹提出“存天理，灭人欲”，但是这绝对不是要消灭人的欲望，这实际上是对社会经济发展过程中被过度释放的欲望的一种防范和警醒。

考察儒学的思想发展史我们不难发现，对人的欲望要进行适度的节制是儒学的传统，《周易》讲“君子以惩忿窒欲”（《周易·损》）。孔子提出“七十而从心所欲，不逾矩”（《论语·为政》）中所说的“不逾矩”就是提出对欲望加以适度节制，将欲望限制在当时的礼制规范内，只是孔子作为圣人，修养极高，不必刻意地行为便能自然符合节度。孔子还曰：“君子有三戒：少之时，血气未定，戒之在色；及其壮也，血气方刚，戒之在斗；及其老也，血气既衰，戒之在得”（《论语·季

---

① 黎靖德编：《朱子语类》卷十三，第1册，第224页。

氏》)。孔子之后孟子提出“养心莫善于寡欲”(《孟子·尽心下》),亦认为人的欲望应该受到节制,欲不能脱离礼制的规范,“可欲之谓善”(《孟子·尽心下》)。之后的荀子,明确强调要对人的欲望进行“节求”,其曰:“性者,天之就也;情者,性之质也;欲者,情之应也。以所欲为可得而求之,情之所必不免也;以为可而道之,知所必出也。故虽为守门,欲不可去,性之具也。虽为天子,欲不可尽。欲虽不可尽,可以近尽也;欲虽不可去,求可节也。所欲虽不可尽,求者犹近尽;欲虽不可去,所求不得,虑者欲节求也。道者,进则近尽,退则节求,天下莫之若也。”(《荀子·正名》)在荀子看来,性是天所赋的,是人人具有的,而情则是“性之质”,欲则是“情之应”,即情欲是人对外界事物必然具有的反应,是人性中所本有的东西,人为满足自我的欲望而去追求它,符合人性的内在要求,这是人的“情之应”所显现的必然性。荀子更进一步指出,欲望是客观实存的,具有普遍性,同时也认识到欲望的无穷尽性。守门的凡人,欲望虽简单,但也是不能去掉的。即使贵为天子,具有普通人难以企及的满足欲望的条件,可人的欲望是无穷尽的,如果人人都为满足自己的欲望而不择手段,那么必然会牺牲他人的利益,造成个人与社会的矛盾与冲突。如何解决这一问题?荀子认为人的欲望尽管是客观实存的,具有无限的扩张性,不能无限制地满足,但只要人人合理地节制其欲望,就能使人与社会的冲突和矛盾得到消解,个人正当合理的欲望需求才能得以满足。为此,荀子提出“以道制欲”的节欲论,认为人心能知晓道义所在,“以为可而道之,知所必出也”,可欲而欲就是道,人的欲望虽不能得到完全的满足,却可以得到合理的节制，可以道义来限制人的过度欲望，故荀子得出结论曰："道者，进则近尽，退则节求，天下莫之若也。"荀子的"以道制欲"论是对孔孟欲望学说的发展和推进，这一思想在以朱熹为代表的宋儒那里，则以"存天理、灭人欲"的命题呈现出来。

二、朱子"存天理、灭人欲"的合理意义

儒家肯定欲望是人生而即有的，是客观存在的，怎么可能消灭呢？朱熹的"灭人欲"之"灭"显然不是"消灭"，朱熹作为一代理学大家，不至于糊涂到认为人的欲望是可以消灭的地步，这也与朱熹本身的思想是不吻合的。"灭"更为合理的解释只能是限制、克制、节制之意。"灭"字除了具有熄灭、消亡、消失之意，还有一个重要的义项就是遮盖、昏黑、昏暗之意，此意在先秦的典籍中就有，如《韩非子·说难》曰："凡说之务，在知饰所说之所矜而灭其所耻"①，这里的"灭"显然不能作消失、灭亡解，只有做"遮掩"解才比较符合文意。朱熹曰："好勇、好货、好色之心，皆天理之所有，而人情之所不能无者。"② 这就是在肯定情欲的合理性。如果说这还不够的话，我们再来看《朱子语类》的有关记载："问：'"饥食渴饮，冬裘夏葛"，何以谓之"天职"？'曰：'这是天教我如此。饥便食，渴便饮，只得顺他。穷口腹之欲，便不是。盖天只教我饥则食，渴则饮，何曾教我穷口腹之欲？'"③ 饥食渴饮是"天教

---

① 高华平、王齐洲、张之夕译注：《韩非子》，中华书局2010年版，第118页。

② 朱熹：《四书章句集注》，第204页。

③ 黎靖德编：《朱子语类》卷九十六，第6册，第2473页。

我如此”，这是从“天”的高度来肯定人欲的合理性和正当性。因为每个人皆是形气而生的自然生命，必然会有各种不同的生命欲望，欲望可克制而不能消灭，道心不能脱离人心而成为一个独立的道德理想王国，否则，人就会脱离现实生活的本真与依托而陷入释、老的虚无之境。释老之学一味地强调人的道心而灭人性之欲望，正是要削掉人之现实生活的人伦根源，最终使人的修养进入不归之途。正如朱熹所反复追问的那样：“饥能不欲食乎？寒能不假衣乎？能令无生人之所欲者乎？虽欲灭之，终不可得而灭也。”① 而我们同时也不能忽视的是，朱熹又说“穷口腹之欲，便不是”，即否定过度欲望的合理性。朱熹被后世儒者李贽、王夫之、戴震等人批评最为激烈的就是他提出的存天理、灭人欲的理论，尤其是戴氏认为朱熹的存天理、灭人欲是“以理杀人”，实是对朱熹的一大误解。

前文中我们提到，朱熹提出存天理、灭人欲的一个重要理论出发点，就是认识到人之欲望的无穷扩张性，特别是社会经济发达时，人的欲望会更多地被释放出来，个体不断扩充自己的欲望，变得越来越贪婪。朱熹主张以人所本有的道德理性限制人的欲望，使人过着有节制的生活，我们将之称为“以理制欲”。为什么要用道德理性来限制人的欲望呢？一个重要的原因在于，人的欲望具有无限扩张性，一旦一个个体的欲望得到满足，更多的欲望就会产生出来，个体会为了满足自己的欲望或私利而采取各种手段，如果人人都这样，那么其他人的欲望满足会越来越困难。这样造成的可怕后果，就是一旦个体欲望愈

---

① 黎靖德编：《朱子语类》卷六十二，第 4 册，第 1489 页。

发膨胀而难以满足时，个体会做出破坏社会道德秩序的行为去牺牲别人的利益来满足自己的私利，从而渐渐丧失从个人与他人、个人与社会的整体上去思考如何对社会更有利的能力，即丢掉了公共道德责任的意识。如果人都按照自己的私利行事，已经建立的社会道德秩序就会坍塌。孔子时代所面临的“礼崩乐坏”，实际就是人欲不断滋生的结果。

鉴于依个人欲望而行事所潜藏的巨大危机，调节满足个人欲望的“私”与维护社会公共道德秩序的“公”之间的矛盾，一个关键点就在于要限制人的欲望的无限扩张。现代科技飞速发展，会使人类满足自我欲望的能力得到空前加强，相应的，人的破坏性也增加。让欲望能在道德理性（天理）的引导下发展，这是现当代人应该坚守的一条基本道德原则。当然，在社会主义新时代条件下，“理”可以被赋予新的时代内涵，可将“爱国、敬业、诚信、友善”注入到“天理”的内涵之中，这在新时代社会主义的发展中，更加具有现实意义。

第二节　儒家的“体认天理”是道德修养的重要工夫

“天理”为人之道德实践提供了最高的价值准则，是人之道德自觉意识的最高体现，是人之道德行动的力量之源。而如何让天理更好地融入人心之中，增强人之道德实践的力量感？中国人重视“体认”的修养工夫。“体认”是中国传统儒学的一个重要思想范畴，儒学素有重视“体认”工夫的传统。“天理”

为人的“体认”工夫确立了价值导向，“体认”工夫则为“天理”的道德原则融入人心提供了实现路径。没有“天理”作为内在根据，“体认”工夫就易落于虚无，而没有“体认”的工夫路径，“天理”的道德意识难以深入人心。

一、儒家的“体认”工夫

在儒学修身思想的发展过程中，特别是在宋明理学的发展过程中，强调“体认”的工夫。北宋大儒张载曰：“大其心则能体天下之物，物有未体，则心为有外。”① 张载这里讲的“体”实际上就是“体认”，心虚灵不昧，是一个具有无限潜能的超越存在，注重修身的人，往往会让心变得无限宽广，就自能体认天下之物，使天下之物能得到自我的价值认同，此时心便能融摄天下之物。如果“体认”的工夫没做到位，则仍会有物在心外，这便是有物我和内外的分隔，其所体认到的还只是一般的知，也就是张载所说的闻见之知。当“体认”的工夫达到很高的境界时，则直达本心，获得德性之知。② 而世人之心，往往为

---

① 张载：《张载集》，第 24 页。

② 有学者对张载的闻见之知和德性之知做了新的理解，认为：(1) 就起源看，闻见之知并非自得，而是习自他人言教或书籍；相反，德性之知由内在体验而自得。在此意义上，一个出人意料的差别是，闻见之知主要是一种理智知识，而德性之知才是经验知识，是一种内在经验之知而非外在经验之知。就模式而言，闻见之知作为理智知识仅涉及我们的心的理智层面（mind）。只要通过儒家传统中所谓的“小学”，我们就能相对容易地理解圣人之教，就能宣称自己有知，即闻见之知。相反，德性之知不仅要涉及心的理智层面（因为我们当然要理解它），而且还涉及存在论层面（heart）。在此意义上，德性之知不仅是纯粹认知（cognitive）的，而且是情动的（affective）。(3) 就影响而言，我们看到，当我们有德性之知时，我们自然会有与此知识相应的行动。（黄勇、黄家光：《作为动力之知的儒家“体知”论——杜维明对当代道德认识论的贡献》，载《哲学分析》2020 年第 3 期。）

耳目闻见所拘狭，难以直达天理本心、物我为一的境界。“体认”我们可从两个层面上来分析，在道德认识的层面上，“体认”可以看作是认知主体为达某种认识目的或实践目标而采取的路径、方法。① 在道德实践的层面上，“体认”往往表现为主体在情感上对某种道德价值原则或道德价值理想的某种心理体验或认同，具有很大的个体差异性，其所关联的是一种意义世界的建构。

明代的湛若水强调对天理的切己体认，直接提出“随处体认天理”的工夫命题，是对传统儒家修养工夫的一个很大的推进。天理为何可以随处体认？湛若水认为，天理普遍存在于日用之间，心能体认天理，是由心的“高明”之体所决定的，湛若水说：“高明，谓人心之本体，所谓极高明者也。把柄，亦以比心之主宰处。言高明之体，覆物无外，然非他求也。其主宰在我，诚能反身求之，则可以极高明之量。心常惺惺，何所不照乎？”② 这里说的“高明”当来自《中庸》的“极高明而道中庸”，湛若水以“高明”作为心之体，正是由于心之体是极高明的，所以天下万物皆不在心外，万物皆是心之“高明”之体的显现。心只要保持“常惺惺”的状态，则万物皆能为心所照。《中庸》讲的“体物而不可遗”在湛若水看来，就是“人心与天地万物为体，心体物而不遗，认得心体广大，则物不能外矣”③。天理

① 党圣元：《中国传统文学批评中的“体认”功夫论》，载《学术研究》2016年第10期。

② 陈献章：《陈献章集》，中华书局1987年版，下册，第704页。

③ 黄宗羲：《明儒学案》，沈芝盈点校，中华书局2008年版，下册，第879页。

普遍存在于万事万物之中，而以“高明”为体的心，则自然能体认天理，湛若水曰：“吾所谓天理者，体认于心，即心学也。有事无事，原是此心。无事时万物一体，有事时物各付物，皆是天理充塞流行，其实无一事。”①

如何体认天理？湛若水提出两种体认的工夫路径：一是煎销习心，就是消除习心对心之本有天理的遮蔽与阻隔，“体认天理，乃煎销习心之功夫。盖天理与习心相为消长，养得天理长一分，习心便消了一分，天理长至十分，则习心便消至十分，即为大贤，熟而化之，即是圣人”②。“习心”即被气习蒙蔽之心，它与天理是此消彼长的对立存在，习心之蔽不消，则天理之心不明。二是用敬。湛若水曰：“敬者，乃圣学之要”“自古千圣千贤，皆在此处用功，体认天理，皆是这个大头脑，更无别个头脑。”③ 敬是体认天理工夫的“大头脑”。而如何用敬呢？湛若水曰：“云‘敬者心在于事而不放之谓’，此恐未尽。程子云‘主一之谓敬’，主一者，心中无有一物也，故云一，若有一物则二矣。勿忘勿助之间，乃是一，今云‘心在于是而不放’，谓之勿忘则可矣，恐不能不滞于此事，则不能不助也，可谓之敬乎？”④ 程子的“主一”是使心不逐物而得其正，心不被外物所系累，就是心物无内外之别，融通为一，故说“一”，否则，

① 黄宗羲：《明儒学案》，下册，第901页。

② 湛若水：《湛甘泉先生文集》，广西师范大学出版社2014年版，第2册，第485~486页。

③ 湛若水：《湛甘泉先生文集》，第4册，第1112、1117页。

④ 黄宗羲：《明儒学案》，下册，第884页。

心会萌生出物欲，被外物所系累，则心、物为二。孟子所说的“勿忘勿助”就是持敬体认天理的重要方法。忘、助都是使心体偏离中正天理的不良之法。勿忘就是使心对物欲保持“常惺惺”的警觉之态，而勿助则使心体保持本有的自然，不人为助长改变心体本自有的“虚灵不昧”之性。

宋儒朱熹之师李延平十分重视“体认”工夫，他曾就“仁”“心”之意义难以言说，需要靠主体的体认，复信于朱熹云：“承谕仁一字条陈所推测处，足见日来进学之力，甚慰。某尝以谓仁字极难讲说，只看天理统体便是。更心字亦难指说，唯认取发用处是心。二字须要体认得极分明，方可下工夫。”①“仁”“心”都是儒学思想中十分重要的范畴，却是很难通过概念界定的方式来说明白的，尽管朱熹条陈推测其意，但李延平仍然认为并没有讲清楚，此时，唯有通过“体认”的方式，才能找到工夫的着力点。朱熹在延平师的影响下，亦十分重视“体认”的工夫，朱熹曰：“不可只把做面前物事看了，须是向自身上体认教分明。”②“如何是礼？如何是智？须是着身己体认得。”③又曰：“体认省察，一毫不可放过。理明学至，件件是自家物事。”④由此可见，“体认”是成圣成贤的必修工夫。

---

① 朱杰人、严佐之、刘永翔主编：《朱子全书》，第13册，第331页。

② 黎靖德编：《朱子语类》卷八，第1册，第142页。

③ 黎靖德编：《朱子语类》卷十一，第1册，第182页。

④ 黎靖德编：《朱子语类》卷八，第1册，第140页。

二、儒家“体认”工夫的实质

“体认”工夫就其实质来讲，就是主体将自我认同的某种道德价值赋予某种客观事物的过程。王阳明《传习录》记载的“南镇观花”可视为“体认”工夫的代表。一次王阳明与好朋友同游南镇，友人指着岩中花树问道：“天下无心外之物，如此花树，在深山中自开自落，于我心亦何相关？”[①] 友人的问话显然是在主、客二分的思维中进行的，花自花，是客观的实存，心自心，是主体的意识，两者之间无任何关系。阳明的回答则打破主、客二分的思维模式，曰：“你未看此花时，此花与汝心同归于寂，你来看此花时，则此花颜色一时明白起来，便知此花不在你的心外。”[②] 在阳明看来，心是生发价值与意义的根源，当没有“体认”的活动发生时，外在的世界尽管五彩缤纷，但那只是一个与我无关的客体世界，而当有“体认”的工夫时，心外事物的价值和意义就会呈现出来，不再是一个与我无关的客体，而是一个与我共生同在的价值世界。在本例中，花及其所固有的颜色如红、黄、绿均是客观的实存，但花的颜色所显现的美与不美，也就是阳明所说“此花颜色一时明白过来”则是一种价值与意义的显现。由此我们不难看出，“体认”亦是一种反求诸己的重建事物意义与价值的过程。

现代儒者熊十力对中国哲学的“体认”特色分析得非常深

① 王晓昕：《传习录译注》，第 445 页。

② 王晓昕：《传习录译注》，第 445 页。

刻，曰：“中国哲学有一特别精神，即其为学也，根本注重体认的方法。体认者，能觉人所觉，浑然一体而不可分；所谓内外、物我、一异种种差别相都不可得。唯其如此，故在中国哲学中，无有像西洋形而上学，以宇宙实体当作外界存在的物事而推穷之者。”① 熊十力强调中国哲学重视“体认”的工夫，它使物我、内外的差别消失了，体现的是一种主客合一的思维特色，与西方以主、客二分之强调实证分析的思维方式有根本的区别。熊十力认为中国儒学的形而上学正是通过“体认”的工夫建立起来的，曰：“然儒者在其形而上学方面，仍是用体认工夫。孔子所谓‘默识’，即体认之谓。（默者，冥然不起析别、不作推想也。识者，灼然自明自了之谓。此言真理唯是自明的，不待析别与推求，而反之本心，恒自明自了。）孟子所谓‘思诚’、所谓‘反身而诚’、所谓‘深造自得’，亦皆体认也。（思诚者，诚谓绝对的真理；思者，体认之谓，非通途所云思想之‘思’。思诚，谓真理唯可体认而得也。反身而诚者，谓真理不远于人，若以知解推求，必不能实见真理。唯反躬体认，即灼然自识，深造自得者。所谓真理，必由实践之功，而后实有诸己。）由儒家之见地，则真理唯可由体认而实证，非可用知识推求。”② 针对中国传统儒学“体认”的工夫特色，当代儒者杜维明提出了“体知”（Embodied Knowing）的概念，就是用身体来感知，是一种将外在世界内化的功夫，是一种整合

① 熊十力：《答马格里尼》，《十力语要》，辽宁教育出版社 1997 年版，第 126 页。

② 熊十力：《答马格里尼》，《十力语要》，第 127～128 页。

身、心、灵、神的体验之知。① 杜维明指出，体知的一个重要特征在于，一个人的知是否是体知只能自知，体知之正确与否也只能自证。这与熊十力“真理唯可由体认而实证”的说法是一致的。而所以强调这一点，根本在于知行要合一，如生而为人，皆知当孝顺父母，但如果不能在现实的生活中真正做到，那么这样的知肯定不是体知，而是否是体知，须要认知主体自我的体证，体证“不是指用一套被经验证实了的标准来证明一项原理的正确性。相反的，在这样一种‘证实’过程中，一个思想的真理性不能用逻辑的论证加以证明，而必须通过具体的经验在生活的实践中得到体现。然而，虽然只有那些已经调整了自己身心并足以尝试这种经验的人才能立刻认识到它的意义，但这样的经验既不是神秘的，也不是主观的”②。

第三节　儒家的“天理自然”是道德修养的崇高境界

天理是宋儒发展创制的概念，自从北宋大程子言“吾学虽有所受，天理二字却是自家体贴出来”③ 之后，宋儒纷纷对

---

① 杜维明：《体知儒学：儒家当代价值的九次对话》，浙江大学出版社 2012 年版，封底。

② Tu Weiming, “‘Inner Experience’: The Basis of Creativity in Neo-Confucian Thinking”, p. 104. 转引自黄勇著，黄家光译：《作为动力之知的儒家“体知”论——杜维明对当代道德认识论的贡献》，载《哲学分析》2020 年第 3 期。

③ 程颢、程颐：《二程集》，上册，第 424 页。

"天理"的道德意蕴进行掘发。"自然"则主要是道家本有的思想范畴，老子首次将"自然"改造成一个哲学概念，曰"人法地，地法天，天法道，道法自然"①，将"自然"作为最高价值原则。

一、"自然"的意义

老子思想体系中的"自然"究竟为何义？历来有不同诠释，汉代的王充和魏晋时期的郭象对其诠释具有代表性。王充曰："天动不欲以生物，而物自生，此则自然也。施气不欲为物，而物自为，此则无为也。"② 天动产生万物，并不是天故意或有目的的为之，而是物自我如此，自然与人为相对。王充以物的"自生""自为"释"自然"，对魏晋时期的郭象产生了重要影响，郭象在批判道家的"有生于无"时曰："无即无矣，则不能生有；有之未生，又不能为生。然则生生者谁哉？块然而自生耳。自生耳，非我生也。我既不能生物，物亦不能生我，则我自然矣。自己而然，则谓之天然。天然耳，非为也，故以天言之。以天言之，所以明其自然也，岂苍苍之谓哉！"③ 万物是怎么产生出来的？郭象认为物自生，"自生"并不是"我生"，"自"是自然如此，没有人为，而"我"则是具有目的性的有意为之。"自然"就是"自己而然"，也就是"天然"，是"非

---

① 河上公：《老子道德经河上公章句》，王卡点校，中华书局 1993 年版，第 102~103 页。

② 黄晖：《论衡校释》，中华书局 2017 年版，中册，第 905 页。

③ 郭庆藩：《庄子集释》，王孝鱼点校，中华书局 2004 年版，上册，第 50 页。

为”。“非为”就是不是为某种目的而如此。罗安宪从因“他”而为和因“我”而为两个方面对自然之“自”进行了解读，一方面，“‘为’来自外在方面、外部力量，即因‘他’而为、因‘他’而如此、因外在力量而如此，就此而言，‘自然’之‘自’是相对于‘他’而言的”；另一方面，“‘为’来自内在方面、内在力量，来自内在的意愿、意志，即因‘我’而为、因‘我’而如此、因内在力量而如此，就此而言，‘自然’之‘自’是相对于‘我’而言的。‘自然’是‘自己而然’，是‘自生’；既不是‘他生’，也不是‘我生’。‘他生’即是因外在力量而生，‘我生’即是因内在力量而生。”①

儒家对老子的“自然”思想进行了改造和融合，主要体现在以下四个方面：首先，将“自然”伦理化。儒家在继承和发展老子自然思想的过程中，注重将其“无为”的主体加以伦理化、实践化。孟子站在儒家的立场，将老子“自然”观念中的“无为”与儒家伦理相结合，突出人与社会的关系，并将人性规定为“四端”（即仁、义、礼、智四种基本道德情感），强调了人应当遵循内心的自然善性来行事。这种改造使得老子的“自然”思想更加贴近儒家所倡导的道德实践和社会秩序。其次，强调“天人合一”的观念。儒家认为人与自然之间存在着密切的联系和互动，人应当顺应自然规律，与自然和谐共生。这种思想在儒家经典中多有体现，如《中庸》中的“致中和，天地位焉，万物育焉”，就表达了通过人的道德修养来达到天地和

① 罗安宪：《存在、状态与“自然”——论庄子哲学中的“自然”》，载《现代哲学》2018年第3期。

谐、万物生育的理想状态。儒家将老子的自然观与儒家的天人合一思想相结合，形成了颇具特色的自然伦理观。再次，将自然规律与社会秩序相结合。儒家认为，社会秩序的建立和维护应当遵循自然规律，以达到社会的和谐与稳定。在儒家看来，礼乐制度是因民之天性而建立起来的，是顺乎自然的，从而将道家的自然观与儒家的礼乐论作了调和。这种改造使得儒家的政治哲学更加注重自然规律与社会秩序的契合，为封建社会的稳定和发展提供了理论基础。最后，将有为与无为辩证统一起来。虽然老子强调“无为而治”，但儒家认为在特定情况下，人也需要有所作为来辅助自然的运行。这种有为并非违背自然规律，而是顺应自然规律、符合天道的作为。儒家通过有为与无为的辩证统一，既保留了老子自然思想中的精髓，又赋予了其新的时代内涵和实践价值。

二、“天理”的自然特性

魏晋时期关于自然与名教、天人关系的讨论，一定程度上就是关于自然与人为的讨论。宋儒亦借用“自然”来阐释天理的特性。二程曰：“天地万物之理，无独必有对，皆自然而然，非有安排也。每中夜以思，不知手之舞之，足之蹈之也。”①“自然能生，往来屈伸只是理也。盛则便有衰，昼则便有夜，往则便有来。天地中如洪炉，何物不销铄了？”②“万物皆只是一个天理，己何与焉？至如言‘天讨有罪，五刑五用哉！天命有

① 程颢、程颐：《河南程氏遗书》卷十一，《二程集》，上册，第121页。

② 程颢、程颐：《河南程氏遗书》卷十五，《二程集》，上册，第148页。

德，五服五章哉！’此都只是天理自然当如此。人几时与？与则便是私意。”① 谢良佐说：“所谓天理者，自然底道理。”② 尽管不同的儒者对天理的意义阐发有不同，但天理的基本内涵包括自然和当然两方面，朱熹总结概括天理的内涵曰：“既有是物，则其所以为是物者，莫不各有当然之则，而自不容已，是皆得于天之所赋，而非人之所能为也。……使于身心性情之德，人伦日用之常，以至天地鬼神之变，鸟兽草木之宜，自其一物之中，莫不有以见其所当然而不容已，与其所以然而不可易者。”③ 在朱熹这里，自然与人为的关系就表现为自然与当然的关系。

宋儒为什么要以道家“自然”来表征“天理”的特性？究其根由，不外乎以下两个方面：

第一，借“自然”为“天理”所确定的道德秩序和伦理仪则提供恒常的合理性依据。在儒家看来，“自然”被视为宇宙间最根本、最原初的力量，它蕴含着无穷的智慧和规律。而“天理”则是对这些自然规律的一种哲学概括，是宇宙间道德秩序和伦理仪则的终极来源。儒家哲学强调“天人合一”，认为人与自然是紧密相连的，人类社会的道德秩序和伦理仪则应当遵循自然的法则，即“天理”。天理就其基本内容来说，有天地之理和人事之理两个方面。天地之理是天地生生之理，人事之理主要是人伦纲常之理，主要包括仁义礼智信五个方面，其中又以

① 程颢、程颐：《河南程氏遗书》卷二，《二程集》，上册，第 30 页。

② 谢良佐：《上蔡先生语录》，中华书局 1985 年版，第 4 页。

③ 朱熹：《大学或问》，《朱子全书》，第 6 册，第 526~528 页。

仁为根本。人伦纲常的当然之理为什么是合理的呢？因为它是自然的，自然就是合理的。谢良佐曰："所谓天理者，自然底道理。"① 事物的理只有符合事物的本来状态，才是合理的。比如朱熹以"理"释"礼"，就借助理的自然性来说明礼之存在的合理性，曰："礼乐者，皆天理之自然。节文也是天理自然有底，和乐也是天理自然有底。……所谓礼乐，只要合得天理之自然，则无不可行也。"② "盖圣人制礼，无一节是强人，皆是合如此。……尝谓吕与叔说得数句好云：'自斩至缌，衣服异等，九族之情无所撼；自王公至皂隶，仪章异制，上下之分莫敢争。皆出于性之所有，循而行之，无不中节也。'此言礼之出于自然，无一节强人。须要知得此理，则自然和。"③ 礼乐所代表的秩序为什么是合理的？因为它们出于"天理之自然"，自然的就是合理的，合理的就是自然的。

第二，当然的道德仪则只有转化为自然的行为时，也就是形成自觉的道德意识后，才会具有可持续的恒久性。一方面，当道德仪则内化为个人的自觉意识时，个人的行为就会自然而然地符合这些道德规范。这种内在的道德驱动力比任何外在的约束都更为强大和持久。它使人们在面对选择时，能够基于内心的良知和道德判断来做出决策，而不是简单地遵循规则或避免惩罚。另一方面，自觉的道德意识有助于培养人们的道德责任感和道德情感。当人们真正认同并实践道

① 黄宗羲原著，全祖望补修：《宋元学案》，第 2 册，第 918 页。

② 黎靖德编：《朱子语类》卷八十七，第 6 册，第 2253 页。

③ 黎靖德编：《朱子语类》卷二十二，第 2 册，第 513~514 页。

德规范时，他们会对自己的行为负责，并对他人的福祉和利益产生关切。这种责任感和情感联系构成了社会稳定与和谐的基石，也是道德行为能够持续和恒久的重要原因。如我们都知道为子当孝，只有我们在孝敬父母的实践中，比如说父母年龄大了，活动不便，子女经常嘘寒问暖，细心照顾年迈的父母，真正认识到孝敬父母是子女应尽的责任，当人在践行孝礼的道德实践中慢慢由“当孝”转化为“自然孝”时，也就是形成孝的自觉意识后，孝的行为才会不勉强、不造作，才会由内心的诚意而发。朱熹曰：“学者是学圣人而未至者，圣人是为学而极至者。只是一个自然，一个勉强尔。惟自然，故久而不变；惟勉强，故有时而放失。”① 因此，宋明儒者经常强调“天理之自然”或“天理自然如此”亦是经由当然转化为形成人之自觉如此的道德意识，所以朱熹曰：“盖圣人所谓礼者，正以礼文而言，其所以为操存持守之地者密矣。若曰‘循理而天，自然合理’，则又何规矩之可言哉？”② 由此，我们不难看出，“天理之自然合”亦是道德修养的一种崇高境界，强调人之通过修养发挥主动践履当然之理（礼）的必要性。自然既是天理所本有的属性，亦是通过主动修为所达到的一种高度和境界。

① 黎靖德编：《朱子语类》卷二十一，第2册，第487页。

② 朱熹《论语或问》，《朱子全书》，第6册，第801页。

第四节　儒家的“物我同理”是天人关系的和谐之道

《中庸》云：“唯天下至诚，为能尽其性；能尽其性，则能尽人之性；能尽人之性，则能尽物之性；能尽物之性，则可以赞天地之化育；可以赞天地之化育；则可以与天地参矣。”① 万事万物都有自己的本性，在人而言，心的本体就是性，在宋儒看来，这个性就是天理，性是心之本体，天是性之根源。物我同理，理同决定了心同，所以尽心就能尽性，知心也就能知天。这里的“尽”可以理解为“充分实现’，“尽其性”就是“充分实现自己的本性”。北宋张载解此句曰：“尽其性能尽人物之性，至于命者亦能至人物之命，莫不性诸道，命诸天。我体物未尝遗，物体我知其不遗也。至于命，然后能成己成物，不失其道。”② 事物的本性都是由天所赋予的，物与人有一种生命情感上的共通关系。能充分实现本性、让本性无丝毫遮蔽地显现出来的人，必是“至诚”之人，必定是圣人。

一、“尽物之性”不是“为自然立法”

圣人之性与贤愚之性本同无分，只是由于人所禀得的气质有偏正、厚薄、昏暗之别，使在现实生活中所展现出的人性各

① 朱熹：《四书章句集注》，第34页。

② 张载：《张载集》，第22页。

有不同，“人物之性，亦我之性，但以所赋形气不同而有异耳”①。就人性与物性来讲，其性、理虽同，在物就是生，在人就是仁，生即是仁，仁即是生。朱熹谓：“仁者，天地生物之心，而人得以生者，所谓元者善之长也。”②

然而，物所禀之气则塞而不能通，因此，物之性不若人之性敞开明亮。物无人之自觉意识，虽有性，但只能被动地顺着自己的本性，不能自己充分地实现自己的本性；人则不同，人具有自觉意识，能发挥人的能动性，帮助事物更好地、充分地实现自己的本性。比如寒冬之时，一些不耐寒的树木需要人在外面加一层防冻的保温层，以防止树木冻伤破坏其生生之意。而“尽物性”以“尽人性”为逻辑前提，一个不能充分实现自我本性的人，则很难用仁性所发显的恻隐怜悯之情来关爱万物的生长。人在自然界的地位和作用，正如《尚书》中所说的那样，“惟人万物之灵”，但这个“灵”绝不是主宰自然物、利用自然物所具有的属性来为人类谋私利的“聪明”“灵巧”，而是如《易经》所说的“裁成天地之道，辅相天地之宜”，或如《中庸》所说的“赞天地之化育”的一种精神自觉。朱熹解此句曰：“能尽之者，谓知之无不明而处之无不当也。赞，犹助也。与天地参，谓与天地并立为三也。”③ 此处所说的“知”不是主客对立角度的认知，而是一种人因本有之仁性所显现的关爱万物的自觉意识。人能充分地实现这种自觉意识，就不会对

① 朱熹：《四书章句集注》，第34页。

② 朱熹：《四书章句集注》，第29页。

③ 朱熹：《四书章句集注》，第34页。

自然界做出不合宜的不当行为。

从时间上来讲，自然界很多生物的起源要远远早于人类，人类属于地球上的后来者，只是由于天地的造化，使人类进化得更快而已，人并没有作为“万物的尺度”的资本，人在自然面前，应该放低高傲的头颅，表现出谦卑的姿态。西方思想在康德“人为自然立法”观念的主导下，强调人对客观世界的认知，高扬人在认识论领域的核心地位，凸显了人对自然的主体性地位。康德的这种观念在西方思想中具有深厚的传统，反映的是一种主客对立的思维方式，即人是能思维的能动主体、自然是没有思想的被动客体的对象性思维方式，这种思维方式所反映的人与自然的关系中，自然客体是从属于主体的。而与西方不同的是，中国在“天人合一”的思想观念下，崇尚人与自然的和谐统一。

二、“尽物之性”的生态责任伦理

“尽物之性”就其实质来讲，就是强调人对自然的道德责任。人对自然为什么有责任？在儒家看来，物我同理，人生活于天地（自然界）之中，人的生命、生存和发展的各种资源都是天地所给予的，天地是人的衣食父母。北宋张载曰：“乾称父，坤称母；予兹藐焉，乃混然中处。故天地之塞，吾其体；天地之帅，吾其性。民吾同胞，物吾与也。”① 以父母称天地，是对天地创生万物的最高称赞。正是由于万物皆有天地所赋予的性，因此，人类应该将自然界中其他的生命物视为同胞，人

① 张载：《张载集》，第62页。

也只是大自然各种物群中的一个成员，要以平等的身份对待自然界的每一个种物，因它们在整个自然的生态平衡系统中都扮演着自己的作用，各自有独立的地位。物我同理，人尽物性，就是天理使然，人对待自然只有以“民胞物与”的尊重态度，才能真正形成人对自然的自觉责任意识。

关于人对自然的责任，张载还提出了著名的“人为天地立心”的命题。“人为天地立心”就是在“尽人之性”的基础前提下，在人的裁成辅相下，充分实现自然万物自有的本性，为自然的生存发展做出自己的努力。万物之性的呈现是以人性的充分实现为前提的。王阳明曰：“人的良知，就是草、木、瓦、石的良知。若草、木、瓦、石无人的良知，不可以为草、木、瓦、石矣。岂惟草、木、瓦、石为然，天地无人的良知，亦不可为天地矣。”① 草木瓦石作为自然物，没有生命，没感知能力，这是客观的事实，如何又说“人的良知，就是草木瓦石的良知”呢？这其实是说草木瓦石等自然物的存在是人之生命存续的基础。人的良知不能只是人的良知，而是要让心中的良知能够“照见”草木瓦石，草木瓦石在人的良知“照见”之下，也就被赋予了生命的意义，因而也具有与人一样的存在权利。如果没有良知的“照见”，草木瓦石只是一堆死物，不能在宇宙生生不息的过程存在中显示它们的意义。《传习录》载：“日孚曰：‘先儒谓一草一木亦皆有理，不可不察，如何？’先生曰：‘夫我则不暇。公且先去理会自己性情，须能尽人之性，然后能尽物

① 王守仁：《传习录下》，《王阳明全集》，上册，第94页。

之性。'"[①] 推而论之，整个大自然的物皆是如此。如果人性不能得以充分实现，那么作为世界上具有最高认识能力的人类，会使万物失去自己的本性，从而利用物性来满足人的私欲，剥夺自然物存在的权利。人能够在大自然中获得一定的资源以满足人类生存发展的需要，但人的生存发展不能一味以牺牲自然界其它生命的生存发展为基础，否则，不仅破坏了自然的生态系统，也会危及人类自身的利益。人类如果忘记"尽物之性"的责任与意识，那么，人与自然和谐的关系会被打破，正像朱熹所警告的那样："若不能'致中和'，则山崩川竭者有矣，天地安得而位？胎夭失所者有矣，万物安得而育？"[②]

美国学者罗尔斯顿指出："地球不是人类的财产，而是一个有机共同体，是生存的单元。地球不属于我们，相反我们属于地球。"[③] 蒙培元亦指出："从生命的意义上说，人类不仅要认识自然界，首先要感谢自然界，理解自然界，尊敬自然界。这种理解和尊敬本身就是生命存在的方式，是从人类自身的生命活动中体验到的，也是靠人类的智慧得到的。"[④] 习近平总书记在党的十九大报告中强调："人与自然是生命共同体，人类必须

① 王晓昕：《传习录译注》，第160页。

② 黎靖德编：《朱子语类》卷六十二，《朱子全书》，第16册，第2050～2051页。笔者关于朱熹生态伦理观的讨论可参看李涛：《爱物何以可能：朱熹生态伦理观探析》，载《伦理学研究》2016年第1期。

③ 罗尔斯顿：《全球环境伦理学：一个有价值的地球》，叶平主编：《生态环境保护和自然资源管理的理论研究》，黑龙江科学技术出版社1995年版，第67页。

④ 蒙培元：《人与自然——中国哲学生态观》，人民出版社2004年版，第136页。

尊重自然、顺应自然、保护自然。”① 人与自然是休戚与共、不可分割的物我同理的命运共同体，是血肉相连的共生共存关系，人不能以主宰者的姿态高高在上，而是要在现实的生活实践中体会和感悟自然界的生命意义，增强关爱自然的自觉意识，让自然万物的本性都能在人类的关爱下尽可能得到充分的实现。

天理既是宇宙万物生成的本源，亦是人之道德价值产生的本源，具有宇宙本体和道德本体的双重含义。宋明儒学中的天理蕴含着一个深层次的秩序观，天理不是同人之现实世界隔离的形而上世界，而是作用于社会生活的日用之间，社会运行所展现的家庭秩序和国家秩序都是天理下贯于社会生活的落实与展现，现实社会的各种规则、制度要遵循天理，这样可以使社会秩序形成良性循环以实现和谐。一方面，现实社会的各种制度、规范可以从天理那里找到内在根据，另一方面，现实社会的秩序又是天理的体现。这样，在国家的社会治理中，“顺理而为”就自然成为一种基本的方式，顺天理而治、得天理之正就是“王道”，反之，逆天理而治、违仁义而行则为霸道。我们发掘儒家“天理”蕴含的现代价值，可由“新内圣”走向“新外王”，同时可以依据时代的发展对其所包含的时代精神进行调节，使两者能双向互动，互为贯通，实现人与自然的和谐统一。林安梧强调，“内圣”“外王”并不是“由内而外”的单向过

① 习近平：《决胜全面建成小康社会　夺取新时代中国特色社会主义伟大胜利——在中国共产党第十九次全国代表大会上的报告》，人民出版社 2017 年版，第 50 页。

程，而是“内外通贯为一”的过程。①

经典的生命力在于其诠释系统是开放的，能够不断地使思想产生思想。天理除了具有所当然之理的价值含义，亦具有事物之理的含义。明清时期包括王廷相和王夫之在内的儒者，突出强调天理就是事物之理、理在事中的含义，这实际上就是牟宗三分析朱子哲学所说的“形构之理”，是一种通过认知方式形成的客观事物的事理或物理，这为西方科学思想的输入提供了结合点。儒家的“天理”本身蕴含着科学认知的意义，但在儒学发展的历史进程中，并没有形成以“求真”为指向的思想传统，一个根本原因就在于儒学突出强调人的主体性，以主体消解客体，忽视了主客对待思维的方式。朱子的理虽包括伦理和科学两个方面，但科学之理最终没有冲破社会伦理的框架，可这并不意味着儒学缺乏科学求真的思想基因。在新的时代条件下，以“天理”为切入点，结合儒学的“综合整体”思想发掘儒学的科学认知内涵，纠正传统儒学主体性思维之偏弊，阐发蕴含在其中的科学精神，对儒学在新时期的发展是十分有必要的。

① 林安梧：《从“外王”到“内圣”：新儒学之后对“内圣外王”的翻转——关联“学习历程、存在觉知、概念反思、理论建构”的展开》，载《中国文化》2021 年第 1 期。

主要参考文献

一、古籍（按拼音降序排列）

1. 朱熹著，张洪、齐熙编：《朱子读书法》，何雪燕、杜均译注，中国致公出版社 2018 年版。

2. 朱熹、吕祖谦编：《近思录》，叶采集解，严佐之导读，程水龙整理，上海古籍出版社 2010 年版。

3. 朱熹：《朱熹集》，郭齐、尹波点校，四川教育出版社 1996 年版。

4. 朱熹：《周易本义》，廖名春点校，中华书局 2009 年版。

5. 朱熹：《四书章句集注》，中华书局 2011 年版。

6. 朱熹：《四书章句集注》，岳麓书社 2008 年版。

7. 朱杰人、严佐之、刘永翔主编：《朱子全书》，上海古籍出版社、安徽教育出版社 2002 年版。

8. 朱杰人、严佐之、刘永翔主编：《朱子全书（外编）》，华东师范大学出版社 2010 年版。

9. 周文英主编：《周敦颐全书》，江西教育出版社 1993 年版。

10. 郑玄注，孔颖达疏：《礼记正义》，龚抗云整理，李学勤主编：《十三经注疏》，北京大学出版社 1999 年版。

11. 张载：《张载集》，章锡琛点校，中华书局 1978 年版。

12. 张栻：《张栻集》，杨世文点校，中华书局 2015 年版。

13. 张建业主编：《李贽全集注》，社会科学文献出版社 2010 年版。

14. 湛若水：《湛甘泉先生文集》，广西师范大学出版社 2014 年版。

15. 袁华忠、方家常译注：《论衡全译》，贵州人民出版社 1993 年版。

16. 杨伯峻：《孟子译注》，中华书局 2012 年版。

17. 杨伯峻：《论语译注》，中华书局 2006 年版。

18. 严可均：《全上古三代秦汉三国六朝文》，河北教育出版社 1997 年版。

19. 荀况：《荀子》，杨倞注，耿芸标校，上海古籍出版社 2014 年版。

20. 荀况：《荀子》，安小兰译注，中华书局 2016 年版。

21. 许慎撰，段玉裁注：《说文解字注》，上海古籍出版社 1988 年版。

22. 王晓昕：《传习录译注》，中华书局 2018 年版。

23. 王先谦：《荀子集解》，沈啸寰、王星贤点校，中华书局 1988 年版。

24. 王文锦：《礼记译解》，中华书局 2016 年版。

25. 王文锦：《大学中庸译注》，中华书局 2013 年版。

26. 王通：《文中子中说》，阮逸注，秦跃宇点校，凤凰出版社 2017 年版。

27. 王守仁：《王阳明全集》，吴光、钱明、董平、姚延福编校，上海古籍出版社 2012 年版。

28. 王畿：《王畿集》，吴震编校整理，凤凰出版社 2007 年版。

29. 王国轩、王秀梅译注：《孔子家语》，中华书局 2009 年版。

30. 王夫之：《船山遗书》，傅云龙、吴可主编，北京出版社 1999 年版。

31. 王夫之：《船山全书》，船山全书编辑委员会编校，岳麓书社 2011 年版。

32. 王弼注，孔颖达疏：《周易正义》，李申、卢光明整理，李学勤主编：《十三经注疏》，北京大学出版社 1999 年版。

33. 脱脱：《宋史》，中华书局 1977 年版。

34. 孙希旦：《礼记集解》，沈啸寰、王星贤点校，中华书局 1989 年版。

35. 孙通海译注：《庄子》，中华书局 2007 年版。

36. 牛衷：《增修埤雅广要》，《四库全书存目丛书・子部》，齐鲁书社 1995 年版，第 250 册。

37. 陆九渊：《陆九渊集》，钟哲点校，中华书局 1980 年版。

38. 李贽：《李贽文集》，张建业主编，刘幼生等整理，社会科学文献出版社 2000 年版。

39. 李贽：《藏书》，中华书局 1959 年版。

40. 李山、轩新丽译注：《管子》，中华书局 2019 年版。

41. 李侗：《李延平集》，上海商务印书馆 1935 年版。

42. 李道传编，徐时仪、潘牡天整理：《朱子语录》，上海古籍出版社 2016 年版。

43. 李翱：《李文公集》，上海古籍出版社 1993 年版。

44. 黎翔凤：《管子校注》，中华书局 2004 年版。

45. 黎靖德编：《朱子语类》，王星贤点校，中华书局 1986 年版。

46. 孔安国传，孔颖达疏：《尚书正义》，廖名春、陈明整理，李学勤主编：《十三经注疏》，北京大学出版社 1999 年版。

47. 康有为：《论语注》，中华书局 1984 年版。

48. 荆门市博物馆：《郭店楚墓竹简》，文物出版社 1988 年版。

49. 金履祥：《大学疏义》，中华书局 1985 年版。

50. 焦循：《雕菰楼经学九种》，凤凰出版社 2015 年版。

51. 黄宗羲原著，全祖望补修：《宋元学案》，陈金生、梁运华点校，中华书局 1986 年版。

52. 黄宗羲：《明儒学案》，沈芝盈点校，中华书局 2008 年版。

53. 黄晖：《论衡校释》，中华书局 2017 年版。

54. 胡直：《衡庐精舍藏稿》，上海古籍出版社 1993 年版。

55. 河上公：《老子道德经河上公章句》，王卡点校，中华书局 1993 年版。

56. 郭彧译注：《周易》，中华书局 2006 年版。

57. 郭庆藩：《庄子集释》，王孝鱼点校，中华书局 2004 年版。

58. 顾炎武著，黄汝成集释：《日知录集释》，秦克诚点校，岳麓书社 1994 年版。

59. 顾宏义：《朱熹师友门人往还书札汇编》，上海古籍出版社 2017 年版。

60. 高华平、王齐洲、张三夕译注：《韩非子》，中华书局 2010 年版。

61. 冯从吾：《少墟集》，《景印文渊阁四库全书》，台湾商务印书馆 1986 年版，第 1293 册。

62. 董仲舒：《春秋繁露》，张世亮、钟肇鹏、周桂钿译注，中华书局 2012 年版。

63. 戴震：《孟子字义疏证》，何文光整理，中华书局 1982 年版。

64. 程颢、程颐：《二程集》，王孝鱼点校，中华书局 2004 年版。

65. 陈献章：《陈献章集》，孙通海点校，中华书局 1987 年版。

66. 曹端：《曹端集》，王秉伦点校，中华书局 2003 年版。

二、专著（按拼音降序排列）

1. 赵金刚：《朱熹的历史观：天理视域下的历史世界》，生活·读书·新知三联书店 2018 年版。

2. 曾振宇等：《陈淳评传》，人民出版社 2018 年版。

3. 曾拓：《曾氏广新公祠志》，广东省兴宁市续修曾氏广新公祠理事会 2005 年版。

4. 张岱年：《中国古典哲学概念范畴要论》，中华书局 2017 年版。

5. 垣内景子：《朱熹思想构造的研究》，汲古书院 2006 年版。

6. 余昌谋：《环境哲学：生态文明的理论基础》，中国环境科学出版社 2010 年版。

7. 杨国荣：《王学通论：从王阳明到熊十力》，华东师范大学出版社 2003 年版。

8. 徐复观：《中国人性论史》（先秦卷），华东师范大学出版社 2005 年版。

9. 熊十力：《十力语要》，辽宁教育出版社 1997 年版。

10. 习近平：《决胜全面建成小康社会　夺取新时代中国特色社会主义伟大胜利——在中国共产党第十九次全国代表大会上的报告》，人民出版社 2017 年版。

11. 吴震：《〈传习录〉精读》，复旦大学出版社 2011 年版。

12. 唐君毅：《中国哲学原论》，中国社会科学出版社 2005 年版。

13. 束景南：《朱熹研究》，人民出版社 2008 年版。

14. 任继愈：《中国哲学史》，人民出版社 2003 年版。

15. 钱穆：《朱子学提纲》，生活·读书·新知三联书店 2002 年版。

16. 钱穆：《朱子新学案》，九州出版社 2011 年版。

17. 牟宗三：《心体与性体》，吉林出版集团有限责任公司 2010 年版。

18. 牟宗三：《从陆象山到刘蕺山》，吉林出版集团有限责任公司 2010 年版。

19. 蒙培元：《中国心性论》，台湾学生书局 1990 年版。

20. 蒙培元：《人与自然——中国哲学生态观》，人民出版社 2004 年版。

21. 蒙培元：《情感与理性》，中国人民大学出版社 2009 年版。

22. 罗尔斯顿：《环境伦理学》，杨通进译，中国社会科学出版社 2000 年版。

23. 李泽厚：《中国古代思想史论》，生活·读书·新知三联书店 2008 年版。

24. 李泽厚：《实用理性与乐感文化》，生活·读书·新知三联书店 2008 年版。

25. 李景林：《教化儒学论》，孔学堂书局 2016 年版。

26. 劳思光：《新编中国哲学史》，生活·读书·新知三联书店 2015 年版。

27. 劳思光：《大学中庸译注新编》，香港中文大学出版社 2001 年版。

28. 康德：《实践理性批判》，韩永法译，商务印书馆 1999 年版。

29. 金春峰：《朱熹的哲学思想》，东大图书股份有限公司 1998 年版。

30. 沟口雄三：《中国的思想》，赵士林译，中国财富出版社 2012 年版。

31. 傅斯年：《性命古训辨证》，广西师范大学出版社 2006 年版。

32. 冯友兰：《中国哲学史新编》，《三松堂全集》第 10 卷，河南人民出版社 2000 年版。

33. 杜维明：《体知儒学：儒学当代价值的九次对话》，浙江大学出版社 2012 年版。

34. 陈荣捷：《近思录详注集评》，华东师范大学出版社 2007 年版。

35. 陈荣富：《比较宗教学》，世界知识出版社 1993 年版。

36. 陈来：《朱子哲学研究》，华东师范大学出版社 2000 年版。

37. 陈来：《朱子书信编年考证》，生活·读书·新知三联书店 2007 年版。

38. 蔡方鹿：《宋明理学心性论》，巴蜀书社 2009 年版。

39. 彼德·辛格：《动物解放》，祖述宪译，青岛出版社 2006 年版。

三、论文（按拼音降序排列）

1. 朱汉民：《朱熹工夫论的知行关系》，《湖南大学学报（社会科学版）》2005 年第 4 期。

2. 周之翔、朱汉民：《朱子对“为己之学”的诠释与建构》，《湖南大学学报（社会科学版）》2011 年第 1 期。

3. 周炽成：《荀子人性论：性恶论，还是性朴论?》，《江淮论坛》2016 年第 5 期。

4. 赵法生：《孔子人性论的三个向度》，《哲学研究》2010 年第 8 期。

5. 张立文：《朱熹“心统性情论”的现代价值》，《中国文化研究》2001 年第 2 期。

6. 张凯作：《论朱子哲学中的气质之性》，《东方论坛》

2012 年第 1 期。

7. 张俊相:《董仲舒“极理以尽情性之宜”的理欲观》,《道德与文明》2004 年第 2 期。

8. 杨泽波:《从义利之辨到理欲之争——论宋明理学“去欲主义”的产生》,《复旦学报(社会科学版)》1993 年第 5 期。

9. 杨儒宾:《主敬与主静》,《台湾宗教研究》2010 年第 6 期。

10. 杨儒宾:《检证气学——理学史脉络下的观点》,《台湾东亚文明研究学刊》2006 年第 12 期。

11. 许家星:《“更是〈大学〉次序,诚意最要”——论朱子〈大学章句〉“诚意”章的诠释意义》,《南昌大学学报(人文社会科学版)》2011 年第 1 期。

12. 谢晓东:《寻求真理:朱子对“道心人心”问题的探索》,《河北大学学报(哲学社会科学版)》2005 年第 3 期。

13. 向燕南:《从“荣经陋史”到“六经皆史”——宋明经史关系说的演化及意义之探讨》,《史学理论研究》2001 年第 4 期。

14. 向世陵:《宋代理学的“性即理”与“心即理”》,《哲学研究》2004 年第 1 期。

15. 夏一璞:《以道德义理的角度论“天”的意义》,《湖北社会科学》2018 年第 4 期。

16. 吴默闻:《〈论语〉中的“天”思想及其对后世的影响》,《三峡大学学报(人文社会科学版)》2013 年第 4 期。

17. 王雪卿:《读书如何成为一种工夫——朱子读书法的工夫论研究》,《清华中文学报》(中国台湾)2015 年第 13 期。

18. 王世光：《“以理杀人”新解》，《福建论坛（人文社会科学版）》2001年第6期。

19. 王锟：《“天地以生物为心”——朱子哲学的“生本论”》，《哲学研究》2003年第2期。

20. 谭兵：《两种理欲观的对峙——王夫之批判李贽的根源剖析》，《中山大学学报（社会科学版）》2001年第1期。

21. 彭国翔：《身心修炼：朱子经典诠释的宗教学意涵》，载林维杰、邱黄海主编：《理解、诠释与儒家传统：中国观点》，“中研院”中国文哲研究所2010年版。

22. 蒙培元：《朱熹心统性情说再议》，载《儒家思想与典籍研究》2010年第2辑。

23. 蒙培元：《所以然和所当然如何统一——从朱子对存在与价值问题的解决看中西哲学之异同》，《泉州师范学院学报》2005年第1期。

24. 蒙培元：《从心性论看朱熹哲学的历史地位》，《福建论坛（文史哲版）》1990年第6期。

25. 罗尔斯顿：《全球环境伦理学：一个有价值的地球》，载叶平主编：《生态环境保护和自然选择资源管理的理论研究》，黑龙江科学技术出版社1995年版。

26. 罗安宪：《存在、状态与“自然”——论庄子哲学中的“自然”》，《现代哲学》2018年第3期。

27. 柳立言：《“天理”在南宋审判中的作用》，《“中研院”历史语言研究所集刊》2013年第2分。

28. 梁涛：《朱熹对“慎独”的误读及其在经学诠释中的意义》，《哲学研究》2004年第3期。

29. 李涛：《朱熹的理学自然观研究》，《陕西师范大学学报》2013 年第 5 期。

30. 李涛：《爱物何以可能：朱熹生态伦理观探析》，《伦理学研究》2016 年第 1 期。

31. 李涛：《朱子格物致知工夫再审视》，《国学研究》2021 年第 46 卷。

32. 李明辉：《朱子对“道心”和“人心”的诠释》，《湖南大学学报（社会科学版）》2008 年第 1 期。

33. 李景林、田智忠：《朱子心论及其对先秦儒学性情论的创造性重建》，《中国社会科学》2007 年第 3 期。

34. 赖尚清：《朱子“生理”思想研究》，《哲学研究》2016 年第 4 期。

35. 金春峰：《宋明理学若干特性的再认识》，《陕西师范大学学报（人文社会科学版）》2008 年第 4 期。

36. 金春峰：《对朱熹哲学思想的重新认识——兼评冯友兰、牟宗三解释模式之扭曲》，《学术月刊》2011 年第 6 期。

37. 黄勇著，黄家光译：《作为动力之知的儒家“体知”论——杜维明对当代道德认识论的贡献》，《哲学分析》2020 年第 3 期。

38. 郭沫若：《〈周易〉之制作时代》，载《郭沫若全集·历史编（第一卷）》，人民出版社 1982 年版。

39. 贡华南：《理、天理与理会：论“理”在中国古代思想世界的演进》，《复旦学报（社会科学版）》2014 年第 6 期。

40. 冯友兰：《宋明道学中理学心学二派之不同》，载陈来编校：《中国现代学术经典：冯友兰卷》，河北教育出版社

1996年。

41. 杜赞奇：《中国世俗主义的历史起源及特点》，杜可柯译，《开放时代》2011年第6期。

42. 董金裕：《朱熹的气强理弱说及其地位》，载钟彩钧主编：《国际朱子学会议论文集》，“中研院”中国文哲研究所筹备处1993年版。

43. 丁为祥：《孟子“乃若其情”章试解》，《人文杂志》2013年第9期。

44. 丁为祥：《告子的“生之谓性”及其意义》，《文史哲》2007年第6期。

45. 丁鼎：《从宋学看“礼”在儒家思想体系中的核心地位》，载涂可国编：《国际儒学论丛》第10辑，社会科学文献出版社2021年版。

46. 邓国宏：《戴震“以情絜情”说辨析》，《安徽大学学报（哲学社会科学版）》2012年第5期。

47. 党圣元：《中国传统文学批评中的“体认”功夫论》，《学术研究》2016年第10期。

48. 程永凯：《前理学时代之天理观研究》，《海南大学学报（人文社会科学版）》2019年第3期。

49. 陈乔见：《从恻隐心到是非心：王阳明良知说对儒家性善论的凝练与发展》，《浙江社会科学》2018年第6期。

50. 陈林：《朱熹〈大学章句〉“诚意”注解定本辨析》，《孔子研究》2015年第2期。

51. 陈立生：《作为修身学范畴内的“独知”概念之形成——朱子慎独工夫新论》，《复旦学报（社会科学版）》2016年第

4 期。

52. 陈来：《朱子思想中的四德论》，《哲学研究》2011 年第 1 期。

53. 陈来：《郭店楚简与儒学的人性论》，载陈其荣主编：《第二届中国南北哲学论坛暨“哲学的当代意义”学术研讨会论文集》2005 年版。

后 记

在本书完稿之际，首先十分感谢山东大学曾振宇教授对后学的提携。他在主持的教育部哲学社会科学重大委托项目《儒家思想的当代诠释》中，让我承担了其中的《儒家天理思想的当代诠释》子课题，使我有机会深入思考这一问题。他主编的《观念史丛书》将本书纳入其中。另外，也十分感谢在我转学儒学的过程中，业师丁为祥教授所给予我的诸多指导与帮助。

儒家思想博大精深，我虽有拳拳之心，但生性愚钝、学识浅薄、悟道不深，唯恐有负师恩众望。诚惶诚恐中，终于落下尾笔，外面的大风吹散了积压的乌云，心中顿有如释重负之感。“文章千古事，得失寸心知”，恳请各位师友和读者批评指正！

2023 年 5 月 3 日于四方陋斋

2024 年 8 月校修毕